Carter Heyward · Und sie rührte sein Kleid an

Carter Heyward

Und sie rührte sein Kleid an

Eine feministische Theologie der Beziehung

Mit einer Einleitung von Dorothee Sölle

Kreuz Verlag

Aus dem Amerikanischen übersetzt von Hildegard Schneck

CIP-Kurztitelaufnahme der Deutschen Bibliothek

Heyward, Carter:
Und sie rührte sein Kleid an:
e. feminist. Theologie d. Beziehung
Carter Heyward.
Mit e. Einl. von Dorothee Sölle.
(Aus d. Amerikan. übers. von Hildegard Schneck) – 1. Aufl. – Stuttgart: Kreuz Verlag, 1986.
Einheitssacht.: The redemption of God ‹dt.›
ISBN 3-7831-0813-6

Die Originalausgabe ist 1982 erschienen
im Verlag University Press of America, Inc., Washington, D. C.
unter dem Titel »The Redemption of God. A Theology
of Mutual Relation« © 1982 by Carter Heyward
ISBN 0-8191-2390-0
Die Kapitel 1, 9 und 12 der vorliegenden deutschen Fassung
sind mit freundlicher Genehmigung der Autorin
und des amerikanischen Originalverlags entnommen aus:
»Our Passion for Justice. Images of Power, Sexuality, and Liberation«
© 1984 by The Pilgrim Press, New York
ISBN 0-8298-0705-5

1. Auflage 1986
Umschlaggestaltung: HF Ottmann
Gesamtherstellung: Ebner Ulm
ISBN 3 7831 0813 6

Inhalt

Einleitung von Dorothee Sölle

Carter Heyward ist eine christliche Feministin. Die Spannung zwischen diesen beiden Begriffen – christlicher Glaube und Feminismus – wird auf beiden Seiten, sowohl im radikalen Feminismus wie im konservativen Christentum, oft als ausschließend empfunden. In Carter Heywards Denken ist sie gegenwärtig, aber im Hegelschen Sinne »aufgehoben«, das heißt erhalten und überwunden zugleich. Der gemeinsame Nenner von Christentum und Feminismus, wie Heyward sie versteht, ist die Gerechtigkeit, die gerechte Beziehung, die auf Gleichheit beruht und wechselseitige Abhängigkeit ausdrückt. Jeder Satz dieser Autorin stammt aus der »Leidenschaft für die Gerechtigkeit«, wie der Titel eines ihrer Bücher heißt[1].

Ich will im folgenden versuchen, Carter Heywards Denken in die gegenwärtige Diskussion über die feministische Theologie einzuordnen und dann die deutschen Leser in Heywards Werk einführen, und zwar auf dem Weg der Erklärung einiger linguistischer Schwierigkeiten.

Die Diskussion feministischer Theologie hat in der letzten Zeit einige Peinlichkeiten hervorgerufen, kirchenamtliche Peinlichkeiten wie das Papier der nordelbischen Bischöfe[2] und journalistische wie den Bericht des Spiegel[3]. Mit Diskussion der feministischen Theologie meine ich eine ernsthaftere und gründlichere Auseinandersetzung, die oft, gegen den Willen aller Beteiligten, Trennungen erzwingt und in diesem Sinne leiden-schaffend ist, eine Debatte von Frauen um ihre eigene Möglichkeit, Frömmigkeit zu gestalten und Theologie zu treiben, die noch für viele Jahre angesagt ist. Ich versuche hier die Landkarte eines noch ziemlich unbekannten Erdteils zu entwerfen, und übernehme einige Formulierungen von Rosemary Radford Ruether[4]. Mit einer gewissen Verspätung entwickelt sich die europäische Diskussion entlang derselben Linien, die in den USA ausgemacht werden können. Feministische Spiritualität nimmt heute zwei Formen an. Mit Ruether läßt sich ein »ästhetisches« von einem »ethischen« Verständnis feministischer Theologie unterscheiden. Beide Auffassungen feministischer Spiritualität gehen von einer ursprünglichen Harmonie, von einem Symbol für den guten, authentischen Urgrund aus.

In der matriarchalen oder »ästhetischen« Frömmigkeit wird diese Harmonie als der ursprüngliche Rhythmus der verschiedenen Aspekte der Wirklichkeit gesehen:

– Ying und Yang, das Weibliche und das Männliche, Geist und Fleisch, Mensch und Natur, die Natur und das Göttliche gehören zusammen und sind Bestandteile der ursprünglichen Harmonie.

– Teilt man diese Einheit in weltanschauliche Gegensätze, so gerät man in eine tiefe, alles umfassende zerstörerische Täuschung. Die Sünde und das Böse existieren in Wirklichkeit nicht, sie sind die weltanschaulichen Lügen einer widernatürlichen Zivilisation, der wir uns entziehen müssen, um uns der Natur zuzuwenden und wieder in die ursprüngliche Harmonie einzutauchen.

– Die ursprüngliche Harmonie steht unter der Vorherrschaft der Mutter, der großen Göttin. Mit dem Einbruch der Vaterherrschaft wurde diese ursprüngliche Harmonie gebrochen und die Mutter unterjocht. Lust und Ganzheit, also Heil-Sein, können erst wiederhergestellt werden, wenn wir die Kultur des Patriarchats entzaubern und uns aus ihr lösen. Die patriarchale Religion ist das Herzstück dieser Kultur.

– Wir müssen die Religion der Muttergöttin wieder annehmen und sie kultivieren, in Gruppen von Frauen oder in Gruppen, die Männer integrieren, wenn sie sich der Mutterherrschaft unterordnen.

– Eine Konsequenz aus diesem Ansatz ist, daß diese Art feministischer Religion den biblischen Glauben radikal ablehnen muß. Die Anhängerinnen der Göttin nähern sich in Anknüpfung an die vorpatriarchalischen Kulturen einem ursprünglichen Heidentum an, wie es vor den patriarchalischen Religionen Judentum, Christentum und Islam bestand. Die Religion der Göttin fordert den Bruch.

Die christliche Substanz der Theologie wird hier entweder bewußt und in radikaler Absetzung als frauenfeindlich und also menschenfeindlich kritisiert – wie bei Mary Daly – oder, häufig halbbewußt und im Rahmen kirchlicher Strukturen bleibend, entsubstanzialisiert und durch andere Rituale und Mythen ersetzt. Das Interesse dieser nach-christlichen Spiritualität entzündet sich an Archäologie, Vorgeschichte, Göttinnen und dem kollektiven Unbewußten, nicht an der Geschichte, dem leidenden Jesus und der ethisch-religiösen Bewußtheit.

Es gibt auch eine ganz andere Richtung feministischer Spiritualität. Ruether nennt sie die »ethische« oder »befreiungstheologische« Sicht der feministischen Theologie. Sie unterscheidet sich vor allem darin, wie sie den Bruch, den Fall aus der Harmonie des Seins und das, was traditionell die »Sünde« genannt wird, artikuliert. Die gebrochenen Beziehungen zwischen Mensch und Mensch, Mensch und Gott, Mensch und Natur sind nicht einfach eine falsche Sicht der Dinge, sondern eine reale Störung, die zwischen der Wirklichkeit des menschlichen Miteinander und dem schöpferischen Urgrund steht. Wir sind verantwortlich für das Böse in der Welt, das aus gestörter, zerbrochener Beziehung entsteht. Diese Störung und Zerstörung geht tiefer als allein auf männliches Denken und Herrschaft des Vaters. Auch wenn das Patriarchat den Inbegriff von Lüge und Täuschung darstellt, so können doch weibliches Denken und Mutterschaft nicht für ungebrochene Harmonie stehen. Es genügt nicht, von der Zivilisation zur Natur zurückzukehren, als sei diese »gut« und »gerecht«, und es ist irreführend, wenn wir die Vernunft als korrupt und entstellt den spontanen körperlichen Empfindungen gegenüberstellen, die uns mit der Harmonie und dem Guten verbinden sollen – ohne ethische Anstrengungen. Rosemary Ruether faßt ihre Analyse zusammen:

»Wenn patriarchalische Theologie die Lüge der entstellten Beziehungen dadurch sakralisiert, daß sie die männliche Seite des weltanschaulichen Dualismus als gut anerkannte und die weibliche Dimension als böse abwertete, dann läuft die moderne Religion der Göttin Gefahr, diesen Dualismus bloß umzukehren. Befreiungsfeminismus glaubt nicht, daß man die Widersprüche des Patriarchats verbannt, indem man alle kulturellen Mittel und Methoden zum Zwecke einsetzt, eine Identifizierung mit dem mütterlichen statt mit dem väterlichen Pol des traditionellen Dualismus zu fördern. Er ruft vielmehr zu einer ethischen Anstrengung auf, die sowohl das Selbst als auch das soziale System, welches ausbeuterische Beziehungen untermauert, verwandelt. Frauen und Männer, Natur und Kultur, Körperlichkeit und Vernünftigkeit sind durchweg durch gebrochene Existenz entstellt worden. Beide Seiten haben es nötig, zusammen zu einem neuen Ganzen umgestaltet zu werden.«[5]

Die feministische Befreiungstheologie baut auf dem biblischen Fundament auf, wenn auch nicht in absolut gesetzter Ausschließlichkeit. Sie sieht die Sünde als zertrennende, zerstörende Kraft auch in matriarchalen Kulturen wirksam und arbeitet an der Befreiung nicht im Rückgang zur Natur, sondern innerhalb der geschichtlichen Bedingungen. Befreiungstheologischer Feminismus steht den separatistischen Tendenzen der Religion der Göttin zumindest skeptisch gegenüber. Er schließt aber die Verwendung von außerchristlichen Traditionen und Symbolen ein. Er erforscht und braucht die Bibel, benutzt sie kritisch, samt der in ihr verdrängten »häretischen« Traditionen. Ihrer innersten Tendenz nach spricht die Bibel im Interesse der Unterdrückten. Deswegen ist sie für Frauen unverzichtbar. In diesem breiten Spektrum zweier feministischer Formen der Spiritualität steht Carter Heyward auf dem radikalen Flügel der Befreiungstheologie, zu der sich in den USA zum Beispiel Rosemary Radford Ruether und Elisabeth Schüssler Fiorenza bekennen[6]. In Europa würde ich zu dieser Richtung zum Beispiel Catharina Halkes, Elisabeth Moltmann-Wendel, Luise Schottroff und mich selber zählen.

Christlicher, befreiungstheologischer Feminismus, wie auch Carter Heyward ihn repräsentiert, wehrt sich gegen eine Zwangswahl zwischen der einen Seite, die mütterlich, heidnisch und naturhaft genannt werden kann, und der anderen, die väterlich, historisch und biblisch ist.

Darum werden die Leserin und der Leser dieses Buches, das einen der raren Beiträge von Frauen zur systematischen Theologie darstellt, vielleicht an einigen Stellen verwirrt sein, weil in Heywards Denken, im radikal-feministisch gedachten Ansatz dieser Theologie, durchaus konservative Züge auftauchen! Die Autorin dieses Buches will die Kirche ja nicht – um der Göttin willen – verlassen, sondern sie – um der Gerechtigkeit willen – zur Kenntlichkeit verändern! So daß Gleichheit (equality) und Gegenseitigkeit (mutuality) endlich nicht mehr Fremdkörper in der Gemeinschaft der Gläubigen sind. Heyward sieht auch das Böse und die Sünde nicht einfach im Patriarchat verankert, obwohl das Patriarchat ein Musterbeispiel gesellschaftlicher Organisation von dem ist, was Heyward »falsche Beziehung« nennt. Auch ihrer eigenen kirchlichen Tradition, dem Anglikanismus, bleibt C. Heyward treu in ihrem Insistieren auf der Inkarnation, der Wirklichwerdung Gottes in uns und mit uns.

Die tiefste Treue zur Tradition drückt die systematische Theologin Carter Heyward aber in ihrer Beziehung zum Judentum aus. Vater ihres Denkens ist nicht der in der Religion der Göttin gepriesene C. G. Jung, sondern Martin Buber, der jüdische Personalist. Sie hat sich damit in eine philosophische Tradition gestellt, die von F. Jacobi, J. G. Fichte, L. Feuerbach zu Buber und anderen Personalisten führt. Die Konsequenz, die sie aus einem richtig verstandenen Personalismus zieht, ist die feministische: daß nämlich die Beziehung zwischen Menschen nicht eine Zutat zur Substanz, nicht eine bloße je und dann aktualisierte Möglichkeit sei, sondern die »arche«, der Ursprung, das »im Anfang«, das Buber der Schöpfungsgeschichte nachspricht und Carter Heyward dem Prolog des Johannesevangeliums.

In diesem Zusammenhang muß ich noch eine Bemerkung über die Sprache, die C. Heyward benutzt, machen. Auch sie ist wie so viele Frauen heute unterwegs zu einer (noch nicht vorhandenen) gemeinsamen Sprache. Wie könnte diese Sprache aussehen? Wie hört sich eine Sprache ohne Sexismus (wie der männliche Rassenwahn heißt) an, wie kommt sie ohne Androzentrismus aus, das heißt ohne die bewußtlose Annahme, daß im »Mann« die Frau immer schon inklusiv ausgesprochen sei, so wie die Arbeiterin im Arbeiter angeblich mitgedacht ist? C. Heyward vermeidet es, von Gott »er« zu sagen und den Menschen mit dem Mann zu verwechseln. Noch wichtiger ist aber, daß sie eine Reihe von neuen oder ungewöhnlichen Ausdrücken verwandt hat, die Hildegard Schneck, die Übersetzerin dieses Buches, vor fast unlösbare Probleme stellte. Ich will nur einige Beispiele nennen. »Re-imaging« nennt C. Heyward den Vorgang des Wieder-anschaulich-Machens von etwas oder jemandem, der oder das unsichtbar geworden ist. Etwas soll konkret erfaßt werden, im Bild gesehen werden. Bloße Begrifflichkeit kann das, was zum Beispiel mit »re-imaging Jesus« gemeint ist, nicht ausdrücken.

Beim Wieder-Bilden oder Neu-Bilden soll die sinnliche Erfahrung mitsprechen. Das alte Bild (image) soll als störend, trivialisierend erkannt werden. Das Subjekt, in diesem Fall der glaubende Mensch, ist an der Herstellung des Bildes beteiligt; re-imaging ist kein objektivierbarer Vorgang. Hildegard Schneck und ich haben uns nach langen Diskussionen im Deutschen für den Ausdruck »entwerfen« oder »Entwurf« entschieden. Ich denke, die gewisse Belastung, die dieses Wort im philosophischen Sprachgebrauch durch Heidegger hat, kann der amerikanischen Autorin nur guttun. Ein wesentliches Interesse ihrer Sprache ist ja das existentielle Sprechen. Sie will nicht männlich-deduktiv sprechen, sondern manchmal rhapsodisch, manchmal erzählend, aber fast immer existentiell.

Ein anderer Ausdruck, der uns Kopfzerbrechen machte, war Heywards Verbum »to god«, etwa in der Wendung: Jesus ist einer, der »gottet«. Parallel zu diesem Ausdruck steht bei Heyward gelegentlich »to make God incarnate«, Gott inkarniert machen; »vergöttern« wäre eine schlechte, zudem mit sentimentalen Konnotationen besetzte Übersetzung. Wir haben uns deshalb zu der Umschreibung »göttlich handeln« entschlossen. Gerade dieser Ausdruck »to god« führt tief in das neue und originale Denken der Autorin ein. Der Gedanke, daß wir »göttlich handeln«, wenn wir das Handeln Gottes in der Welt tun und damit Gott real, inkarniert machen, gehört zu ihren theologischen Grundüberzeugungen.

Eine letzte Schwierigkeit sei hier noch erwähnt, die mit dem Begriff »power« gegeben ist. Wir haben dieses Wort mit Kraft oder mit Macht wiedergegeben. Die Schwierigkeit mit »Macht« liegt im tiefverwurzelten Mißtrauen gegen die Macht, das Jacob Burckhardt zu seinem Ausspruch »Alle Macht ist böse« geführt hat. Immer noch denken wir Macht als Zwangsmacht, als autoritär, nicht als Seinsmacht, die auch dem Grashalm, der sich durch den Asphalt streckt, eignet. Heyward versucht die Macht Jesu als nichtautoritäre Macht Gottes darzustellen, an der wir teilhaben können. Feministische Theologie ist in diesem Buch nicht nur der Anspruch von (bislang zum Schweigen verurteilten) Frauen, zu Frauen über Gott zu sprechen; auch der Inhalt des »god talk«, der Rede von Gott, ändert sich, wenn Zwangsmacht nicht mehr der höchste Wert ist und Gerechtigkeit und Liebe, die wir – trotz all unserer

Schwäche! – tun, in der Tat Gott »inkarnieren«. In diesem Sinn hat die hier vorliegende Theologie einen mystischen Kern.

Schließlich sei noch darauf hingewiesen, daß die hier vorliegende deutsche Ausgabe eine von der Übersetzerin und mir gekürzte und bearbeitete Fassung der 1982 in der University Press of America unter dem Titel »The Redemption of God. A Theology of Mutual Relation« erschienenen Originalausgabe darstellt. Alle Änderungen gegenüber der amerikanischen Ausgabe und auch die Wahl des deutschen Titels erfolgten in Absprache mit Carter Heyward. Der Titel »Und sie rührte sein Kleid an« drückt einige zentrale Prinzipien feministischer Theologie aus: Berühren und Berührtwerden (to touch) ist eine sinnliche und geistige Lebensäußerung; die Initiative der befreienden Handlung kommt vom Menschen; sie kommt vom verachteten und verschwiegenen Menschen, nämlich der Frau; sie wird erzählt, nicht dogmatisch deklariert. Der Titel ist biblisch genau in dem Sinn, in dem feministische Theologie die Bibel und die Tradition aufgreift und gebraucht: nicht die halbierte Tradition und die halbe, von Frauen gereinigte Schrift, sondern das ganze, aus seiner Ganzheit heraus verstandene Wort Gottes.

1 Feminismus in der Krise

Du sollst Gott lieben, und du sollst deinen Nächsten lieben wie dich selbst. Dies ist das fundamentale Gesetz des jüdischen und des christlichen Glaubens, und dieses außergewöhnliche Gesetz bildet die Grundlage für meine Lebenshaltung.

Zuerst möchte ich ein wenig von mir selbst erzählen: Ich bin Pfarrerin der Episcopal Church, und ich glaube an Gottes kraftspendende Liebe unter den Menschen auf der Welt. Ich bin in North Carolina geboren und aufgewachsen. Meine Eltern sind gütige, liebevolle Menschen, die sich für ihr ganzes Leben dem Gott verbunden fühlen, an den sie glauben. Sie wissen sich der Welt und den Menschen dieser Welt verpflichtet, die sie als Schwestern und Brüder respektieren, und sie sind ihren eigenen Kindern – meinem Bruder, meiner Schwester und mir – verbunden. Trotz beträchtlicher Differenzen zwischen uns halten wir weiter als Familie fest zusammen. Ich besuchte öffentliche Schulen bis zur High-School und war in kirchlichen und schulischen Aktivitäten engagiert. Ich liebte meine Kirche, meine Schule und mein Land und bekam etwa von der zweiten Klasse an alle möglichen kleinen Auszeichnungen für gute staatsbürgerliche und sportliche Leistungen, für meine Aktivitäten in der Kirche und für gute Noten. In vieler Hinsicht war ich die ideale Tochter, ein sogenanntes »all-American-girl«. Ich besuchte das Randolph-Macon Woman's College in Lynchburg, Virginia. (Der Name dieser Stadt ist mit Reverend Jerry Falwell verknüpft, den ich früher einmal darüber predigen hörte, wie Christen sich aus der Politik heraushalten sollten. Mit dieser Position war ich damals und bin ich heute nicht einverstanden.) Während meiner College-Zeit war ich im CVJM aktiv und studierte als Hauptfach Theologie; in diesen Jahren wurde mir mehr und mehr bewußt, wie sehr meine weiße Hautfarbe, mein weibliches Geschlecht und mein sozioökonomischer Hintergrund der oberen Mittelklasse dazu beigetragen hatten, das aus mir zu machen, was ich war und bin. Nach dem College immatrikulierte ich mich 1967 am Union Theological Seminary in New York City. Dies ist eine liberale protestantische Universität, die in diesem Jahrhundert dadurch bekannt wurde, daß sie die Plattform für die Lehrtätigkeit von Theologen wie Reinhold Niebuhr und Paul Tillich bildete. Wichtiger ist aber, daß sie den Glauben und das Engagement vieler tausend christlicher Frauen und Männer prägte, deren Wirken als Geistliche im Kampf für soziale Gerechtigkeit verwurzelt ist unter Berufung auf einen Gott, der in der Geschichte gerecht handelt.

Im Frühjahr 1971, als ich mich auf mein Magisterexamen am Union Theological Seminary vorbereitete, wurde ich »wiedergeboren«. Die Kraft des Heiligen Geistes zwang mich, meine Augen weit für die Bewegung Gottes in meinem Leben zu öffnen. Ich erkannte die Bewegung Gottes aber auch in der ganzen menschlichen Geschichte und im Leben von Menschen, die inspiriert und erleuchtet wurden und denen zu Bewußtsein kam, daß nach dem Willen Gottes *alle* Frauen und Männer wahrhaftig gleich geschaffen sind. Das heißt, sie sollen in eine Welt kommen, in der Nahrung, Obdach, Wärme, Bildung, Arbeit, Spiel und leibliches Wohl Rechte – gegebene Tatsachen – sind und keine Privilegien, die erst verdient werden müssen. Meine spirituelle Wandlung wurde durch die Frauenbewegung ausgelöst, in der ich zusammen mit anderen Frauen zum ersten Mal deutlich sah, in welchem Ausmaß ich selbst an einem sozioökonomischen, politischen und religiösen System teilhabe, das nicht nur auf bestimmten Theorien über Frauen und Männer aufgebaut ist, sondern auch auf bestimmten Vorstellungen über Herrschaft und Unterwerfung. Aufgrund dieser Vorstellungen maßt sich eine Gruppe von Menschen (Männer, Weiße, die Vereinigten Staaten, Reiche) das Recht an, andere zu beherrschen und zu kontrollieren. Die Frauenbewegung folgte unmittelbar auf die Bürgerrechts- und die Antikriegsbewegungen, und der Kampf für die Befreiung der Frauen brachte mich zum Kern des christlichen Glaubens, den ich von Kindheit an bekannt hatte. Zum ersten Mal schaute ich gerade in die Augen meiner Schwestern und Brüder und traf dort die zwingenden Augen Gottes: des Gottes Jesu und Marias, des Gottes Abrahams und Sarahs, des Gottes von

Hagar, der Sklavin, von Jeanne d'Arc, der heiligen Johanna von Lothringen, von Harriet Tubman und von Martin Luther King. Sie alle waren Befreier ihres Volkes. Meine Schwestern und ich wurden durch die Macht Gottes gereinigt und neu gemacht, und so legten viele von uns das gemeinsame Versprechen ab, sich für den Rest ihres Lebens darum zu bemühen, eine Welt zu schaffen, die sowohl menschlicher als auch göttlicher sein wird. Obwohl wir das Ausmaß unserer eigenen Gebrochenheit und Teilhabe an der Sünde der Lieblosigkeit, Selbstsucht und Arroganz zur Genüge kannten, nahmen wir diese Aufgabe auf uns. Unser Ziel ist eine Welt, in der alle Menschen des Gottesvolkes von einander und von dem Gott, der durch uns alle wirkt, dazu befähigt werden, mit Würde und ausreichender Nahrung zu leben. In dieser Welt steht allen Menschen das Recht zu, lebenswichtige Entscheidungen zu treffen, und alle tragen die Verantwortung, diese Entscheidungen zum Wohl der Allgemeinheit zu treffen.

Deshalb spreche ich als Feministin, denn ich bin Teil jener Bewegung unter Frauen und Männern, die dafür kämpft, daß unsere Menschenrechte in einer gerechten und moralischen Welt für alle verwirklicht werden. Ich spreche als Christin, als Frau, die innerhalb einer Tradition von Menschen arbeitet, die im Leben und Lehren des Jesus von Nazareth einen positiven Sinn gefunden haben. Ich stelle mich ganz bewußt in diese Tradition.

Anders als die meisten Feministinnen und Christinnen spreche ich auch als Lesbe, denn ich habe Ermutigung und Kraft am meisten in der Gemeinschaft von Frauen gefunden. Liebe und Partnerschaft finde ich zuerst in der Bindung an eine andere Frau. Ich erkläre dies, weil ich glaube, daß ich so offen wie möglich über meine tiefste Quelle menschlicher Liebe und Freundschaft sprechen sollte. Ich will die Heterosexualität nicht herabsetzen. Aber sie ist nicht meine Lebensrichtung, sie ist für mich nicht der Weg, auf dem ich persönlich meinen kreativsten Beitrag zur Gesellschaft leisten kann.

Ich spreche als Geistliche, als Mensch, der die besondere Aufgabe hat, etwas von dem menschlichen und dem göttlichen Wesen, das wir alle teilen, anschaulich zu machen. Aber vor allen Dingen spreche ich als Schwester, als Mensch wie du, als Mensch, der zu einem elementaren Zweck hier auf der Erde ist:

mehr und mehr in die Liebe Gottes zu wachsen. Dies ist eine Liebe, eine Gerechtigkeit, die unser ist, damit wir sie als Schwestern und Brüder teilen. Meine Gotteserfahrung und meine Erfahrung des Menschseins ist nur in dem Sinne »mein«, daß ich, wie jeder andere Mensch auch, immer an einem beziehungshaften Schnittpunkt zwischen meinem eigenen Selbst und dem Selbst vieler anderer Menschen stehe, deren Leben mein eigenes berührt, mögen diese Menschen in der Vergangenheit gelebt haben oder die Gegenwart mit mir teilen. Was ich beispielsweise über El Salvador lese oder höre, wird Teil meiner Welterfahrung, und so wird es zu einem weiteren Faden, mit dem ich ein Sinngefüge weben kann, das sowohl mir als auch dir gehört, soweit unsere Erfahrungen von El Salvador sich zu gemeinsamer Erfahrung fügen. Mein Sinngefüge ist darin theologisch, daß es ein Weg ist, Gott oder das zu entwerfen, was von einer moralischen Perspektive aus im menschlichen Leben den höchsten Wert hat. Dies ist nicht in erster Linie eine Macht jenseits menschlicher Erfahrung oder ein Ideal, das wir anstreben, sondern eine Macht unter uns, eine Macht, die wir teilen.

Phyllis Schlafly[1] und ich repräsentieren zwei völlig unterschiedliche und unvereinbare moralische Perspektiven. Wir sind grundlegend anderer Meinung darüber, was in der Welt gut oder böse ist. Es hätten sich wohl kaum zwei Frauen finden können, deren Vorstellungen von einer gerechten Gesellschaft gegensätzlicher sind, und dennoch sind Phyllis Schlafly und ich in einem wichtigen Punkt gleich: Wir sind beide weiße Frauen in einer rassistischen Gesellschaft. Beide haben wir von den ökonomischen Privilegien und den Wahlmöglichkeiten profitiert, die jenen offenstehen, denen die Gesellschaft erlaubt, Karriere zu machen. Wir sind gutausgebildete Frauen, die Entscheidungen getroffen haben – zu heiraten oder nicht zu heiraten, unser Zuhause und die Menschen, die wir lieben, zu verlassen, um Reden zu halten, kurz, um das Leben zu leben, das wir leben wollen. Die Wahlmöglichkeiten, die Phyllis Schlafly und mir offenstehen, sind genau die Optionen, die allen Frauen und Männern aller Rassen und Klassen offenstehen sollten. Aber dies ist nicht so. Jede Mutter, die von der Fürsorge lebt, jede geschlagene Frau, jede Prostituierte wird dies bestätigen.

Ich möchte alle ansprechen, die sich dem Feminismus zugehörig fühlen, Frauen und Männer. Wir haben viel zu tun und vieles miteinander zu teilen, damit durch unser Handeln die Liebe verwirklicht wird, die in moralischer Perspektive ein Synonym für Gerechtigkeit ist, sei es nun in Zweierbeziehungen oder in Gruppenbeziehungen.

Menschenrechte und Feminismus

Der Feminismus ist in der Krise, soviel wissen wir; und nicht nur der Feminismus ist in der Krise, sondern auch der moralische Charakter dieser und vieler anderer Nationen. Der mit großem Aufwand geführte Krieg gegen die Menschenrechte – ob er nun speziell gegen Frauen, schwule Männer und lesbische Frauen, Schwarze, Arme aller Hautfarben, Juden, Araber und gegen die Menschen Lateinamerikas, der Philippinen oder Südafrikas gerichtet ist – ist ein Angriff gegen das gemeinsame Recht der Menschen, zwischen verschiedenen vorhandenen Wahlmöglichkeiten zu entscheiden. Dieser Krieg gegen die Menschenrechte wird von Personen geführt, die charismatisch von Freiheit (selten von Gerechtigkeit) sprechen, aber meistens ihre eigene Freiheit (selten die Freiheit anderer) meinen. Dies sollte uns deutlich die perverse Spiritualität, die Immoralität, zu Bewußtsein bringen, die in unserem Land und in seinen hohen Regierungsämtern um sich greift. Habgier und Selbstgerechtigkeit sind zum goldenen Kalb geworden, vor dem sich alle, die »Gott, das Land und ihre Familie lieben«, verneigen sollen. Dieser Götze bezieht seine Anziehungskraft aus einer tiefen und eifrig geschürten Angst vor der Gleichheit, aus der Angst, in einer Welt, in der alle Männer und alle Frauen tatsächlich gleich geschaffen wären, »gewöhnlich« zu sein oder zum »gemeinen« Volk zu gehören. In dieser Welt wäre der Zugang aller Menschen zu Nahrung, Obdach, Bildung, Arbeit und Spiel gewährleistet; er wäre eine gegebene Tatsache und kein Privileg oder Lohn, der erst verdient werden muß. Daß es moralisch ist, daß es gut, gerecht und von höchstem Wert ist, wenn alle Menschen Zugang zu lebensnotwendigen Gütern haben, ist von zentraler Bedeutung für meine Auffassung von Feminismus, zu dem die Bejahung dieser Werthaltung unabdingbar gehört.

Da ich glaube, daß eine »Krise« eine »gefährliche Chance« ist, habe ich mir zum Ziel gesetzt, den Feminismus gründlich zu untersuchen, um ihn zu entmystifizieren. Unsere Wirksamkeit als Feministinnen beruht auf dem Ausmaß, in dem wir unsere Erfahrungen und Visionen verstehen und ihnen vertrauen. Dies wird uns nicht gelingen, solange wir die Realitätsvorstellungen internalisieren, die für uns im Laufe der Geschichte von jenen gestaltet wurden, deren Interessen uns einen Schlag ins Gesicht versetzen. Dazu gehören beispielsweise diejenigen, die zur Zeit in diesem Staat und in vielen, wenn nicht gar den meisten Kirchen, Schulen und Medien die Macht haben. Nelle Morton, eine unserer starken und schönen Vormütter, hat uns eingeschärft: Wir müssen lernen, »unsere Erfahrung zu erfahren«. Da es uns niemand beigebracht hat, müssen wir erfahren, erkennen, benennen und ernst nehmen lernen, was für uns wahr ist: das, was wir als gut erfahren, und das, was wir als böse erleben; das, was wir verehren, und das, was wir verachten werden. Unsere Krise als Feministinnen wurzelt vielleicht in unserer Ambivalenz gegenüber unserer Fähigkeit, die Welt wiederzuerschaffen. Peggy Ann Way, Pastorin und Theologin an der Vanderbilt Divinity School, hat diese Fähigkeit unsere »Autorität des Wirkungsvermögens« (»authority of possibility«) genannt[2].

Es ist offensichtlich, daß der Feminismus in einer ernsten politischen Krise ist. Das Equal Rights Amendment (Gleichberechtigungsartikel der amerikanischen Verfassung) ist bedroht. Das Recht auf Abtreibung wird Stück für Stück beschnitten. Lebenswichtige Entscheidungsmöglichkeiten von farbigen und weißen Frauen, von arbeitenden und alleinstehenden Frauen, von lesbischen und heterosexuellen Frauen sind in Gefahr. Betroffen sind Frauen mit und ohne Kinder, ältere Frauen und besonders arme Frauen. Was wir Feministinnen in dieser politischen Krise tun, mag wohl davon abhängen, ob wir erkennen oder nicht erkennen, in welchem Ausmaß der Feminismus in einer moralischen Krise steckt. Dies gilt nicht nur für den »religiösen« Feminismus, wie wir ihn in unsere christlichen oder jüdischen und andere religiöse Traditionen hineingetragen haben, sondern für den gesamten Feminismus, für den weltlichen und den religiösen.

Die feministische Bewegung bezieht ihre Energie aus dem

moralischen Anspruch, daß allen Menschen, Männern wie Frauen, die Macht gegeben werden soll, zwischen vorhandenen Möglichkeiten zu wählen. Die Bemühungen des US-Feminismus galten seit seinen offiziellen Anfängen bei der Zusammenkunft in Seneca Falls 1848 der Errichtung einer sozialen Ordnung, in der Gesetz oder Gewohnheitsrecht Frauen ebensogut wie Männer in die Lage versetzen, unter verschiedenen Möglichkeiten zu wählen. Zu diesen Optionen gehört die Freiheit zu arbeiten, ob nun im Haus oder an einem anderen Arbeitsplatz; die Möglichkeit, Kinder zu gebären; Eigentum zu besitzen, ob in der Ehe oder alleinstehend; zu heiraten oder ledig zu bleiben, ohne dafür bestraft zu werden. Dazu gehört ebenso die Möglichkeit, Kinder in einer Umwelt zu erziehen, in der Nahrung, Obdach, Bildung und ein vernünftiges Maß an Komfort Rechte und keine Privilegien sind. Alle Frauen, ob verheiratet oder alleinstehend, sollen ihre Identität wahren können, wie sie durch den Namen symbolisiert wird. Wo es lebenswichtige Entscheidungsmöglichkeiten gibt, stellt sich auch die Frage der Moral, denn wenn wir wichtige Entscheidungen treffen, dann müssen wir Werte unterscheiden. Das eine schließt das andere ein. Wir müssen erkennen, was für uns selbst in Beziehung zum Gemeinwohl gut oder böse, besser oder schlechter ist. Die feministische Bewegung ist in zwei eng verflochtenen, aber verschiedenen Bedeutungen eine moralische Bewegung.

Erstens wird die feministische Bewegung von einem expliziten Engagement für die Gleichstellung der Frauen motiviert. Allen Frauen muß das moralische Recht zustehen, zwischen Optionen zu wählen, die ihnen eröffnet werden. Dieses Engagement, das in unserem Kampf für das Equal Rights Amendment, das Recht auf Abtreibung und für die Ordinierung von Frauen deutlich wird, wurzelt in dem liberalen Ideal des 18. Jahrhunderts von »Freiheit, Gleichheit und Brüderlichkeit«. Frauen haben ein absolutes Recht auf die gleichen Alternativen, wie Männer sie haben. Sie müssen unter den gleichen Optionen wählen können. Unser Engagement macht deutlich, wie positiv wir dieses absolute Recht der Frauen bewerten.

Zweitens trägt die feministische Bewegung, wenn sie aus einer radikalen moralischen Perspektive gesehen wird, auch eine implizite Verpflichtung. Sie muß für die Verantwortung der Frauen eintreten, moralische Entscheidungen zu treffen. Diese Verpflichtung besteht, selbst wenn wir, wie die Männer, auch Fehler machen und falsche Entscheidungen treffen. Ich sage nicht, daß Frauen eine *größere* Verantwortung als die Männer haben oder daß Frauen irgendeine natürliche oder angeborene Fähigkeit besitzen, Entscheidungen zu treffen, die moralischer sind als die der Männer. Ich sage, daß niemand von uns, weder Frauen noch Männer, unsere Rechte von unserer Verantwortung trennen kann. Niemand kann die eigene Freiheit vom Gemeinwohl loslösen. In der Aufklärung lag der Schwerpunkt auf den individuellen Freiheiten. Diese können jedoch nicht von der utopischen Vision universeller Gerechtigkeit getrennt werden. Wenn wir dies versuchen, wenn wir unsere Bemühungen um Rechte und Privilegien, die denen der Männer an der Spitze gleich sind, von unserem Engagement für eine soziale Ordnung trennen, in der es keine Männer – oder Frauen – an der Spitze einer gesellschaftlichen Pyramide gibt, dann verlieren wir die Vision unserer Gemeinschaftlichkeit, die Vision unseres Gemeinwesens, die Jesus selbst das »Reich Gottes« nannte.

Da der Feminismus eine moralische Bewegung ist, die durch die Verpflichtung gegenüber dem Gemeinwohl motiviert wird, müssen wir unser Engagement für das Gemeinwesen im Sinne von Verwirklichung der Gerechtigkeit für alle wirksam werden lassen. Gerechtigkeit darf nicht nur für ein paar weibliche Priester, ein paar Frauen im Amt oder für ein paar Politikerinnen und Künstlerinnen gelten. Es wird immer ein paar Bienenköniginnen – meist weiße, finanziell gesicherte Frauen – geben, die bereit sind, sich mit den Männern an der Spitze zu vertragen.

Es herrscht eine kritische Spannung zwischen unserem moralischen Recht, unter verschiedenen Optionen zu wählen, und unserer Verantwortung, moralische Entscheidungen zu treffen. Dazu möchte ich drei Beispiele anführen:

1. Die Bewegung für die Ordinierung von Frauen bleibt in allen Konfessionen weiter ein moralischer Kampf für die Rechte der Frauen. Grundlage dieser Anstrengungen ist die positive Wertung der Gleichheit zwischen Frauen und Männern. Gleichzeitig haben christliche Feministinnen Optionen, die wichtige moralische Fragen einschließen. Dazu gehört –

dort, wo Frauen die Möglichkeit haben, die Ordinierung anzustreben – die Option, sich ordinieren zu lassen oder darauf zu verzichten. Was für einige Frauen eine moralische Entscheidung sein mag, kann für andere eine unmoralische Entscheidung sein. Diese Entscheidungen – ob wir in der Kirche bleiben oder nicht, ob wir ordiniert werden wollen oder darauf verzichten – machen es notwendig, daß wir erkennen, was sowohl für uns selbst als Individuum als auch für andere Frauen besser oder schlechter ist. Dazu gehören beispielsweise die Entscheidungen, die eine Pfarrerin oder Geistliche in der Frage treffen muß, auf welche Weise sie, wenn überhaupt, fortfährt, Teil einer Tradition zu sein, die nicht nur die Frauen, die Sexualität und die Laien abwertet, sondern auch den menschlichen Körper in seinem individuellen und in seinem kollektiven Sinne herabsetzt. Wir christlichen Feministinnen müssen gemeinsam festlegen, wie wir so verantwortungsbewußt wie möglich uns selbst, einander und anderen Kirchenleuten helfen, das volle Menschsein von Frauen zu akzeptieren (wie es beispielsweise von weiblichen Priestern vertreten wird). Gleichzeitig müssen wir bei uns kritischer betrachten, in welcher Weise zum Beispiel ein unverändertes Priesteramt, ob es nun von Männern oder Frauen ausgefüllt wird, weiterhin ein anmaßendes Amt bleibt, das die Arroganz und Jenseitigkeit einer männlichen Gottheit repräsentiert, deren Bild völlig anders ist als das Bild von Weiblichkeit, Erde, Körper, Tod, Beziehungshaftigkeit und menschlicher Verletzlichkeit. Dies bedeutet für uns christliche Feministinnen, daß wir unseren Kampf um gleiche Rechte für Frauen als wichtige Bewegung innerhalb eines breiteren Kampfes für eine Weltkirche sehen, die wirklich »jenseits von Gottvater« ist (Mary Daly).

2. Ein weiterer Punkt, an dem wir die Spannung zwischen unserem Recht zu wählen und unserer Verantwortung, das Richtige zu wählen, feststellen können, ist die Einberufung von jungen Menschen zum Wehrdienst, in dem sie zum Kriegführen trainiert werden. Sicherlich haben Frauen nicht mehr und nicht weniger als Männer das Recht oder die Verantwortung zu entscheiden, auf welche Weise sie ihrem Land »dienen« oder nicht »dienen« wollen. Wenn junge Menschen eingezogen werden sollen, haben in feministischer Perspektive Frauen ebenso wie Männer diese Verantwortung zu übernehmen und

damit auch das Recht, ja oder nein zu sagen oder zu erklären, unter welchen Bedingungen sie »dienen« werden. Die Einberufung zum Wehrdienst symbolisiert die Verschmelzung von Recht und Verantwortung, die immer Hand in Hand gehen. Feministinnen, die für die Einberufung von Frauen eintreten – oder für das moralische Recht von Frauen auf einen fairen Anteil an der Bürde des Krieges –, müssen auch bedenken, vor welcher moralischen Entscheidung Frauen wie Männer stehen, wenn sie mit dem Wehrdienst konfrontiert werden. Es muß gefragt werden, was moralisch, was richtig ist. Es stellt sich etwa die Frage, unter welchen Umständen das Töten, wenn überhaupt, gerechtfertigt ist. Wir müssen auch fragen, ob es denkbar ist, daß die USA jemals in einen »gerechten Krieg« verwickelt werden und ob die Einberufung zum Wehrdienst selbst moralisch überzeugend begründet werden kann.

3. Die Dialektik zwischen unserem moralischen Recht zu wählen und unserer Verantwortung, eine moralische Entscheidung zu treffen, zeigt sich drittens in unseren gegenwärtigen Bemühungen sicherzustellen, daß Frauen jetzt und immer die Möglichkeit zu legalen Abtreibungen haben, statt entweder Kurpfuschern zum Opfer zu fallen oder Kinder gebären zu müssen, die sie nicht wollen und behalten können. Die Bewegung für die Entscheidungsfreiheit der Frauen spiegelt den positiven Wert wider, den wir Frauen in unserem Leben, in unserem Körper und in dem Recht, Entscheidungen zu treffen, entdeckt haben. Unsere Entscheidungen berühren nicht nur uns, sondern auch unsere Partner und Partnerinnen, unsere Familien, unsere Arbeit, andere Kinder und die Gesellschaft selbst. Die Bewegung für die Entscheidungsfreiheit der Frauen bei der Abtreibung (»pro-choice movement«) trägt ihre Zielsetzung in ihrem Namen: Sie tritt für die Entscheidungsfreiheit der Frauen ein, für das Recht und die Verantwortung der Frauen, eine schwere Entscheidung zu treffen, die niemand anderen so tief berührt wie die einzelne Frau selbst. Die Entscheidung, abzutreiben oder ein Kind auszutragen, trägt ernsten moralischen Charakter. Dies muß den Frauen, die abtreiben wollen, und uns, die wir für die Entscheidungsfreiheit der Frauen eintreten, bewußt sein. Hier besteht die moralische Herausforderung für uns darin, energisch dafür zu kämpfen, daß Frauen das Recht auf Optionen zusteht, wenn es

um das Gebären von Kindern geht. Aber gleichzeitig müssen wir bereitwillig die moralische Komplexität der Abtreibung eingestehen, die die meisten Frauen, die abgetrieben haben, bestätigen. Wenn wir auf sachkundige und positive Weise für die freie Entscheidung der Frau eintreten, müssen wir auch erkennen, daß die Antiabtreibungs-Bewegung, die von der neuen Rechten inszeniert wird, eine Haltung vertritt, in der das Leben des Fötus höher als das Leben der Frau bewertet wird. Betrachten wir folgende Zeitungsnotiz vom 20. März 1981:

»In einem Verfahren, das von Abtreibungsgegnern lange angestrebt wurde, hat die Reagan-Administration beantragt, daß Bundesmittel für die Finanzierung von Abtreibungen nur dann verwendet werden sollen, wenn das Leben der Frau in Gefahr ist – jedoch nicht mehr länger nach Vergewaltigung oder Inzest. Sogar wenn das Leben einer Frau in Gefahr ist, sollen die Bundesstaaten nach den Vorschlägen der Administration keine öffentlichen Gelder mehr ausgeben müssen, wenn sie das nicht wollen.«[3]

In diesem politischen Klima für die freie Entscheidung der Frau einzutreten bedeutet, ein zutiefst moralisches Engagement einzugehen, das in einem religiösen Glauben an den Wert und die Heiligkeit von Frauen verwurzelt ist und sich ebenso auf den Glauben an den Wert von Optionen und verantwortungsbewußter Entscheidung gründet. Die Verantwortung einer Frau, eine moralische Entscheidung zu treffen, das heißt eine Entscheidung, von der sie glaubt, daß sie ihr selbst in ihrer Beziehung zum Gemeinwohl zugute kommt, ist eine Verantwortung, die absolut davon abhängt, daß dieser Frau Optionen offenstehen und daß sie das Recht hat, unter diesen Optionen zu wählen. Wir Feministinnen müssen nicht argumentieren, abtreiben sei wie »Haare schneiden«, oder gar betonen, Abtreibung sei keine Tötung, um mit Nachdruck dafür einzutreten, daß unsere Rechte auf wichtige Entscheidungen notwendigerweise moralischen und gesetzlichen Vorrang vor den »Rechten« dessen einnehmen, was ungeboren ist und deshalb nicht den sozialen Wert hat wie die Frau, die es trägt. Denn Frauen sind reale, konkrete Personen, sie sind auf dieser Welt lebendig.

Heute müssen wir mehr als je zuvor in diesem Land begreifen, daß ein weiblicher Faschist moralisch nicht weniger schuldhaft ist als ein männlicher Faschist. Wir müssen verstehen, daß Feminismus im Kern eine Bewegung gegen die Habgier und Selbstgerechtigkeit von Faschistinnen und Faschisten ist. Diese Menschen sind zuerst sich selbst und jenen gegenüber loyal, von denen sie glauben, sie seien nach ihrem eigenen rassischen, sozialen, ökonomischen, sexuellen, nationalen oder religiösen Bilde geschaffen, und hieraus entsteht ihre Habgier und Selbstgerechtigkeit. Dorothee Sölle hat die zeitgenössische US-Gesellschaft als »christo-faschistisch« charakterisiert. Sie sieht sie als eine Gesellschaft, die im Namen eines falschen Christus auf ein monolithisches – nonpluralistisches, intolerantes, arrogantes und völkermörderisches – Bild davon konzentriert ist, was angeblich moralisch, wertvoll, schön und lebenswert ist[4]. Wenn Sölle richtig analysiert hat, und das glaube ich, dann haben wir als Feministinnen keine geringere Aufgabe als die, leidenschaftlich eine Kampagne gegen den Faschismus in Gang zu setzen. Dies ist nicht nur für uns selbst, aber immer auch für uns selbst wichtig, da wir das Gemeinwohl als unser eigenes Wohl verstehen und umgekehrt: Gemeinwohl ist persönliches Wohl, es bedeutet Befreiung aus gemeinsamer Fesselung an eine soziale Beziehung, die durch Herrschaft und Unterwerfung geprägt ist und in der der Mensch an der Spitze – ob Mann oder Frau, weiß oder schwarz – immer weißen, männlichen Reichtum repräsentiert.

Grenzen des Liberalismus

Zillah Eisenstein weist darauf hin, daß der »liberale Feminismus«, der sich am deutlichsten in der Bewegung für gleiche Rechte zeigt, den herrschenden Verhältnissen potentiell subversiv gegenübersteht[5]. Ob der Feminismus einen grundlegenden sozialen Wandel zuwege bringt, ist davon abhängig, ob Feministinnen erfahren und erkennen, daß es dem liberalen Idealismus der Aufklärung nicht gelungen ist, Gerechtigkeit oder wahre Chancengleichheit für alle Menschen zu schaffen. Denn Gerechtigkeit und Chancengleichheit dürfen nicht einfach nur für die weiße sozioökonomische Oberschicht der Gesellschaft gelten. Eisenstein sagt: »Der liberale Feminismus schließt mehr ein, als einfach die bourgeoisen männlichen

Rechte zu erringen, die Frauen früher verweigert wurden, obwohl dies mit inbegriffen ist. Liberaler Feminismus ist keine Addition von Feminismus und Liberalismus. Es gibt vielmehr einen realen Unterschied zwischen Liberalismus und liberalem Feminismus, und dieser besteht darin, daß der Feminismus die, wenn auch noch so implizite und undefinierte, Erkenntnis erfordert, daß Frauen sich als Frauen über ihre sexuelle Klasse identifizieren.«[6]

Eisenstein stellt die These auf, daß der Liberalismus von Denkern wie John Locke, Jean Jacques Rousseau und John Stuart Mill im Kern patriarchalisch ist. Ihre Prämisse ist die Trennung von öffentlichem und privatem Bereich. Außerdem setzen sie voraus, daß das Individuum das Recht hat, sich aus dem privaten in den öffentlichen Sektor zu erheben und in den Rängen des öffentlichen Lebens weiter aufzusteigen. Der Liberalismus gibt keine angemessene Erklärung für die Klassenstrukturen der Gesellschaft. Er begründet auch nicht ausreichend, warum wir als Individuen eben nicht einfach die Freiheit haben, aufzusteigen oder zu fallen, wie es uns beliebt.

Eben dieser Liberalismus ist auch in den Werken von Feministinnen implizit vorhanden. Dies gilt für Mary Wollstonecraft im späten 18. Jahrhundert bis hin zu heutigen Feministinnen wie etwa Betty Friedan. Eisenstein versucht nicht, einzelne Feministinnen einfach in Kategorien wie liberal oder radikal zu pressen. Statt dessen bemüht sie sich sorgfältig, zu zeigen, auf welche Weise der Feminismus in diesem Land in der Vergangenheit und in der Gegenwart sowohl eine liberale als auch eine radikale Ideologie ist. Der Feminismus ist darin liberal, daß er eine Bewegung für gleiche Rechte in einer Gesellschaft ist und sein muß, die auf die Ideale von Freiheit und Gerechtigkeit für alle Individuen gegründet ist. Dabei spielt es keine Rolle, wie weit diese Gesellschaft ihren Idealen aufgrund von rassischer, sexueller oder ökonomischer Ungerechtigkeit nicht entspricht. Radikal ist der Feminismus darin, daß er das sexuelle Klassensystem umzustürzen droht, das den Unterbau von sozialen Strukturen bildet, die wenig mit den Rechten und Fähigkeiten des Individuums zu tun haben, aber in allem mit Segregation aufgrund von Geschlecht, Rasse und Klasse verbunden sind.

Eisensteins politische Analyse des Feminismus bildet eine

moralische Perspektive. Die Bewegung für das moralische Recht von Frauen, Entscheidungen zu treffen – ob sie sich ordinieren lassen wollen, ob sie abtreiben wollen –, ist sowohl eine liberale Bewegung für universelle Menschenrechte als auch eine radikale Bewegung, die auf eine Überholung von Strukturen zielt, die geschlechtsspezifische Rollenzuweisung und sexuelle Klassentrennung festgelegt haben. Unsere Fähigkeit, den moralischen Wert dessen zu erkennen, was bei unseren Optionen und Entscheidungen auf dem Spiel steht, treibt uns in die Arena radikaler Politik. Das heißt, sie treibt uns in eine Chance, an der Neugestaltung sozialer Werte und der Neuschaffung sozialer Politik in einer Weise teilzunehmen, daß die soziale Ordnung tatsächlich zum Wohl der Allgemeinheit umgewandelt wird. Es besteht die Gefahr, daß wir diese Gelegenheit verpassen, wenn wir es nicht schaffen, die Radikalität ernst zu nehmen, die das Engagement der feministischen Bewegung für wirkliche Gleichheit *aller* Frauen *aller* Rassen und Klassen in sich trägt. Eine solche radikale Gleichheit würde die Revolutionierung der sozialen und ökonomischen Ordnung unseres Landes umfassen. Gegner der feministischen Bewegung neigen oft dazu, dies deutlicher zu sehen, als wir es tun. Aus ihrer Perspektive ist der Feminismus ein Fluch, denn er signalisiert eine Herausforderung gegenüber dem (sozioökonomischen) »American Way«. Aber aus meiner Perspektive ist unsere Bewegung ein Träger des Segens für dieses Land, gerade weil der Feminismus diese Herausforderung in sich schließt.

Um es noch klarer auszudrücken: Die moralische Vision des Feminismus besteht nicht einfach darin, daß es eine gleiche Anzahl von weiblichen Bischöfen oder weiblichen Generälen geben soll oder daß Frauen abtreiben können, obwohl wir darauf bestehen müssen, daß uns diese Möglichkeiten vom Gesetz her zustehen sollen. Unsere Vision besteht darin, daß die Optionen oder der Mangel an Optionen in Bereichen wie Kirche, Militär und Fortpflanzung auf eine Weise verändert werden, daß Frauen in lebenswichtigen Fragen wirklich Alternativen haben und auch unter diesen wählen können.

Eine feministische Moraltheologie

Wir wollen weiter in die Ethik des feministischen Engagements für das gemeinsame persönliche Wohl eindringen. Wir treten für eine Reihe von miteinander verbundenen Zielen ein. Dazu gehört der Kampf für gleiche Rechte, der in Wirklichkeit ein Kampf um Zugang zu unserem Anteil an gesellschaftlicher Macht ist. Ein weiteres Ziel besteht für uns darin, ganze Menschen zu sein. Unser drittes Ziel ist es, mehr und mehr in eine Annahme und Würdigung unseres Körpers hineinzuwachsen. Ich nähere mich unserem Engagement für diese Ziele in einem Prozeß und möchte unseren Kampf um Macht, unsere Bemühungen, ganze Menschen zu sein, und unsere Liebe zu unserem Körper näher betrachten, denn diese Erfahrungen können vielleicht etwas darüber enthüllen, was Gott und wo Gott in unserem Leben ist. Diese theologischen Reflexionen sollen genauer die Substanz und die Bedeutung dessen erhellen, was in unserem Leben wirklich moralisch ist.

Unser Kampf um Macht. Vom moralischen und vom politischen Standpunkt aus ist Macht die Voraussetzung dafür, Entscheidungen treffen zu können. Aus einer politischen Perspektive bedeutet Macht, daß Wahlmöglichkeiten vorhanden sind: die Option, das zu tun, was für das allgemeine und persönliche Wohl gut ist, und die Option, um das Recht zu kämpfen, es zu tun. In Strukturen, die von Herrschaft und Unterwerfung geprägt sind, entsprechen sich politische und moralische Macht nicht einfach oder selbstverständlich. Solche Strukturen herrschen in den meisten kirchlichen und staatlichen Ämtern.

Unser elementares Engagement gilt der moralischen Macht. Unsere moralische Vision besteht nicht letztlich darin, daß Frauen institutionelle Macht haben sollen – daß Frauen Bischöfe, Generäle oder Senatoren werden sollen. Sie besteht vielmehr darin, daß wir eine Macht erringen, die trotz der politischen Strukturen unseres Lebens unsere Macht ist, eine Macht, die nicht durch Wahlkämpfe, durch Versprechungen, Drohungen oder Gewalt zunichte gemacht werden kann. Aber wir können uns nicht in einer Romantisierung dessen verlieren, was das Leben tatsächlich ausmacht. Wir können nicht sagen, institutionelle Macht sei für das Leben von Frauen irrelevant.

Aber sie ist nicht unser Endziel. Wo immer Frauen keine institutionelle Macht haben, dort fehlt ihnen auch die Gerechtigkeit. Aber für einige oder sogar viele Frauen garantiert eigene Macht innerhalb einer Institution nicht, daß auch andere – ob Frauen oder Männer – gerecht behandelt werden. Wie wir sehr wohl wissen, macht Macht nicht gerecht, obwohl manche Politiker uns dies glauben machen wollen.

Wir Feministinnen haben Macht in Bewußtseinserweiterung, in Protesten, in politischem Aktivismus, in gemeinsamer Arbeit und gemeinschaftlichem Lernen und in unserer Freundschaft und Liebe füreinander entdeckt. Im Laufe der Geschichte haben viele andere dies erlebt, vor allem die Menschen, die ihren Platz in der sozialen Ordnung unterhalb der Ränge hatten, in denen die Entscheidungen getroffen wurden. Unsere Erfahrung, zu persönlicher gemeinsamer Macht zu gelangen, bleibt weiter eine elementare Quelle unserer Beharrlichkeit und unserer Empörung. Angesichts von Ungerechtigkeit ist diese Erfahrung eine Quelle unserer Hoffnung für uns selbst und für unsere Schwestern. Wir haben unsere Macht in Beziehung erlangt; dies ist keine Macht, die wir in Isolation oder getrennt voneinander und von der Welt erreichen. Sie ist vielmehr eine Energie unter uns, die uns dazu fähig macht und zwingt, uns an dem fortwährenden Kampf für das Wohlergehen der Menschen zu beteiligen. Sie gibt uns die Kraft, für unser eigenes Wohl und für das anderer Menschen zu kämpfen.

Durch die feministische Bewegung habe ich gelernt, unsere Macht in Beziehung als Gott zu erfahren, zu erkennen und auch Gott zu nennen. Gott ist für mich das, was wir als Mutter oder Vater, als Schwester oder Geliebte, Freund oder Bruder denken können. Wir können uns Gott als eine noch schwache Stimme oder als Donnerschlag vorstellen. Gottes Transzendenz erfahren wir in der Beständigkeit, mit der Gott zwischen uns Brücken baut. Gott ist nicht mein, sondern unser; und Gott gehört nicht nur uns, sondern auch anderen Menschen, und nicht einmal einfach anderen Menschen. Gott ist die Macht in Beziehung zwischen Pflanzen und Hunden und Walen und Bergen und Städten und Sternen. Göttliches Wesen treibt uns, sehnt sich nach uns, bewegt sich in uns und durch uns und mit uns, indem wir uns selbst als Menschen erkennen und lieben lernen, die von Grund auf in Beziehung stehen und nicht allein sind.

Vom moralischen Standpunkt aus zwingt uns unsere Macht in Beziehung, uns behutsam anderen Menschen zuzuwenden. Sie zwingt uns, unsere Nächsten wie uns selbst zu lieben. Nur in Beziehung zu diesen anderen sind wir in Gott. Dies klingt im ersten Moment vielleicht wie aufgewärmte liberale Theologie, aber es ist mehr als das. Die liberale Theologie betont die Selbstbeherrschung des Individuums und nicht unsere Macht in Beziehung. Wie bei der liberalen Politik entsteht gerade daraus das Problem liberaler Theologie. Politische und theologische Liberale rufen uns auf, den vorrangigen und endgültigen Wert in individueller Freiheit, individuellen Rechten und individuellen Entscheidungen zu sehen. Gott liebt jede Frau und jeden Mann, und alle sollten ihre Nächsten wie sich selbst lieben. Diese theologische Grundannahme war der Grundpfeiler unserer bürgerlichen Religion und unserer nationalen Politik bis zu den Wahlen im Jahr 1980, als die Wähler der Unfähigkeit des Liberalismus ein Ende setzten und politische Kräfte an die Spitze brachten, die einen kaum verschleierten faschistischen Angriff auf die individuellen Menschenrechte und auf das Gemeinwohl repräsentieren.

Theologisch ist die Betonung des Individuums irreführend, ja sogar falsch. Sie ist naiv und unangebracht. Sie wird weder der menschlichen noch der göttlichen Seinsweise in der Welt gerecht. Moralisch ist der theologische Liberalismus bankrott. Er funktioniert nicht. Er fördert nicht die Gestaltung einer gerechten sozialen Ordnung. Er bringt blutende Herzen und mildtätige Empfindungen hervor, und durch unser Versagen, das Gemeinwohl zu verwirklichen, pflastert er den Weg für die »Moral Majority«, die selbsternannte Mehrheit des sogenannten »gesunden Volksempfindens«.

Obwohl feministische Theologie darin liberal ist, daß sie uns aufruft, zu den Liedern der Menschen dieser Erde zu tanzen, statt zu den spirituellen Klängen eines himmlischen Königreiches, ist sie keine liberale Theologie, die zufällig von Frauen gemacht wird. Die radikalen Folgerungen der feministischen Theologie wurzeln in der Erfahrung unserer Macht in Beziehung.

Betrachten wir das Gebot, daß wir unsere Nächsten lieben

sollen: Die theologische Wahrheit dieser Lehre besteht darin, daß ich meine arme Schwester nicht einfach liebe, weil ich die Armen lieben *soll,* sondern vielmehr deshalb, weil meine arme Schwester und ich einander nur zusammen, in unserer Beziehung, lieben lernen *können.* Wo es kein Bemühen um Gegenseitigkeit gibt, dort gibt es keine Liebe. Das bedeutet, daß wir Christen niemanden lieben können, den wir nicht auch respektieren. Wir können keine Menschen lieben, die wir nicht dazu einladen, als Schwestern und Brüder bei uns zu sein. Wir bemitleiden sie vielleicht, wir verhalten uns ihnen gegenüber vielleicht mildtätig; aber wir können sie nicht lieben. Liebe wird aus dem Hunger nach Gerechtigkeit geboren, sie entsteht aus dem Verlangen und der Fähigkeit, zu empfangen und zu geben, zu lernen und zu lehren.

Nur gemeinsam, in gegenseitiger Beziehung, gibt es überhaupt eine gemeinsame persönliche Macht. Nur in Beziehung gibt es Liebe oder einen wirklichen Gott. Ich habe keine Macht, die ich aus mir selbst geben könnte. Liebe ist nicht etwas, das ich ohne dich vollziehen kann. Gott ist unser, damit wir Gott teilen. Wir geben uns Gott und wir empfangen von Gott. Wir erfahren Gott gemeinsam oder gar nicht. Der Unterschied zwischen liberaler Mildtätigkeit und radikaler Liebe besteht darin, daß diese Mildtätigkeit herablassend ist, die Liebe jedoch gegenseitig. Der Gott der Liberalen ist eine Gottheit, die hinabschaut und wohlwollendes Mitleid hat. Diese Gottheit gibt den Bedürftigen, sie selbst hat jedoch keine Bedürfnisse. Unser Gott ist ein Gott, der seine Hand ausstreckt und zu dem sich Hände ausstrecken, ein Gott, der berührt und berührt wird. Unser Gott gibt und empfängt Macht.

Eine moralische Wahl oder eine Entscheidung zum Wohl der Allgemeinheit mag wohl für verschiedene Menschen in verschiedenen Situationen unterschiedlich ausfallen, aber sie wird immer von unserer Macht in Beziehung motiviert: Dies kann die Macht in der Beziehung einer Frau zu ihren Freundinnen und Freunden sein. Sie kann in der Beziehung zu ihrem Geliebten, zu ihren Kindern, zu ihrer Gemeinde oder zu ihrem Ehemann liegen. Diese Macht erwächst vielleicht aus ihrem Bewußtsein, daß sie an bestimmte Werte gebunden ist, oder aus ihrem Eintreten für persönliche Gerechtigkeit in Beziehung zu anderen. Eine moralische Entscheidung mag auf der

Basis von Gebeten, Meditation oder Reflexion getroffen werden. Sie kann aus Schweigen, Gesprächen oder wissenschaftlicher Arbeit erwachsen. Sie mag auch aufgrund von Analysen der verschiedenen Optionen und der möglichen Ergebnisse getroffen werden, soweit diese vorausgesehen werden können. Manchmal wird die Entscheidung spontan getroffen, manchmal mit großem Enthusiasmus, manchmal mit Traurigkeit. Aber immer wird sie in Beziehung getroffen.

Unser Bemühen, ganze oder heile Menschen zu sein. Die feministische Bewegung hat das Personsein der Frau, unsere Seinsfülle und unsere Autonomie unabhängig vom Mann betont. Diese Bejahung unser selbst ist anspruchsvoll und entscheidend, denn rechtlich und theologisch wurde die Frau als Ableger des Mannes betrachtet. Traditionell wurde sie als Adams Rippe und als sein Eigentum gesehen. Sowohl auf der ganz persönlichen Ebene der Beziehung (wie in einer bestimmten Art der Ehe) als auch auf der strukturellen Ebene der Gesellschaft (wie in der Institution Ehe als Eckstein unseres ökonomischen und sozialen Gebäudes) werden Frauen vom Gesetz her noch immer auf einen Status unterhalb der vollen Gleichberechtigung verwiesen, und theologisch wird ihnen bis heute nicht der volle Status als Mensch zugebilligt.

Mary Daly legt die empörenden Methoden offen, mit denen wir Frauen unseres Namens und unserer Sprache beraubt wurden. Es wurde uns das Gefühl, ein gesundes Denkvermögen zu haben, und unsere Selbstachtung genommen. Die Annahme unseres Körpers und die Anerkennung unserer Arbeit wurde uns verweigert. Daly hat deutlich gemacht, wie Frauen gefürchtet, trivialisiert, spiritualisiert, verachtet, verfolgt, verstümmelt, verbrannt und emotionell, spirituell, intellektuell und physisch getötet wurden, und dies alles im Namen Gottes des Vaters. Daly demonstriert überzeugend, welche Rolle die Kirche im Laufe der Geschichte dabei gespielt hat, uns Frauen als unvollständige Menschen zu definieren. Aufgrund dieses Vorurteils wurde die Ansicht vertreten, wir verdienten nicht das Recht, Entscheidungen zu treffen, die unser eigenes Leben berühren. Tatsächlich hebt Daly den Schleier vom verstümmelten Selbst der Frauen. Wenn wir geheilt werden wollen, wenn wir unsere Ganzheit erkennen und dadurch unsere Macht erlangen wollen (die ich Gott, unsere Macht in Beziehung, genannt habe), dann müssen wir uns nach Daly von dem patriarchalischen »phallokratischen Feind« trennen[7]. Daly anerkennt, daß unter dem »Feind« nicht nur die Männer zu verstehen sind, sondern auch der »internalisierte Gottvater«. Damit meint sie die Internalisierung unserer eigenen Unterdrückung, die uns Frauen dazu verführt, daß wir uns unserer eigenen Befreiung widersetzen. Dies geschieht etwa in öffentlichen politischen Debatten unter Frauen wie Phyllis Schlafly, die sich gegen das Equal Rights Amendment wenden, oder auf eine alltäglichere, aber ebenso verheerende Weise, wie etwa in unserer Neigung, unsere Gefühle, Ideen und Aktivitäten als »unwichtig«, »verworren« oder »falsch« zu trivialisieren.

Wir leben in einer patriarchalischen Welt, in der Männer sowohl Gott als auch die Menschheit definieren. Wenn wir geboren werden, wird uns der Name unseres Vaters gegeben, und wenn wir heiraten, nehmen die meisten von uns den Namen ihres Mannes an. Wenn wir selbst versuchen, das zu benennen, was wahrhaft menschlich und wahrhaft göttlich ist, treffen wir auf Hindernisse von rechts bis links, unter Freunden und Feinden, an jeder Ecke. Christliche Feministinnen kämpfen ständig mit Hindernissen: Wir hören, wie die Quelle unserer Macht in Beziehung »Vater«, »Herr« und »König« genannt wird. Wir werden aufgefordert, für das »Königreich Gottes« zu beten. Wir wissen, daß Kirchenmänner sich regelmäßig treffen, um über die Ordinierung von Frauen, über Abtreibung und Sexualität zu diskutieren. Wir besuchen Veranstaltungen eines vorwiegend männlichen Klerus und von theologischen Fakultäten, die darüber entscheiden, was im christlichen Leben und in christlicher Erziehung (normativ) gefordert werden sollte. Wir sprechen mit männlichen Kollegen darüber, »warum ›die Frauen‹ in Unruhe sind«, und mit Frauen darüber, warum sie sich irritiert fühlen, wenn ihre Kinder »im Namen des Vaters, des Sohnes und des Heiligen Geistes« getauft werden. Wir beraten Studentinnen, die vor Menschenangst krank sind, und wir hören Frauen an, die uns erzählen, daß ihr Ehevertrag zu ihrem Todesurteil geworden ist. Täglich begegnen wir theologischen und kirchlichen Theorien, die ausschließlich in der Sprache der Männer geschrieben sind, in der diese ihre Erfahrung mit Gott und der Menschheit artikulieren, ihre Erfahrung mit Männern und Frauen, Geist und Fleisch, Verstand und Gefühl, Leben und Tod, richtig und falsch, Gesundheit und Krankheit, Schicklichkeit und Perversion. Kurz gesagt, christliche Feministinnen sind einem Meer von Symbolen, Theorien und Erwartungen ausgesetzt, die sich auf *unser* Leben, auf *unsere* Beziehungen und Werte und auf *unseren* Gott beziehen, aber von Männern geformt wurden und auf eine ganz elementare Weise überhaupt *nicht unser* sind.

Mary Daly hat recht. Wir müssen uns selbst kennenlernen, statt einfach weiter das »Wissen« der Männer über uns zu absorbieren, wie es unsere alltägliche und pervertierte Erfahrung ist. Wir müssen uns selbst vertrauen lernen und für uns selbst handeln lernen. Wir müssen unsere Ganzheit unabhängig von der Meinung der Männer über uns erfahren lernen. In der Tat, wir müssen lernen, selbständig zu handeln und zu sein – getrennt von den Männern, und dabei muß das Ausmaß und die Art unseres Separatismus durch uns Frauen selbst bestimmt werden. Vielleicht entscheiden wir uns für ausschließlich weibliche Gruppen, vielleicht besuchen wir Frauenschulen oder kulturelle Veranstaltungen von Frauen. Möglicherweise arbeiten wir im Geschäftsleben mit Frauen zusammen, vielleicht haben wir eine Geliebte oder wir leben in einer feministischen Gemeinschaft. Alle diese Möglichkeiten scheinen mir kreative Optionen zu sein, die abhängig sind von den Motiven, Erwartungen und Zielen der Frauen, die sich dafür entscheiden. Irgendwie müssen wir Klarheit finden, wir müssen in unseren Herzen und Köpfen Ordnung schaffen und die Fesseln der historisch geschürten Frauenfeindlichkeit brechen, die wir so gründlich internalisiert haben, daß wir unfähig sind, uns selbst zu erkennen und zu lieben unabhängig davon, wie Männer uns definieren, was sie von uns halten oder ob sie uns zustimmen. Wir Feministinnen müssen zusammen Wege finden, zu heilen und geheilt zu werden. Wir brauchen von Frauen bestimmte Wege, auf denen wir lernen, uns selbst, die Menschheit und unseren Gott zu benennen.

Es ist unwahr, daß alle Feministinnen Lesben sind oder sein müssen. Aber jede Feministin wird irgendwann einmal als Lesbe betrachtet und als solche in dem Maße verleumdet werden, wie sie als ganzer Mensch empfunden wird. Das heißt, je mehr sie als Frau erscheint, deren Fülle der Persönlichkeit (die sich in ihren Entscheidungen, Werten und Handlungen äußert) weder von der »Gnade« der Männer noch von der Meinung der Männer abhängig ist, desto eher wird sie als Lesbe diffamiert. Durch die Geschichte hindurch hat die Lesbe die Frau symbolisiert, die keine Männer braucht, die sie zu einer ganzen Person machen. So repräsentiert die Lesbe für die meisten Männer und für Frauen, die sich über Männer identifizieren, die Ganzheit, die Persönlichkeit und Integrität, die alle Feministinnen suchen, ob sie lesbisch oder heterosexuell sind, ob sie zölibatär leben oder sexuell aktiv sind. In anderen Worten, in einer sexistischen/heterosexistischen Gesellschaft repräsentiert die Lesbe die autonome Frau mit einem unabhängigen Geist – und deshalb wird sie gefürchtet und verachtet. Keine von uns, ob Lesbe oder heterosexuelle Frau, sollte das vergessen.

Ich kritisiere jedoch ganz energisch die Hartnäckigkeit, mit der Mary Daly die These vertritt, alle Frauen müßten – über Lesbianismus oder auf einem anderen Weg – »separatistisch« sein, um ganze Menschen zu sein. Ich stimme erstens nicht mit ihr überein, weil sie den Pluralismus unter den Frauen nicht berücksichtigt. Die meisten Frauen können sich *nicht entscheiden,* sich von den Männern zu trennen, da ihr eigenes Leben oder das ihrer Kinder von der Unterstützung durch Männer oder von ihrer Arbeit mit Männern abhängt. Dalys Lösung für das Problem der verstümmelten Persönlichkeit der Frau setzt voraus, daß Frauen sich dafür entscheiden können, die Welt des Patriarchats zu verlassen und in eine völlig andere Welt zu gehen. Dies scheint mir eine von Klassendenken geprägte, rassistische Lösung zu sein, und deshalb ist es für mich keine moralische Lösung, sofern Daly versucht, sie zu universalisieren, und dies tut sie. Tatsache ist, daß arme Frauen, und unter diesen sind die meisten farbige Frauen, nicht die Wahl haben – nicht die Entscheidung treffen können –, die Welt der Männer zu verlassen.

Ich widerspreche auch Dalys Grundannahme, daß ein völliger und radikaler Separatismus vom Patriarchat möglich ist. Ich denke, dies ist keiner Frau möglich, auch nicht gutausgebildeten, finanziell unabhängigen Frauen. Ich habe schon bemerkt, daß ich mit Daly darin übereinstimme, daß Separatismus eine gangbare moralische Alternative für Frauen ist. Aber anzunehmen, daß irgend jemand von uns – weiblich, schwarz oder was immer – wirklich außerhalb des Sexismus oder Rassismus der sozialen Strukturen in unserer Welt leben kann, ist naiv. Das beste, was wir tun können, ist, zu lernen, den Sexismus – und dazu gehört auch das, was wir verinnerlicht haben – zu erkennen und seinen Würgegriff zu brechen. Wir können ihn nicht einfach ignorieren oder so tun, als hätten wir ihn hinter uns gelassen, ohne uns selbst zu betrügen.

Das Problem von Dalys Lösung wurzelt in ihrer Philosophie. Ihr höchster Wert ist nicht von dieser Welt. Es gibt für Daly keine Macht menschlicher sozialer Beziehung in der patriarchalischen Welt. Ihre Göttin/Wahrheit/Gyn-ökologische Wesenheit ist nicht weniger eine jenseitige Gottheit, die von menschlichem Kampf und menschlicher Sehnsucht abgeschnitten ist, als der Vatergott, den sie so verachtet. Die Strukturen, innerhalb derer Dalys »Spinnerinnen spinnen«, sind nicht weniger elitär, rassistisch, von Klassendenken geprägt und separatistisch als die theologischen und kirchlichen Strukturen der offenkundig sexistischen Philosophie des Thomas von Aquin, in der Daly selbst geschult wurde. In diesen Strukturen werden »andere« (bei ihr die Männer und die über Männer definierten Frauen) ebenso verachtet wie in der thomistischen Philosophie. Mary Dalys Philosophie bezeugt die Torheit der Illusion, daß irgendeine von uns einfach aufstehen und die patriarchalischen Strukturen verlassen könnte, die uns umgeben und erfüllen. Bestenfalls können wir diese Strukturen erkennen, sie benennen und in der alltäglichen Konkretheit unseres gemeinsamen Lebens gegen sie kämpfen. Wir müssen tun, was immer wir können. Wir müssen alle unsere Fähigkeiten einsetzen und dafür sorgen, daß der Sexismus, der tief in unsere Institutionen, Haltungen, Werte und Handlungen eingegraben ist, im Laufe der Geschichte gebrochen und zerstört wird. Wir müssen dafür sorgen, daß wir Frauen uns immer mehr als ganze Menschen erkennen und lieben.

Die Liebe zu unserem Körper. Das Merkmal, das den Feminismus unter den verschiedenen Befreiungsbewegungen einzigartig macht, ist unsere Betonung des Körpers, besonders des Körpers der Frauen. In der Geschichte haben Männer – männliche Theologen, Ärzte, Wissenschaftler, Erzieher, Theoretiker, Väter, Ehemänner und zölibatäre Kleriker – die

Frau als Körper betrachtet: insbesondere als die Verkörperung der Sexualität und der damit verbundenen Gefühle. Uns Frauen wurde nur insoweit Bedeutung zugemessen, als unser Körper für das Geschlechtsleben und das Gebären von Kindern nützlich war. In einem weiteren Sinne wurde seine Funktion im Behüten oder Bemuttern der Männer und unseres Gottes gesehen. Wenn Frauen intelligente Gesprächspartnerinnen, künstlerisch, sportlich oder geschäftlich talentiert waren, wenn sie interessante Partnerinnen für Männer waren, wurden sie von Männern und oft auch von uns Frauen als »außergewöhnliche Frauen« betrachtet, die anders als die anderen sind. Manch einer Frau wurde gesagt, sie »denke wie ein Mann«. Frauen, die schwere Arbeit verrichten, werden abschätzig als »maskulin« gebrandmarkt. Mädchen, denen Kampfsport Freude macht, werden Rangen (amerikanisch: tom*boys)* genannt. In jedem Falle werden solche Frauen und Mädchen als irgendwie verschieden zur »wirklichen« oder »normalen« Frau empfunden. In den Augen der Männer sollen wir »sanft« sein. Unser Körper, unsere Gefühle und unsere Sinnlichkeit wurden als Trophäen geschätzt und in ihrer Eindimensionalität trivialisiert. Wo wir uns geweigert haben, erniedrigt zu werden, und uns statt dessen entschieden haben, uns als vieldimensionale Gestalterinnen unseres Lebens zu behaupten, kam uns ungeschminkte Verachtung entgegen. Die Geschichte von Liliths Vertreibung aus dem Garten Eden, weil sie sich weigerte, Adam und Jahwe zu gehorchen, spiegelt die primitive patriarchalische Vorstellung über den Wert – und das Schicksal – jeder Frau wider, die es wagt, dem männlichen Begriff von einer »guten Frau« zu trotzen.

Wenn wir das Ausmaß ernst nehmen, in dem uns Männer als geistlose Körper gesehen und behandelt haben, und uns gleichzeitig weigern, die negative Bewertung unseres Körpers durch Männer zu akzeptieren, sind wir Feministinnen verpflichtet, unseren Körper zu feiern, denn wir haben unsere Macht in Beziehung körperlich erfahren.

Beverly Wildung Harrison schreibt: »Wenn wir, wie es Feministinnen tun müssen, ›mit unserem Körper, mit uns selbst‹ anfangen, erkennen wir, daß unser ganzes Wissen, unser moralisches Wissen eingeschlossen, über den Körper vermitteltes Wissen ist. Alles Wissen wurzelt in unserer Sinnlichkeit. Wir kennen und bewerten die Welt, *wenn* wir sie kennen und bewerten, durch unsere Fähigkeit, zu berühren, zu hören und zu sehen. *Wahrnehmung* ist grundlegend für das *Begreifen.* Ideen hängen von unserer Sinnlichkeit ab. Das Gefühl ist das grundlegende körperliche Element, das unsere Verbundenheit mit der Welt vermittelt. Wenn wir nicht fühlen können, verlieren wir buchstäblich unsere Verbindung zur Welt. Alle Kraft, intellektuelle Kraft eingeschlossen, wurzelt im Gefühl. Wenn das Gefühl zerstört oder abgeschnitten ist, wird unsere Kraft, die Welt zu entwerfen, zerstört, und unsere Beziehungshaftigkeit wird geschwächt. Aber es ist nicht einfach die Kraft, die Welt zu *begreifen,* die verlorengeht. Auch unsere Kraft, die Welt zu schätzen und in ihr zu handeln, schwindet. Wenn wir nicht scharfsichtig unsere Gefühle wahrnehmen, oder wenn wir nicht wissen, was wir fühlen, können wir nicht wirksam moralisch handeln.«[8]

Die Überzeugungskraft von Harrisons Argument sollte nicht übersehen werden: Ohne das Bewußtsein und die Annahme unseres Körpers, in dem unsere Gefühle Gedanken und Handlungen auslösen, sind wir unfähige, machtlose, körperlose und entstellte Wesen, die zu nichts eine Beziehung und deshalb auch keine Erfahrung mit dem leibhaftig inkarnierten Gott haben. Theologisch ist unsere Betonung des Körpers eine radikal auf die Inkarnation bezogene Bejahung: Ganz menschlich zu sein – einen Körper zu haben, der von Gefühlen lebendig ist, einen Körper, der zu anderen Körpern nah und fern in Beziehung steht, einen Körper zu haben, dem in Beziehung Macht gegeben wird – heißt, an der Bewegung des Göttlichen teilzuhaben. Unter uns ist Gott leibhaftig inkarniert, und Gott gibt uns zusammen die Macht, die Welt zu schaffen, zu erlösen und zu segnen.

Jesu Macht in Beziehung, die er als *Abba* kannte, war in und durch Jesu Fleisch und Blut offenbar, indem er sich entschied, andere zu berühren, anzusprechen und zu ihnen in Beziehung zu treten. In Beziehung hatte Jesus Macht, und es war sein Körper, in dem und durch den er seine Macht in Beziehung erfuhr: seinen *Abba,* unseren Gott, unsere Schwester und Geliebte, unseren Freund und Bruder, das, was uns zwingt, unser Bett zu nehmen und zu wandeln.

Alison Cheek ist der Ansicht, daß die gegenwärtigen Debatten in den Kirchen zum Thema Homosexualität zu einer zentralen Frage führen: Ist der Körper gut? Damit meint Cheek: Wenn unser Körper *nicht* gut ist und moralisch mit dem Geist kontrastiert werden kann, dann repräsentiert unser Körper in der Tat, wie Augustinus es vertritt, die *massa damnata* und die sündige Begierde, in der er empfangen wurde. Wenn unser Körper *nicht* gut ist, dann sollten wir nicht nur unsere sexuellen Gefühle verachten und starke Gefühle im allgemeinen ablehnen. Dann brauchen wir uns überdies auch nicht darum zu bemühen, unseren Körper zu ernähren und für unseren Körper – uns selbst – zu sorgen. Denn dann hat unsere Körperlichkeit keinen Wert in oder aus sich selbst. Dann sind unser Körper und die physische Welt nur zeitweilige Orte der Unruhe für unseren Geist, der sich ganz nach Befreiung aus der körperlichen Hülle im Gottesstaat sehnen muß.

Wenn unser Körper aber gut ist, wenn er nicht einfach die Hülle eines Geistes ist, zu dem er im Gegensatz steht, wenn er statt dessen in sich gut ist, dann sind wir moralisch dazu genötigt, das traditionelle christliche Denken über den Körper und seine historischen Synonyme – Frau, Sexualität, Tod – neu zu bewerten. Wenn der Körper einen positiven moralischen Wert, einen hohen spirituellen Wert hat, wie steht es dann um die Sinne des Körpers, um den Sinn für Berührung, um den Geruchssinn, um den Geschmack? Was ist mit den körperlichen Freuden, mit der Freude an gutem Essen oder mit sinnlicher oder sexueller Freude? Worin mag der moralische Wert gegenseitiger Erfahrung von körperlicher Freude, sexueller Lust bestehen, wenn der Körper gut ist? Wenn der Körper gut ist, wenn er es wert ist, daß wir uns um ihn kümmern und ihm Freude bereiten in gegenseitiger Beziehung, dann muß die Aufmerksamkeit der Kirche darauf gerichtet werden, verantwortliches Lieben zu ermutigen. Die Kirche muß kraftspendende, gegenseitige sexuelle Beziehungen fördern, statt Berührung und Lust zwischen Erwachsenen, die sich einig sind, zu mißbilligen.

Alle Befreiungstheologie zeigt eine Neigung für die Spiritualität *in* der Körperlichkeit, für den Geist *im* Fleisch und für den Gott *in* der Menschheit, statt für eine Spiritualität einzutreten, die uns unseres Körpers enthebt und uns zum Himmel statt zur Erde lenkt. Unter Feministinnen ist diese Feier des Physischen wesentlich für jede Entscheidung, die wir treffen. Die Frau wurde mit Körper, Erde, Gefühl und Tod gleichgesetzt, und alle diese Erfahrungen wurden wiederum mit dem Bösen (mit dem, was Anti-Gott, Anti-Geist ist) gleichgesetzt. Deshalb hat sich der Feminismus ausdrücklich und eindeutig zur Aufgabe gemacht, den Körper aus seiner Verrufenheit zu befreien. Die Sexualität muß von Verachtung und Beschämung befreit werden, das Gefühlsleben von seiner Trivialisierung und der Tod und das Sterben von Scham und Verleugnung.

Ich habe versucht, den Feminismus in moralischer Perspektive als eine Bewegung zu untersuchen, die in ihrem Engagement für die Rechte der Frauen sowohl liberal als auch radikal ist, insofern nämlich dieses Engagement eine Neuschaffung der sozialen Ordnung beinhaltet. Es umfaßt die Schaffung eines Gemeinwesens, in dem es Gerechtigkeit für *alle* gibt.

Unser Recht, Entscheidungen zu treffen, kann moralisch nicht von unserer Verantwortung getrennt werden, diese Entscheidungen für das Gemeinwohl zu treffen. Das gemeinsame Wohl ist auch unser persönliches Wohl, denn jedem Menschen wird nur in Beziehung Macht gegeben. Unsere persönliche und gemeinsame Macht haben wir in Beziehung, nur in Beziehung, immer in Beziehung. Diese Macht in Beziehung ist Gott, und durch Gott werden wir dazu bewegt, uns ständig und kämpferisch für das Wohlergehen der Menschen einzusetzen.

Unser Wohlergehen wird wie das aller Geschöpfe auf der Erde nicht von einer körperlosen Spiritualität bestimmt, sondern vielmehr von der Nahrung, dem Obdach, dem Respekt, der Würde und der Liebe, die wir als Menschen in Beziehung zu allem Lebendigen geben und empfangen können. Als lebendige Wesen sind wir gut, wir haben einen hohen moralischen Wert. In Beziehung zueinander, zu allen, wird jeder Frau und jedem Mann die Macht gegeben, daran mitzuwirken, das gemeinsame persönliche Wohl zu schaffen, es zu erfahren und zu feiern. Dieses gemeinsame persönliche Wohl nennen wir Gerechtigkeit (die gerechte Beziehung), und in diesem Zustand der Gerechtigkeit werden Freiheit und das Streben nach Glück nicht nur für uns, sondern für alle möglich. Dies ist eine Vision feministischer Ethik.

2 Im Anfang ist die Beziehung

»Beziehung ist Gegenseitigkeit ...
Unerforschlich einbegriffen
leben wir in der strömenden All-Gegenseitigkeit.
... Doch der unmittelbar Hassende
ist der Beziehung näher als der Lieb- und Haßlose ...
Im Anfang ist die Beziehung«
(Martin Buber[1]).

Dieses Buch hat seinen Ursprung in meiner Suche nach Antwort auf eine einzige Frage: In welchem Maße sind wir für unsere eigene Erlösung in der Geschichte verantwortlich? Die theologische Arbeitsvoraussetzung ist im folgenden, daß Gott und die Menschheit als in Beziehung stehend und kooperativ zu verstehen sind und weder monistisch (synonym) noch dualistisch (antithetisch) aufgefaßt werden dürfen. Wenn dies so ist, in welchem Maß haben dann auch wir Anteil an der Erlösung Gottes?

Christliche Theologien waren darauf ausgerichtet, die »Einsamkeit« (Trennung, Teilung, Entfremdung) als Grundbedingung des menschlichen Lebens anzusehen. Dies beruhte auf der Annahme, daß menschliche Verbundenheit mit der Welt von minderem Rang sei als die Verehrung einer erhabenen Gottheit, die unsere Isolation braucht, wenn »er« »Gott« sein soll. Das heißt, um ganz anders zu sein als »seine« Geschöpfe und doch eine Gottheit, nach deren Bild wir geschaffen sind, fordert »Gott«, daß wir – wie »er« – über die Welt gesetzt sein sollen, jenseits unseres eigenen Menschseins, über und gegen einander. In einem solchen System ist »Erlösung« Gottes Akt, uns über uns selbst hinaus zu erheben, ein Prozeß göttlicher Rettung aus der menschlichen Bedingtheit.

Meine eigenen theologischen Positionen stehen im Gegensatz dazu. Ich werde sie in dem vorliegenden Kapitel ausführlich darlegen: Die Erfahrung der Beziehung ist fundamental und grundlegend für den Menschen, sie ist gut und machtvoll, und nur innerhalb dieser Erfahrung, wie sie hier und jetzt geschieht, können wir erkennen, daß die *Macht in Beziehung* Gott ist. Die Möglichkeit, Gott »Macht in Beziehung« zu nennen, ist so fremd für den überwiegenden Teil des traditionellen christlichen Denkens, daß die theologische Erforschung dieser Möglichkeit eine beharrliche hermeneutische Parteilichkeit erfordert: Die Liebe zum Nächsten wie zu sich selbst – *anstatt* der Liebe zu Gott – muß *die* Norm christlichen Lebens und christlicher Theologie sein. Das erfordert neue Symbole oder Bilder, durch die wir die Bedeutung unserer gemeinsamen Macht ausdrücken.

Die Kapitel 5 und 6 untersuchen bestimmte Wesenszüge dieser Macht in Beziehung und entwerfen ein neues Bild von Jesus von Nazareth als jemand, der sich dazu entschied, Gott leibhaftig werden zu lassen, und in dessen Leben diese Macht ko-operativ und wirkungsvoll war. Als Kontrast zur Geschichte Jesu legen die Kapitel 10 und 11 entsetzliches Zeugnis ab für das Böse oder die Verletzung der Beziehung. Menschliches und göttliches Leben wurde ausgelöscht, als die Nazis – ermutigt durch das Schweigen von Kirche und Alliierten – die »Endlösung« durchführten, um jede Spur von den Juden, sogar jede Erinnerung an sie, von der Erde zu tilgen.

Eine Theologie gegenseitiger Beziehung wird in Kapitel 13 dargestellt. Einfach weil wir Menschen sind, sind wir fähig, mitschöpferisch Handelnde der Erlösung zu sein. Wir sind dazu berufen, den kreativen Charakter dessen, was wir sind, ernst zu nehmen – sowohl in Beziehung zueinander (Menschheit) als auch zur Macht in Beziehung selbst (Gott). Das Böse in uns liegt in unserer Sünde: in der Angst vor und in der Verleugnung der Macht, die wir gemeinsam haben. Die Erlösung der Welt, des menschlichen und göttlichen Lebens, unser selbst und der transpersonalen Bindung zwischen uns hängt von unserer Bereitschaft ab, Liebe/Gerechtigkeit in dieser Welt zu verwirklichen. Wenn wir das tun, handeln wir miteinander und mit Gott in einem Prozeß gegenseitiger Erlösung, das heißt der Befreiung sowohl Gottes als auch der Menschheit vom Bösen.

Der Verlust unserer Beziehungsmacht

Was geschah mit der gemeinsamen Erfahrung unser selbst als mit-schaffende (mit-erlösende) Freunde Gottes und unserer Mitmenschen? Wie haben wir die Verbindung zu unserer Macht in Beziehung verloren?

Martin Bubers »Ich und Du« faßt zusammen, was für den jüdischen Glauben zentral ist: die Beziehung zwischen Gott und den Menschen in der Geschichte, besonders der beziehungshafte Bund zwischen Jahwe und Israel. Jahwe spricht. Israel antwortet. Jahwe handelt. Israel handelt mit Jahwe. Darin besteht Gerechtigkeit, die gerechte Beziehung zwischen Schöpfer und Geschöpf, die sich in der Gerechtigkeit zwischen den Menschen widerspiegelt. In Beziehung zu Gott sind *wir* dafür verantwortlich, eine gerechte Welt zu schaffen. Das Bemerkenswerte am jüdischen Glauben ist der *freiwillige* Charakter der Beziehung, die ohne die menschliche Antwort nicht denkbar ist. Die Geschichte des Volkes Israel besteht aus Geschichten von Menschen, die in Beziehung zu einem Gott stehen, der der ständige Ursprung und die ständige Quelle beziehungshafter Macht in der Welt ist, eine Macht, die wir aufgrund eigener Entscheidung ergreifen oder nicht.

Der Gott Israels ist seinem Wesen nach ein Gott der Gerechtigkeit[2]. Gerhard von Rad legt in seiner Theologie des Alten Testamentes dar, daß Gottes Gerechtigkeit nichts mit der Aufstellung einer absoluten ethischen Norm zu tun hat, sondern vielmehr Gottes Wesen in Gottes Taten enthüllt[3]. Ähnlich wurde menschliche Gerechtigkeit im Handeln für die menschliche Gemeinschaft manifest, die um den Bund geformt war. Dieser Bund war ein freiwilliger beziehungshafter Vertrag, in dem beide Parteien darin übereinstimmten, in einer gerechten Weise zu handeln. Auf der Basis des Bundes verstand das Volk von Israel die Bedeutung des Gebotes der Liebe (5. Mose 6,4) und der anderen Gebote Gottes (5. Mose 5,1 bis 21). Diese Gebote wurden im Ausüben von Gerechtigkeit innerhalb der hebräischen Gemeinschaft erfüllt. Der gleiche Bund der Gerechtigkeit bildete die Grundlage für das Werk von Jesus von Nazareth zur »Erfüllung« des Gesetzes der Liebe (Matthäus 5,17; 7,12; 22,36–40). Der Zustand von Gerechtigkeit zwischen Gott und den Menschen wurde in der gerechten

Beziehung zwischen den Menschen leibhaftig gemacht. Dies war eine Sache der Entscheidung und des Handelns sowohl auf seiten Gottes als auch auf seiten der Menschen.

Mit der Entwicklung der griechischen Christologie verloren die Christen die Absolutheit des Grundsatzes der Freiwilligkeit im Bund zwischen Gott und Menschen. Um die Einheit von Gottheit und Menschsein in Jesus zu bewahren, wurde in Chalcedon (451 n. Chr.) der Gedanke einer *freiwilligen* (moralischen) *Verbindung* zwischen dem menschlichen Jesus und dem göttlichen Gott preisgegeben – eine Möglichkeit, die in der antiochenischen Christologie noch gegeben war. Statt dessen entschied sich die Kirche für eine *hypostatische* (essentielle) *Einheit* der beiden Naturen. Die Möglichkeit einer wirklich menschlichen Entscheidung Jesu (eine Funktion seiner menschlichen Natur) wurde durch die Ewigkeit seiner göttlichen Natur eliminiert. Beziehung zu Gott wurde zugunsten einer wesensmäßigen Einheit von Gott und Mensch in Christus aufgegeben. Im orthodoxen Christentum brach die jüdische Tradition freiwilligen Handelns zwischen Gott und den Menschen unter dem Gewicht der griechischen Metaphysik zusammen; denn diese sah göttliche und menschliche Naturen als so unterschiedlich an, daß die Möglichkeit eines freiwilligen Zusammenwirkens zwischen beiden abgelehnt werden mußte. Nicht wechselseitige Liebe bestimmt das Verhältnis von Göttlichem und Menschlichem; die hypostatische Einheit der beiden Naturen in Christus ist eine paradoxe Einheit »ohne Durchdringung, ohne Wandel, ohne Teilung«.

Hier geht der freiwillige Charakter eines Gottes der Gerechtigkeit verloren, der sich dazu entscheidet, in Beziehung auf Menschen zu handeln, die sich ihrerseits dazu entscheiden, in der Welt in Beziehung auf Gott zu handeln. Es ist vielmehr ein Gott, dessen Beziehung zur Menschheit darin besteht, die menschliche Natur zu überwinden. Freiwilliges Handeln ist vollkommen unmöglich, Gott herrscht über die Menschheit. Die aktive Beziehung zwischen Gott und Menschheit unterliegt einer ewigen Negation der Menschheit durch einen Gott, dessen Liebe als Selbstliebe verstanden werden muß. Denn wo es kein freiwilliges Handeln gibt, gibt es auch keine Liebe füreinander.

Auf diese Weise errichteten die Christen einen *neuen Bund*

jenseits des Bereiches fortwährender freiwilliger Beziehung. Sie legten ihn in einen »spirituellen« Bereich der gerechten Beziehung zwischen Gott und Menschheit, eine Beziehung, die schon durch den Messias hergestellt ist, eine Beziehung, die vor allem durch den Glauben akzeptiert ist und nicht durch Werke: »Was sollen wir nun sagen? Heiden nämlich, die nicht nach Gerechtigkeit trachteten, haben Gerechtigkeit erlangt, aber die Gerechtigkeit, die aus dem Glauben kommt; Israel dagegen, das dem Gesetz der Gerechtigkeit nachtrachtete, ist zu dem Gesetz der Gerechtigkeit nicht gelangt. Warum? Weil [es] nicht aus Glauben [ihm nachtrachtete], sondern wie [wenn sie] aus Werken [käme]« (Römer 9,30–32). Die gerechte Beziehung zwischen Gott und den Menschen – ein für allemal durch Jesus Christus hergestellt – muß im spirituellen Bereich erfahren werden, der sich bis in ein Leben nach dem Tode erstreckt. Für die Juden war die Geschichte das Reich der Gerechtigkeit. Für die Christen wurde die Geschichte zu einem Warteraum für eine andere Welt, in der die Gerechtigkeit, die von Jesus gänzlich hergestellt war, vollkommen enthüllt würde. So wie die Juden auf einen Messias hin gelebt hatten, so warteten die Christen auf die *parousia*.

Diese frühe Entwicklung in der Lehrmeinung signalisiert einen entscheidenden Wandel in der Auffassung davon, wie und von wem Gerechtigkeit hergestellt wird: ein Wandel vom Handeln in der Geschichte zum Glauben an das, was jenseits der Geschichte liegt, ein Wandel von der Verantwortung der Menschen, Gerechtigkeit zu schaffen, zu Gottes Gabe einer »natürlichen« Gerechtigkeit, ein Wandel von der Liebe zum Nächsten in der Welt zur Liebe zu Gott jenseits der Welt.

So wird »Ich und Du« für Christen leicht zu einer mystischen religiösen Formel, die eine unsichtbare, ungreifbare und immaterielle Beziehung zwischen Gott und der Menschheit und zwischen den Menschen untereinander ausdrückt. Sichtbare, greifbare und materielle Beziehungen in der Welt haben weniger Bedeutung als die Beziehung, die von Gott als natürlich, gerecht und ewig in einem spirituellen Bereich hergestellt wurde.

Aber die Erfahrung des Bösen und des Leidens hält uns (sowohl Christen als auch Nicht-Christen) davon ab, leichtfertig unseren Frieden mit Gottes Gerechtigkeit zu machen als einem geheiligten Mysterium und einer spirituellen Realität, die auf göttliche Weise natürlich und gerecht ist. Im Gegenteil, es könnte sein, daß wir fragen: Wenn Gottes Gerechtigkeit schon erlangt ist, was ist dann mit der menschlichen Gerechtigkeit auf der Welt? Wann wird Gott das Volk, die Menschen retten?

Vergegenwärtigen wir uns unsere Macht in Beziehung

»Gott weiß,
Dies ist genug.
Gott will,
Dies ist genug.
Gott nimmt
Und Gott gibt zurück,
Gott zerbricht
Und Gott tröstet,
Dies ist genug.
Nein, es ist nicht genug!«[4]

Es ist nicht genug, zu bekräftigen, daß Gott weiß, will, nimmt, wiedergibt, zerbricht und tröstet. Es ist nicht genug, zu glauben, daß wir Figuren in einem göttlichen Spiel sind, und sei es auch ein Spiel väterlicher »Liebe«. Wenn Gott uns liebt, ist die Beziehung Mensch-Gott gegenseitig, dynamisch und zum Nutzen für beide Seiten. Kein Liebender ist völlig autonom, gänzlich unberührt oder letztlich unbewegt vom Geliebten.

Wir kennen Gott nur so weit, wie wir uns selbst, unser eigenes Menschsein kennen. Alles Wissen gründet auf menschlicher Erfahrung und auf unserer Reflexion dieser Erfahrung. Dies gilt für »heiliges« Wissen ebenso, wie es auch für unser Wissen voneinander gilt und für das Wissen, wie etwas gekocht wird oder wie ein Pferd zu reiten ist. Obgleich es höchst angemessen ist, Aussagen über Gott und die Menschheit als beziehungshafte, interdependente Aussagen anzusehen, fange ich bei meiner Suche, Gott zu verstehen, damit an, die menschliche Erfahrung ernst zu nehmen. Darin stehe ich Elie Wiesel nahe, der ausführlich dargelegt hat, wie entscheidend, ja notwendig es ist, daß alle theologische Untersuchung durch ein intensives Interesse an der Menschheit geleitet ist. Wie Wiesel denke ich, daß es falsch ist, etwas anderes zu tun – sowohl vom methodischen als auch vom ethischen Standpunkt aus.

Dennoch ist es wichtig für mich, hier zu Beginn zu bekennen, daß ich an Gott glaube und daß dieses Festhalten am Glauben in meiner Erfahrung des Menschseins wurzelt. Ich glaube, daß Gott unsere Macht in Beziehung zueinander, zur ganzen Menschheit und der Schöpfung selbst ist. Gott ist schöpferische Macht, die Macht, die in der Geschichte Gerechtigkeit – die gerechte Beziehung – herstellt. Gott ist das Band, das uns so miteinander verbindet, daß jeder von uns fähig wird, zu wachsen, zu arbeiten, zu spielen, zu lieben und geliebt zu werden. Gott schafft diese Gerechtigkeit, unsere Gerechtigkeit. Gott ist nicht nur unsere unmittelbare Macht in Beziehung, er ist auch unsere unmittelbare Quelle der Macht, die Quelle, aus der wir Macht schöpfen, aktiv zu erkennen, wer wir in Beziehung sind. Es ist dieser Gott, zu dem wir beten. Es ist dieser überströmende und hilfreiche Gott, »den« wir »lieben« und »der«, so können wir glauben, uns »liebt« – unsere Mutter oder Schwester oder unser Bruder, Vater oder Freund.

»An Gott zu glauben« ist eine Möglichkeit, die in der Erfahrung unserer eigenen beziehungshaften Macht – und in unserer ernsthaften Würdigung dieser Macht – wurzelt, die Erfahrung dessen, was uns gemeinsam be-lebt: Gottes Gegenwart in der Welt, Gottes Anteilnahme an der Welt, am Fleisch, an der Menschheit, Gott mit uns, hier und jetzt, der leibhaftige Gott. An Gott zu glauben heißt zu glauben, daß Gott und die Menschheit zusammen auf der Welt sind, vertraut und unmittelbar verbunden. »Daß du Gott brauchst, mehr als alles, weißt du allzeit in deinem Herzen; aber nicht auch, daß Gott dich braucht, in der Fülle seiner Ewigkeit dich?«[5] Wenn Gott uns liebt, braucht Gott uns. Ein Liebender braucht Beziehung – wenn aus keinem anderen Grund, dann um zu lieben.

Wenn Gott nicht leibhaftig ist, wenn »er« durch die Natur »seiner« Teilnahmslosigkeit abseits steht von menschlicher Erfahrung (physischer, greifbarer, sexueller, schmerzhafter, freudiger, schrecklicher Erfahrung in der Welt), dann ist Gott vollkommen nutzlos für uns. Ein solcher Gott ist ein destruktives Kontrollmittel, das in den Köpfen von Menschen konstruiert wurde, die sich tief vor den Idealen unwandelbarer Wahrheit, unsterblichen Lebens, reinen Geistes, vollkommener

Vernunft und anderen Eigenschaften gebeugt haben, die oft mit einem patriarchalischen Gott verbunden werden. Sogar das göttliche Attribut der Liebe wird im christlichen Denken sterilisiert und spiritualisiert, um zu erreichen, daß göttliche Liebe als völlig verschieden zur menschlichen Liebe angesehen wird. Göttliche Liebe steht qualitativ, quantitativ, dem Wesen nach und moralisch hoch über der menschlichen Liebe, von der die Menschen glauben, sie brauche Erlösung oder die spirituelle Transzendierung des Fleisches, des Leibes, des Menschen und der Welt.

Ich brauchte diese Gottheit nicht und wollte sie nicht länger ertragen. Die Theologie, die diesen »Gott« postuliert, verleumdet die Menschheit und das, was letztlich in der Welt am meisten Bedeutung für uns hat – *den leibhaftigen Gott.* Ich wollte dazu beitragen, die Fessel zu lockern, die wir uns von einem falschen »Gott« anlegen ließen, damit wir dann eher dazu fähig würden, Gott leibhaftig als Freund und Liebenden zu erfahren. Ich wollte die menschliche Erfahrung untersuchen – uns selbst, unsere Werte, Entscheidungen, die äußerste Tiefe dessen, was wir sind – und nicht die Idee von einem »Gott«, der das ist, was wir nicht sind, jenseits aller menschlichen Erfahrung.

Vor fünfzehn Jahren, in meinem zweiten Studienjahr der Theologie am College, entwickelte ich eine unklare Antipathie gegenüber den Lehren Karl Barths und seiner neo-orthodoxen Kollegen. Inzwischen denke ich, daß meine Abneigung sich zunächst auf die Langeweile dessen bezog, was ich für eine theologische Fachsprache ohne existentielle Substanz hielt. Erst später, in einem fortgeschrittenen theologischen und feministischen Verständnis, lieferte diese Neo-Orthodoxie ein Beispiel für die Legitimierung einer »Über- und Gegen«-Beziehung, in der der Höhere eine Wahrheit besitzt, mit der er den Niederen durchdringt, der sie mit großer Danksagung empfängt.

Ich schrieb meine Abschlußarbeit am College über »Die radikalen Christologien von Altizer, Hamilton und van Buren«, Namen, die vielleicht Erinnerungen an den »Tod Gottes« hervorrufen – den Tod eines teilnahmslosen, gänzlich spirituellen und unberührten Gottes, der der »ganz Andere« ist und als solcher ein Quell unirdischer Reinheit. Ich nahm den Tod Gottes sehr ernst, nicht etwa als ein metaphysisches Ereignis, sondern als eine Bestätigung dessen, was schon die ganze Zeit über wahr war: daß es keine teilnahmslose, gänzlich andere Gottheit gibt, die die Verantwortung für die Welt trägt.

Wenn ich mir zu dieser Zeit einen zeitgenössischen Schutzpatron ausgesucht hätte, so wäre es Dietrich Bonhoeffer gewesen, der mich mit seinen Aufzeichnungen aufwühlte und verwirrte: »So führt uns unser Mündigwerden zu einer wahrhaftigen Erkenntnis unserer Lage vor Gott. Gott gibt uns zu wissen, daß wir leben müssen als solche, die mit dem Leben ohne Gott fertig werden. Der Gott, der mit uns ist, ist der Gott, der uns verläßt (Markus 15,34)! Der Gott, der uns in der Welt leben läßt ohne die Arbeitshypothese Gott, ist der Gott, vor dem wir dauernd stehen. Vor Gott und mit Gott leben wir ohne Gott.«[6] 1967 verstand ich nicht, was Bonhoeffer damit meinte, aber es bewegte mich. Etwas Wahres klang aus diesen Worten. Auch jetzt erhebe ich noch keinen Anspruch darauf, Bonhoeffers paradoxes Zeugnis von einem Gott, der sowohl mit uns ist als auch abwesend, vollkommen zu verstehen. Aber ich weiß, hier wird etwas angedeutet, etwas, das mich über Jahre verfolgt hat und das Ausdruck und ernsthafte, aktive Aufmerksamkeit gesucht hat. Deshalb dieses Buch.

Mit Bonhoeffer weiß ich, daß wir lernen müssen, ohne die »Arbeitshypothese Gott« zu leben. Mit Bonhoeffer glaube ich, daß Gott mit uns in der Welt ist als bewegender Geist, der die Welt schafft, befreit und segnet. Gottes Beziehung zu uns schafft uns als beziehungshafte Wesen: Wir sind in Beziehung geschaffen, unmittelbar und vertraut an »etwas« gebunden, was wir weder als Individuen besitzen noch getrennt von anderen verwirklichen können. Dieses »etwas« ist die Macht, die wir in Beziehung zu Eltern, Pflanzen, Tieren, Luft, Nahrung und sogar zu uns selbst erfahren – das heißt in unserer Fähigkeit zu wissen, was wir selbst brauchen oder wollen (zum Beispiel essen, weinen, sprechen, berühren, gehen usw.).

Gott ist, der Gott ist (2. Mose 3,14) in Beziehung zur Schöpfung. Ohne die Schöpfung, ohne die Menschheit existiert unser Gott-in-Beziehung nicht, es wäre dies die Vorstellung einer einsamen, fernen und gnostischen Gottheit, die keine Freunde hat. Unser Gott ist so wirklich *leibhaftig* – im Fleisch, in der Menschheit, in der Welt –, daß wir immer die Wahlfreiheit haben, uns dazu zu entscheiden, mit ihm in der Erschaffung, der Befreiung und dem Segnen der Welt Freundschaft zu schließen.

Ausgehend von der Erfahrung, Mensch zu sein – dies ist der *einzige* angemessene Ausgangspunkt –, wird unsere Liebe zu Gott dadurch begründet, daß wir freiwillig daran teilnehmen, die gerechte Beziehung unter uns selbst zu schaffen. Die Menschheit zu lieben heißt, mit Gott Freundschaft zu schließen. Der menschliche Akt, zu lieben, Freundschaft zu schließen und Gerechtigkeit herzustellen, ist unser Akt, Gott in der Welt leibhaftig zu machen.

Wie es in jeder Beziehung geschieht, wird Gott in unserer Beziehung zu ihm von der Menschheit und der Schöpfung bewegt und beeinflußt, geradeso wie wir von Gott bewegt und beeinflußt werden. Mit uns, von uns, durch uns lebt Gott, wird Gott, wandelt sich Gott, spricht Gott, handelt Gott, leidet Gott und stirbt Gott in der Welt. Zu sagen, daß Gott stirbt, heißt nicht, »lediglich« metaphorisch zu sprechen. Es heißt zum Beispiel, daß im Tode eines *jeden* von sechs Millionen Juden eine schaffende, befreiende, heiligende Gegenwart auf der Welt ausgerottet wurde. Zerstört. Getötet. Buchstäblich – wirklich, physisch, emotional, geistig und seelisch – aus der Welt geschafft für immer. Gott starb in Auschwitz, was aber nicht bedeutet, daß Gott nicht bei der Befreiung von Auschwitz durch die Alliierten 1945 wirksam war. Die Beständigkeit Gottes ist das Wirken Gottes in der Welt, wo auch immer, wann immer und aus welchem Grunde auch immer die Menschheit handelt, um zu schaffen, zu befreien und zu segnen.

Der Gott Jesu: Beziehung und Freundschaft

Aber ist dieser Gott der Gott Israels oder der Gott des Christentums? Es gibt eine Ebene, auf der ich es nicht weiß und nicht wissen kann. Dies gilt für jeden, der versucht, einer theologischen Erfahrung neuen Ausdruck zu verleihen. Jeder einzelne theologische Ausdruck ist der Theologin und der Gemeinde, der Zeit und dem Ort eigentümlich, die sie repräsentieren. Ich kann jedoch begründen, weshalb der Gott, von dem ich spreche, und der Gott jüdischer und christlicher Tradition identisch sein können. *Wenn* Jahwe – der Gott der

Bibel und der Gott Jesu – der Freund der Menschheit ist, ein Gott, der sich in Beziehung zu den Menschen auf der Erde bewegt und bewegt wird, gebärt und geboren wird, gibt und nimmt, braucht und gebraucht wird, dann ist Jahwe derselbe Gott, den ich bejahe: »der Wandelnde und der Gewandelte«[7].

Ein solcher Gott ist kein projiziertes Gebilde hierarchischer Macht, Kontrolle, der Eifersucht und des Besitzes. Ein solcher Gott fordert nicht Gehorsam um des Gehorsams willen. Ein solcher Gott löscht nicht die Kanaaniter aus, er verleumdet nicht die Sexualität und verachtet nicht die Frauen – weder in Israel noch in der Kirche, noch in den sogenannten »heidnischen« Glorifizierungen weiblicher Macht durch das Bild der Göttin. Ein solcher Gott ist so wahrhaft Göttin, wie sie Gott ist – sie, die eine ebenso große Ähnlichkeit beispielsweise zu Aschera (kanaanitische Göttin der Sexualität) hat wie zum hebräischen Gott der Gerechtigkeit, Jahwe.

Die Bibel zeigt uns unterschiedliche, manchmal gegensätzliche Bilder von Gott. Jeder von uns wählt sich Bilder, die mit seiner eigenen Erfahrung von Gott übereinstimmen oder sie erweitern. Westliche religiöse Traditionen haben solche Bilder stark hervorgehoben, die tief in die kollektiven menschlichen Erfahrungen von dem »Gott« der patriarchalischen sozialen Strukturen eingepflanzt sind. Glücklicherweise bin ich kein Patriarch, und ich will auch nicht männliche Besitzrechte aufrechterhalten, die sich bis in den Bereich der Sexualität, die Rolle von Frauen und Kindern, eine Konkurrenzwirtschaft und die Konstruktion einer eifersüchtigen und besitzergreifenden Gottheit erstrecken. Da ich Feministin bin, schließen meine Bilder von Gott die einer Schwester, Geliebten, Amazone, Weisheit, Mutter und eines Bruders häufiger ein als die eines Königs, Siegers, Ehegatten, Richters und Vaters.

Der Gott, den ich bejahen möchte, ist der Gott der Beziehung und der Freundschaft (siehe zum Beispiel 2. Mose 3; Johannes 15,9–15; Psalmen 4, 16, 18, 23, 33, 41, 46, 57, 63, 65, 68, 71, 100, 104, 105, 106, 107, 121, 133, 137, 138, 145, 146), der Gott der Gerechtigkeit für die Armen (siehe Jeremias 2–5; Amos 5,24; Matthäus 25,31–46; Lukas 6,17–27), der Gerechtigkeit für Frauen (siehe Markus 14,3–9; Lukas 10,38–42; Johannes 4,5–26; Galater 3,28), der Gerechtigkeit für die Ausgestoßenen und »den anderen« (siehe Matthäus 25,31–46;

Lukas 10,25–37; Johannes 4,5–26; Apostelgeschichte 10,44 bis 11,18) und der Gott der Sexualität (siehe Hoheslied)[8].

Ich habe kein Interesse, es sei denn ein zorniges, an einem außerweltlichen »Gott«, der sich selbst über und gegen menschliche Erfahrungen des Leidens, der Arbeit, des Spieles, der Sexualität, des Zweifels, der Laune, der Fragen, der Körperlichkeit und der materiellen Bedürfnisse setzt. Ich interessiere mich nicht für einen Gott, der wie ein Rammbock durch die priesterlichen Seiten des Leviticus und weiter in die frauenfeindlichen Schmähschriften von Hieronymus, Martin Luther und Johannes Paul II. donnert. Wenn dies der »Gott« der Juden und der Christen ist, dann muß ich den »Gott« der Christen und die Kirche, die ihm huldigt, ablehnen.

Ich gründe meine Identifikation Gottes mit Jahwe auf meinem Verständnis davon, wie Jesus Jahwe als Gott erfahren hat – jemand, zu dem er in vertrauter und unmittelbarer Beziehung stand. Ich nehme Jesus als jemand, der Gott kannte, ernst genug, um zu glauben, daß seine Beziehung zu Gott für alle wichtig ist, die Gott kennen. Infolgedessen können Jesu Erfahrungen von Gott nicht innerhalb der Grenzen einer bestimmten kulturellen Situation völlig erfaßt oder erklärt werden – die patriarchalischen Grenzen eingeschlossen, die Jesus mit seiner eigenen Zeit und seinem eigenen Ort teilte. Jesu *Abba* braucht nicht der »Papa« von Frauen und Männern zu sein, die – zu einer anderen Zeit und an anderem Ort – begonnen haben, nicht nur die Realität *weiblicher Macht* zu erfahren, sondern auch die *Macht und Intimität in gegenseitiger Beziehung* im Gegensatz zu einer dominierenden, hierarchischen Beziehung. Jesu »Papa« könnte unsere »Mama« sein: und noch mächtiger – unsere Schwester oder unser Bruder, unser Freund und Geliebter, unser Anwalt und Seelenfreund in der Welt.

3 Methodische Überlegungen

Zwei methodische Überlegungen waren für meine Arbeit grundlegend: 1. Sprache ist ihrem Wesen nach beziehungshaft, denn sie baut auf der Basis gemeinsamer Voraussetzungen Brücken vom Selbst zum Anderen. Deshalb können wir das Gewicht der Worte, mit denen wir unsere Erfahrungen mit Gott ausdrücken (unsere theologische Bildersprache), nicht hoch genug einschätzen. 2. Die hermeneutische Norm meiner Arbeit – das heißt der Maßstab, nach dem ich entscheide, *welche* Materialien zu benutzen und *wie* sie zu nutzen sind – ist die Liebe zum Nächsten wie zu sich selbst.

Die Wirkung theo-logischer Entwürfe

Ein Bild von Gott zu gestalten, die Welt zu entwerfen, heißt das eigene Menschsein zu bestätigen. »Menschsein bedeutet, das Selbst, die Welt und Gott zu benennen.«[1] Mary Daly ist bewußt, welche Macht Worte haben. Deshalb macht sie sich zur Aufgabe, eine Realität wieder neu zu benennen, die von männlichen Theologen verleumdet, verzerrt oder gänzlich verleugnet wurde: die Erfahrung von Frauen. Mit bemerkenswertem Mut erhebt sie den Anspruch, eine »heilige« Realität wiederzubenennen. Dieser Mut weckte vieles an schlafendem feministischem Bewußtsein, das darauf wartete, »entzündet« zu werden[2]. Daly erkennt, daß Worte uns ebenso verletzen wie helfen können. Sie sind ein beziehungshaftes Werkzeug, das dazu genutzt wird, Bedeutung von Person zu Person zu übermitteln. Wenn ich *glaube*, daß ich über dir, unter dir oder an deiner Seite stehe, dir nahe oder fern von dir, sind die Worte, die ich wähle, um auszudrücken, wer du für mich bist, Werkzeuge, die dazu dienen, die Erfahrungen unserer Beziehung zu schärfen oder abzustumpfen. Menschliche Bindungen werden ständig erhellt, verwirrt, aufgehoben oder wiederhergestellt durch die Worte, die wir gebrauchen, mißbrauchen oder uns weigern zu gebrauchen.

Christliche Theologie läßt sich als ein Versuch von Christen darstellen, verständlich zu machen, was Christ-Sein bedeutet. Sie könnte auch als Versuch christlicher Frauen und Männer beschrieben werden, der Beziehung zwischen Mensch und Gott, so wie sie sie erfahren, durch Worte und andere Symbole Sinn zu geben. Die gesamte Theologie – die Systeme von Thomas von Aquin, Calvin und Barth ebenso wie Predigten von Theologiestudenten – drückt symbolisch die Beziehung zwischen den Menschen und Gott aus. Christliche Theologie versucht zu zeigen, in welcher Weise diese Erfahrung christlich ist und nicht etwa jüdisch, islamisch oder nach-christlich.

Wir Theologinnen und Theologen sind alle in einem gewissen Ausmaß von Voraussetzungen abhängig, die wir mit den Menschen gemeinsam haben, die wir ansprechen. Aber es ist schwer, zu bestimmen, was diese gemeinsamen Voraussetzungen sind. Sie sind unmöglich älter als unsere Erfahrungen christlicher Praxis, das heißt als unser gemeinsames Leben und gemeinsames Nachdenken über das, was wir zusammen tun. Trotz der Festlegungen, was christlicher Glaube ist, wird »christliche Erfahrung« von vielen geltend gemacht: von Theisten und Atheisten, von Transzendentalisten und Humanisten, von Trinitariern und Unitariern, von bewaffneten Soldaten und Pazifisten, von Kapitalisten und Sozialisten, von homosexuellen Gruppen und Homosexuellen-feindlichen Aktivisten, von Feministinnen und denen, die für eine »totale Weiblichkeit« eintreten, von Totalitaristen und Anarchisten, von schwarzen Predigern und weißen Rassisten.

Theologinnen und Theologen haben ständig die konstruktive Aufgabe, die allgemeinen Voraussetzungen klar zu erkennen, die in der Praxis sichtbar werden, aus der und zu der sie sprechen. Es ist nicht ihre Aufgabe, zu bestimmen, welche Voraussetzungen »schon immer« christlich waren. Worte wie »Gott«, »Menschheit« und »Jesus Christus« haben keine allgemeine Bedeutung, die für die Aufgabe der Theologen *a priori* gelten könnte. Denn es gibt unter Christen keine universelle Übereinstimmung über die Bedeutung oder das Gewicht dieser sprachlichen Symbole.

Ich habe meine Arbeit damit begonnen, die Aufmerksamkeit auf die menschliche Erfahrung der *Beziehung* zu lenken. Denn ich glaube, dort beginnt alles – die Theologie ebenso wie das Leben. Damit erhebe ich methodisch und inhaltlich einen Anspruch, der nicht von allen (oder vielleicht auch nicht von vielen) Christen geteilt wird. Ich suche nach Ansatzpunkten für Einfühlung und Identifikation mit meinen Leserinnen und Lesern, ich möchte so viele wie möglich erreichen. Ich suche Solidarität – gute, starke Beziehung – in christlicher Praxis, wenn nicht in der theologischen Sprache. Was wir zusammen tun, hat mehr Bedeutung als die Frage, ob wir denselben Glauben bekennen.

Aber Sprache ist ein elementares Medium für die Vermittlung von Werten und Bindungen, ein Mittel der Kommunikation zwischen Menschen und mit dem, was wir vielleicht Gott nennen. Sprechen oder schreiben, ein Wort zu bilden und zu äußern heißt Verantwortung für das zu tragen, was wir in unseren Beziehungen tun oder nicht tun. Es bedeutet, das zu enthüllen, sichtbar oder hörbar zu machen, was unter uns des Ausdrucks bedarf. Ein Wort zu formen heißt etwas leibhaftig zu machen, was für uns wirklich ist. Sprache sollte nicht leichtfertig gebraucht werden, wir müssen ihre Macht anerkennen, menschliche Beziehungen zu stützen, zu stärken oder zu zerbrechen. Theologische Sprache bildet da keine Ausnahme. Im Gegenteil, wenn theologische Sprache das, was wir am höchsten schätzen, symbolisch enthüllt, muß sie sorgfältig gebraucht werden. Wir müssen die Macht anerkennen, die wir und andere ihr in unserem Leben einräumen.

Ich versuche, auf das menschliche Bedürfnis nach guter – machtverleihender, gegenseitiger – Beziehung unter uns selbst einzugehen. Ich suche sprachliche Bilder, die dieser Aufgabe angemessen sind, Worte, um die Erfahrung der Beziehung symbolisch zu vermitteln. Als Theologin, die christliches Denken unter-sucht, bin ich nicht bereit, den gesamten Apparat von Symbolismus wegzuwerfen, der den Zusammenhalt und die Kontinuität schuf, die für die christliche Tradition grundlegend waren: sprachliche Symbole wie »Gott«, »Jesus Christus«, »Kirche«, »Kreuzigung« und »Auferstehung«, »Allmacht«, »Gut« und »Böse«. Ich bin davon überzeugt, daß das »Symbolische Universum«, das von der christlichen Kirche errichtet wurde, nicht ohne Bedeutung für die Menschen heute ist. Es ist häufig ein schweres – bedeutungsschweres – Hemmnis für unsere Erkenntnis dessen, wer wir sind und was wir zusammen tun könnten, denn die prominenten Kirchendogmatiker – katholische wie protestantische – neigen dazu, uns Christen davon abzuhalten, uns selbst als heilige, aktiv handelnde Teilnehmer an der Befreiung der Menschheit von Ungerechtigkeit und Verzweiflung zu sehen.

Auf dieser Grundlage habe ich mir die Aufgabe gestellt, verschiedene christliche Symbole wieder neu zu benennen – sie neu zu entwerfen, indem ich alten Worten neue Bedeutungen verleihe, Worten wie »Gott« und »Passion« und »Intimität« und »Sexualität«. Bei jedem Wort tue ich dies, weil ich an einer *gemeinsamen Erfahrung* teilhatte, die eine neue Sprache erfordert. Mit dem, was ich schreibe, versuche ich bei meinen Leserinnen und Lesern die Freiheit der Imagination hervorzulocken. Denn sie sollen daran teilnehmen, unser gemeinsames Leben wiederzubenennen. Wie Daly schreibt: »Die Befreiung der Sprache wurzelt in unserer eigenen Befreiung.«[3] Dieses Wiederbenennen ist in eine hervorbrechende, fortwährende und gemeinsame Erfahrung der Befreiung oder Erlösung eingetaucht: Befreiung der Frauen von der Bindung an Definitionen der Realität, die von Männern etabliert wurden, dazu gehört auch die Wahrnehmung unser selbst; Befreiung homosexueller Frauen und Männer von heterosexistischen Vorstellungen über die »natürliche« Ordnung der Schöpfung und der Gesellschaft; Befreiung privilegierter weißer US-amerikanischer Kapitalisten von der Illusion, ihre Lebensweise stehe im Einklang mit der Bestimmung all dessen, was gut ist und daher von Gott selbst stammt.

Ich entwerfe die Menschheit, Gott und Jesus neu, um meine Wahrheit auszusprechen, um einer Erfahrung gerecht zu werden, die ich nicht »meine eigene« nennen kann, ohne zuzugeben, daß mein Leben in Beziehung zu anderen steht. Ich schreibe aus diesem geteilten Leben, aus einer gemeinsamen Erfahrung heraus. Die neuen Bedeutungen, die alten Worten verliehen werden, sind Früchte gemeinschaftlicher Suche und Anstrengung. Wenn diese neuen Worte Kraft freisetzen, so nicht deshalb, weil es meine Worte sind, sondern *unsere*.

Wie interpretiere ich das Material, aus dem ich schöpfe?

Warum entscheide ich mich dafür, bestimmte biblische, historische oder andere Daten gelten zu lassen und andere nicht? Dies sind die hermeneutischen Entscheidungen, die aufgrund der *Werte* getroffen werden, die in meiner Arbeit explizit oder implizit vorhanden sind. Diese Werte bilden den interpretativen Rahmen, innerhalb dessen ich Anspruch auf theologische Erkenntnis erhebe. Für Christen ist es von Bedeutung, wenn bei der Auslegung kein Hauptgewicht auf die Briefe oder die Theologie des Paulus gelegt wird. Diese Unterlassung kann als Versehen oder Absicht interpretiert werden. Wenn sie ein Versehen ist, arbeitet die Theologin oder der Theologe nicht sorgfältig; ist sie Absicht, so stehen sie nicht in der »Tradition«. Wie aber sollen die Leserinnen und Leser diese Unterlassung verstehen? Ich denke, daß die Lehren Jesu für die christliche Theologie grundlegender sind als die Lehren des Paulus, und daher haben sie einen höheren Stellenwert, wenn die Grundlage für ein theologisches Gedankengebäude gebildet werden soll. Diese Einstellung – meine hermeneutische Parteilichkeit – wurzelt in Werten, die ich in die christliche Theologie bringe. Die Liebe ist unter diesen Werten der überwältigendste. Liebe ist der Akt, die gerechte Beziehung zu schaffen.

Die Norm meiner Arbeit: Liebe zum Nächsten wie zu sich selbst

Diese theologische Norm ist das primäre hermeneutische Prinzip. Sie bildet das Zentrum der Theologie, die um sie herum errichtet wird. Alle theologischen Aussagen müssen in ihrem Bezug zur Norm erklärt werden. Die Norm festzustellen heißt den einzigen, wichtigsten Schlüssel zu den Werten einer Theologin oder eines Theologen aufzuzeigen: Hier in diesem Buch ist es der Schlüssel zu meinen eigenen Werten. Die theologische Norm, die für mich maßgeblich ist, ist die gerechte Beziehung oder die *Liebe zum Nächsten wie zu sich selbst.* Im Alten und Neuen Testament finden wir dies als das »zweite Gebot«:

»Und einer der Schriftgelehrten, der gehört hatte, wie sie miteinander disputierten, trat hinzu, und da er wußte, daß er ihnen trefflich geantwortet hatte, fragte er ihn: Welches ist das erste Gebot unter allen? Jesus antwortete: Das erste ist: ›Höre, Israel, der Herr, unser Gott, ist allein Herr; und du sollst den Herrn, deinen Gott, lieben aus deinem ganzen Herzen und aus deiner ganzen Seele und aus deinem ganzen Denken und aus deiner ganzen Kraft.‹ Das zweite ist dieses: ›Du sollst deinen Nächsten lieben wie dich selbst.‹ Größer als dieses ist kein andres Gebot« (Markus 12,28–31).

Ich begrenze die Grundlage, auf der ich zu bestimmen versuche, was »von Gott« ist und was nicht, was »gut« ist und was »böse« ist, bewußt auf das »zweite« Gebot. Wir beginnen mit der Menschheit – menschlichem Leben, dem menschlichen Körper, menschlicher Erfahrung in Beziehung – als dem Brennpunkt des primären Interesses. In der Geschichte gab es für Christen eine normative ethische Unterscheidung zwischen der Liebe zu Gott und der Liebe zum Nächsten wie zu sich selbst. Die Tatsache, daß Jesus diese beiden Gebote nicht für getrennt und ungleichwertig hielt, ist aufschlußreich und wird im folgenden Kapitel untersucht werden. Im christlichen Denken wurde der Liebe zu Gott der höhere, spirituellere Wert beigemessen. Dadurch wurde sie allein zur maßgeblichen Norm im christlichen Leben. Nur wenn die Liebe zur Menschheit als »Spiritualität« (Immaterialität und Nicht-Körperlichkeit) mit der Liebe zu Gott in Übereinstimmung stand, wurde sie als normgerechter Standard akzeptabel, durch den die Qualität christlichen Lebens bewertet werden konnte.

Ich glaube, daß ein Versuch aus der entgegengesetzten Richtung glücken könnte – das bedeutet, daß wir unsere Körperlichkeit in der Welt ernst nehmen und die Liebe untersuchen, wie sie in Formen gegenwärtig ist, die wir sehen, berühren, erkennen und unter uns kultivieren können. Deshalb begrenze ich den Spielraum meiner theologischen Vision absichtlich auf die menschliche Erfahrung menschlicher Liebe. Ich will nicht unbedingt behaupten, »göttliche Liebe« könne nicht auch unabhängig von menschlicher Erfahrung wirksam werden. Ich meine aber, daß es für uns Menschen, christliche Theologinnen und Theologen eingeschlossen, notwendig ist, daß wir unsere eigenen Erfahrungen von menschlicher Liebe und dem Mangel an Liebe unter den Menschen äußerst ernst nehmen. Auch vertrete ich den Standpunkt, daß unsere Befreiung von der Ungerechtigkeit in der Welt davon abhängt, welches theologische Gewicht wir unserem gemeinsamen Menschsein beimessen. So schreibt Gustavo Gutiérrez: »Es geht vielmehr um eine echte Liebe zum Menschen, und zwar um des Menschen willen und nicht ... ›um der Liebe Gottes willen‹.«[4] Wenn wir dies verwirklichen wollen, müssen wir dem »zweiten« Gebot Vorrang gegenüber dem »ersten« einräumen.

Tillich spricht von der Liebe als »der bewegenden Kraft des Lebens«[5]. »Liebe ist der Drang des Getrennten zur Einheit ... Liebe kann nicht als die Vereinigung des Fremden beschrieben werden, sondern als die Wiedervereinigung des Entfremdeten.«[6] Tillich gründet seine Definition auf eine Ontologie des Seins, in dem menschliche Essenz und Existenz wurzeln. Dies erlaubt ihm, eine monistische Einheit vorauszusetzen, die auseinandergebrochen wurde. Durch die Liebe werden die getrennten Teile wieder auf diese Einheit zubewegt.

Ich denke, daß wir philosophisch keine monistische Einheit als Quelle oder Ziel menschlicher Beziehung voraussetzen können. Wir können nur das voraussetzen, was wir bereits kennen: die Erfahrung der Liebe zwischen Menschen, eine Erfahrung, die dadurch gekennzeichnet ist, daß wir die Unterschiedlichkeit der Menschen anerkennen. Als »Liebe« bezeichnen wir eine besondere menschliche Erfahrung, die darin besteht, Unterschiede zu überbrücken, die Hand auszustrekken und von anderen Menschen erreicht zu werden, oder, in Tillichs Worten, die Erfahrung dessen, »was uns zur Einheit des Getrennten drängt ... der bewegenden Kraft der Liebe«. Menschliche Liebe verweist auf eine kreative Trans-aktion. Als theologische Norm ist unsere Liebe zur Menschheit der Akt, die Hand auszustrecken. Von diesem Akt hängen das »ganze Gesetz und die Propheten« ab ebenso wie das Gebot der Gottesliebe.

Aber was bedeutet es, unseren Nächsten wie uns selbst zu lieben? Verschiedene Kriterien könnten uns dabei helfen zu bestimmen, was lieben bedeutet. Ich biete nur zwei an. Denn meiner Meinung nach bilden diese beiden zusammen eine erfahrungsgemäße und deskriptive Grundlage dafür, daß wir erkennen können, was lieben ist und was es nicht ist: 1. *Liebe ist Gerechtigkeit.* Sie ist nicht unbedingt ein glückliches Gefühl oder eine romantische Zuneigung. Liebe ist eine Seinsweise in der Welt, nicht notwendigerweise ein emotionaler Affekt.

2. *Liebe kann sich ereignen und ereignet sich – hier und jetzt, in dieser Welt, zu dieser Zeit.* Es ist wichtig, daß Liebe zwischen den Menschen hier auf der Welt erfahren werden kann. Mein Interesse gilt nicht irgendeiner Vorstellung von »Liebe« oder »Gerechtigkeit«, die als Kennzeichen eines heiligen Reiches, zu dem wir keinen unmittelbaren Zugang haben, »aufgeschoben« oder »zurückgehalten« oder »verschleiert« wird.

Über Gerechtigkeit schreibt Gerhard von Rad: »Es gibt im Alten Testament keinen Begriff von so zentraler Bedeutung schlechthin für alle Lebensbeziehungen des Menschen wie den der Zedakah [Gerechtigkeit]. Er ist der Maßstab nicht nur für das Verhältnis des Menschen zu Gott, sondern auch für das Verhältnis der Menschen untereinander ... ja auch für das Verhältnis des Menschen zu den Tieren und zu seiner naturhaften Umwelt. Zedakah kann man ohne weiteres als den höchsten Lebenswert bezeichnen, als das, worauf alles Leben, wenn es in Ordnung ist, ruht.«[7]

Gerechtigkeit ist eine forensische Metapher für die ethische Begründung der Liebe im menschlichen Leben. In jüdischen und christlichen Theologien spiegelt menschliche Gerechtigkeit die Gerechtigkeit der Beziehung zwischen Gott und der Menschheit wider. Sowohl in der jüdischen wie in der paulinischen Theologie bezeichnet der Begriff Gerechtigkeit auch ein eschatologisches Ideal; aber dieser Gedanke ist bei Paulus stärker als in der prophetischen Literatur Israels. In der Geschichte Israels bezieht sich Gerechtigkeit hauptsächlich auf die korrekte Regelung menschlicher Beziehungen auf der Erde. Sie ist der »höchste Lebenswert«[8].

Obwohl der Begriff Gerechtigkeit das Bild eines Kollektivs wachruft, ist er auch auf die Beziehung zwischen zwei Menschen anwendbar. Gerechtigkeit ist der moralische Akt der Liebe. Liebe ist *eigentlich* Gerechtigkeit. Gerechtigkeit kann jedoch ohne »Gefühle« der Liebe (ohne emotionalen Affekt) hergestellt werden, beispielsweise in einem Rechtsstreit. Die Existenz von Rechtssystemen zeigt, daß der moralische Akt der Liebe freundschaftliche und versöhnliche Gefühle überschreitet. Wo es keinen moralischen Akt der Liebe, keine Gerechtigkeit, gibt, dort herrscht ein Zustand des Bösen. *Das Böse ist ein Akt,* kein metaphysisches Prinzip oder eine passive Abwesenheit des Guten. Das Böse ist der Akt der Nicht-Liebe oder der Un-Gerechtigkeit. Es bedeutet, moralisch falsch zu handeln. Es bedeutet, den beziehungshaften Bund zwischen und unter uns in einer Weise zu brechen, daß einem, beiden oder vielen die Kraft, zu wachsen, zu lieben oder zu leben, genommen wird.

Zeit und Geschichte – Dimensionen der Erfahrung

Wie uns die griechischen Philosophen lehren, ist die Zeit verknüpft mit dem Wandel. Das, was in der Zeit ist, wandelt sich. Das, was nicht in der Zeit ist, wandelt sich nicht. Gott wird als Schöpfer der Zeit selbst verstanden. Gott steht außerhalb der Zeit, er ist ewig: Gott wandelt sich nicht. Augustinus schreibt über Gott: »Auch gehst du nicht in der Zeit der Zeit voraus, sonst würdest du ja nicht allen Zeiten vorausgehen. Aber du gehst von der hohen Warte der allzeit gegenwärtigen Ewigkeit allen vergangenen Zeiten voraus und überragst alle zukünftigen ... Deine Jahre gehen nicht und kommen nicht; unsere aber hienieden gehen und kommen ... Deine Jahre bestehen alle zugleich, weil sie eben bestehen; sie gehen nicht dahin, um von den nachkommenden verdrängt zu werden, weil sie eben nicht vorübergehen.«[9]

In seinen »Bekenntnissen« beginnt Augustinus damit, die dualistische Theologie zu konstruieren, die er im »Gottesstaat« weiterentwickelt. Der »Gottesstaat« ist das ewige Reich der gerechten Beziehung zwischen Gott und der Menschheit und zwischen den Menschen, die Gott als Bewohner des spirituellen »Staates« erwählt hat. Dieser erwählte Teil der Menschen lebt gleichzeitig im Gottesstaat und als »Fremdlinge« im irdischen »Staat der Menschen«.

Der philosophisch-theologische Dualismus, der bei Augustinus deutlich wird, hat tiefe Wurzeln in der Frage nach Zeit und Ewigkeit, die die Menschen von ihrer Erfahrung her immer wieder stellen: Ist dies alles, was es gibt? Wir sehnen uns nach Transzendenz; wir möchten von »diesem«, was wir sehen, hören und berühren können, hinüberschreiten zu »jenem«, das wir nicht wahrnehmen können. Unser Geist streckt sich zu unvernünftigen Möglichkeiten ewigen Seins aus, zur Unsterblichkeit. Märtyrer, Heilige, Mystiker und Dichter fordern uns auf, nach einer Gewißheit der Zeitlosigkeit zu suchen, sie zu erfassen, sogar für sie zu sterben. Dabei implizieren sie, daß es (zumindest) zwei »Welten« gibt: eine *in* der Zeit (die gegenwärtige Welt) und eine *über* oder *jenseits* der Zeit (eine andere Welt). Die gegenwärtige Welt hat in gewissem Maß immer einen geringeren Wert als die ewige Welt.

Von Zeit und Ewigkeit zu sprechen heißt vom Historischen und vom Nicht-Historischen, a-Historischen, Über-Historischen zu sprechen. Geschichte und Wandel ereignen sich in der Zeit. Das, was nicht-historisch ist und sich nicht wandelt, ereignet sich außerhalb der Zeit – in der Ewigkeit, ewig. Philosophische Theologen kämpfen mit der Beziehung von Zeit und Geschichte zu den ewigen und nicht-historischen »Dimensionen des Geistes« (Tillich). Auf dem Spiel steht dabei die Bedeutung, die Christen der menschlichen Geschichte – in dieser Welt und dieser Zeit – beimessen. Es geht darum, inwieweit sie die Geschichte als einen Ort für entscheidendes, bedeutungsvolles Handeln ansehen.

Wir Menschen können nur in der Geschichte und in der Zeit erkennen, wer wir als Liebende der Menschheit und als Liebende Gottes sind. Ich glaube, daß es ewige und transzendente Dimensionen der Realität gibt und daß ihre Quelle die menschliche Geschichte und Zeit ist. Deshalb müssen wir mit der Menschheit – in der Geschichte, in der Zeit – anfangen, um auch das erkennen zu können, was wir mit »Gott«, »Ewigkeit« oder »Transzendenz« meinen. Ich will nicht zwei Welten, sondern das Bild einer Welt zeichnen, die der Schauplatz ist für das letztlich entscheidende Handeln. Es ist im *Hier* und *Jetzt,* wo wir alles lernen, was wir jemals über die Bedeutung der Liebe wissen müssen. Wir brauchen nicht zum Himmel zu schauen, nicht auf ein Leben nach dem Tode, auf ein späteres Leben, den »Gottesstaat« oder auf Projektionen unserer eigenen Ideale von vollkommener Gerechtigkeit, um zu wissen, was lieben bedeutet. Wenn wir uns von der Menschheit in dieser Welt und in dieser Zeit abwenden und hin zu einem höheren »Gott« schauen, dann wenden wir uns von der Möglichkeit ab, den Nächsten wie uns selbst zu lieben, und auch von der Möglichkeit, Gott zu lieben.

In seiner »Elften These« verwarf Marx den »abstrakten Humanismus« Feuerbachs. Marx war der Ansicht, daß der

Zweck der Philosophie (in unserem Falle der Theologie) nicht darin liegt, die Welt zu interpretieren, sondern sie zu verändern. Es geht nicht um ein Entweder – Oder, aber Marx hat den Punkt gut getroffen: Was keine direkte Bedeutung für das menschliche Leben hat und sich nicht auf die Schaffung von Gerechtigkeit in der Gesellschaft zubewegt, ist unserer Mühe nicht wert. Theologie ist keine Gehirnübung, sie ist eine leidenschaftliche Anstrengung, menschliche Aktivität auszudrücken und wachzurufen. Ihr angemessener Brennpunkt ist die Erde, nicht der Himmel. Und sie dreht sich nicht um Gott an sich, sondern darum, wie wir Gott in dieser Welt und in dieser Zeit bei uns selbst erfahren.

4 Unsere Nächsten »par excellence«: die Armen

Gustavo Gutiérrez – ein Theologe der Befreiung

Die Theologie des peruanischen Priesters Gustavo Gutiérrez reflektiert seine Überzeugung, daß »wenn die Verdammten dieser Erde erwachen, ihr erster Angriff nicht der Religion gelten wird, sondern der sozialen, ökonomischen und politischen Ordnung, die sie unterdrückt, und der Ideologie, die dies stützt«[1]. Die lateinamerikanische Befreiungstheologie, die Gutiérrez vertritt, ist Ausdruck eines Glaubens, der seinen Ursprung in den Basisgemeinden unter den Armen Lateinamerikas und deren Kampf für ökonomische und politische Freiheit hat. Theologie ist der »zweite Schritt«, Engagement in der Revolution der erste. Gutiérrez folgt Irenäus, wenn er die augustinisch-lutherische Zwei-Reiche-Lehre ablehnt und statt dessen glaubt, »daß die Geschichte der Ort ist, an dem Gott das Geheimnis seiner Person enthüllt«[2]. Aber er ist auch überzeugt: »Dennoch wird ohne geschichtliche Befreiungsinitiativen das Gottesreich nicht wachsen können.«[3] Der gänzlich gute Gott von Gutiérrez ist in der Welt. Er ist ein Gott, dessen Eintreten für die Armen in Christus deutlich wird und in der Bibel offenbart ist, zum Beispiel bei Jesaja (58,6–7): »Ist nicht das ein Fasten, wie ich es liebe: daß du ungerechte Fesseln öffnest, die Stricke des Joches lösest? daß du Mißhandelte ledig lässest und jedes Joch zerbrichst? daß du dem Hungrigen dein Brot brichst und Arme und Obdachlose in dein Haus führst? wenn du einen Nackten siehst, daß du ihn kleidest und den Brüdern nicht entziehst?«

Wie Irenäus betont Gutiérrez die Kreativität der Menschheit, nicht den Sündenfall. Er kritisiert die traditionelle westliche (augustinische) Theologie: »Der hergebrachte Argumentationsmodus läßt sonderbarerweise die Bedeutung des Menschen als Befreier, Hauptperson und Herr der Schöpfung unberücksichtigt. Keine Rolle spielt auch die Tatsache, daß der Mensch zu seinem Heil selbst einen Beitrag leistet.«[4] In der

Geschichte sind das Wirken Gottes und das der »natürlichen« Menschheit das gleiche. »Natürliche« Menschen sind für Gutiérrez diejenigen, die nicht durch ungerechte soziale Strukturen korrumpiert sind. Eschatologisch haben Gott und die Menschheit das letzte Wort – ein Wort der Liebe und der Gerechtigkeit.

Neu an der Theologie von Gutiérrez ist folgendes: 1. Sein Interesse richtet sich auf Gesellschaftsklassen und nicht auf das Individuum als primären Ausgangspunkt seiner Theologie. 2. Er setzt natürliche oder unkorrumpierte Menschheit mit »den Armen« gleich. Diese beiden Punkte unterscheiden ihn auch von früheren Theologien der Menschheit, wie beispielsweise der Theologie Schleiermachers. Die Gleichsetzung der natürlichen Menschheit mit den Armen ist eine materialistische Bewertung. Gutiérrez argumentiert auf der Basis einer Bibeldeutung, in der »der Arme im Evangelium [als] der Nächste par excellence«[5] betrachtet wird. Diese Abweichung von der liberalen Theologie ist deshalb bedeutend, weil sie einen grundlegenden Wandel kennzeichnet. Im Mittelpunkt steht nicht mehr das Individuum, das auf seine eigenen Fehler konzentriert ist. Wichtig ist nun eine gründliche Analyse sozialer, ökonomischer und politischer Strukturen, in der es »nicht um die Sünde als eine individuelle, private und rein innerliche Wirklichkeit« geht. Sünde ist für Gutiérrez und die lateinamerikanische Theologie der Befreiung »vielmehr eine soziale und geschichtliche Tatsache. Sie besagt entzweite Brüderlichkeit, enttäuschte Liebe, zerbrochene Freundschaft mit Gott und den Menschen und – damit auch – innere Spaltung der menschlichen Person«[6]. Angesichts sozialer Unterdrückung ist Passivität sündhaft. Sie ist für das Böse der Ungerechtigkeit in der Geschichte verantwortlich, sei es als die Passivität der Reichen oder der Armen.

Der Menschheit und besonders dem armen Teil der Menschheit wird die Verantwortung übertragen, mit Gott an der Erlösung der Menschen vom Bösen mitzuwirken. Gott ist mit der Menschheit auf der Erde. »In der Tat genügt es nicht, festzustellen, die Liebe zu Gott sei untrennbar mit der Liebe zum Nächsten verbunden. Denn die Liebe zu Gott kann nicht anders, als sich in der Liebe zum Nächsten ausdrücken.«[7] »Eine Spiritualität der Befreiung wird ihr Zentrum in der Bekehrung zum Nächsten finden ... Unsere Bekehrung zum Herrn geht durch diese Bewegung hindurch.«[8] Darüber hinaus sagt Gutiérrez: »Allerdings ist der Nächste weder Gelegenheit noch Instrument, sich Gott zu nähern. Es geht vielmehr um eine echte Liebe zum Menschen, und zwar um des Menschen willen und nicht ... ›um der Liebe Gottes willen‹.«[9]

Dies ist ganz entschieden eine Theologie, die auf der menschlichen Erfahrung aufgebaut ist, eine Theologie, die nur in ihren und durch ihre Auswirkungen in der Praxis oder durch die Dialektik von Praxis und Theorie legitimiert werden kann. Es ist eine Theologie, die bei den Armen beginnt, bei denen, deren »erkenntnistheoretisches Vorrecht« es ist, Gott zu kennen. Sie sind das Sprachrohr für die ganze Menschheit. Gutiérrez benutzt marxistische Gesellschafts- und Wirtschaftsanalyse zu einer Bibelauslegung, die sich auf den Glaubenssatz gründet, daß Gott die Liebe ist. »Die Liebe zu leben heißt, ja zu Gott zu sagen.«[10] Die Liebe zu leben heißt, in der Gesellschaft für Gerechtigkeit verantwortlich zu sein. »Christus ist kein privates Individuum. Das Band, das zwischen ihm und allen Menschen besteht, überträgt ihm eine singuläre Rolle in der Geschichte.«[11] Christus offenbart Gott in der Geschichte als die Liebe, die die Menschheit zusammenhält. »Den Gott der biblischen Offenbarung erkennt man, indem man zwischenmenschliche Gerechtigkeit praktiziert. Wo diese nicht existiert, dort kann Gott nicht sein.«[12]

Für Gutiérrez ist Gott die Liebe und ganz Gott, sofern er durch die Armen und Unterdrückten in der Geschichte aktiv ist. Ihre Aufgabe ist es, in der Geschichte eine »Utopie« zu schaffen, die nicht einfach gleichbedeutend mit dem Reich ist, das von Gott für das Eschaton verheißen wurde, aber der Menschheit die Verantwortung überträgt, bei der Errichtung des Reiches mitzuwirken[13]. Gutiérrez geht davon aus, daß das Böse, das heißt ungerechte soziale Strukturen, von der Menschheit und Gott in Partnerschaft, das heißt »in Christus«, zerstört werden kann und muß.

Nirgendwo stellt Gutiérrez die Güte Gottes in Frage. Was er jedoch in Frage stellt, ist die Allmacht Gottes, und dies kennzeichnet sein radikalstes Abweichen von der traditionellen westlichen Theologie. Er schließt sich Bonhoeffer an, wenn er sagt, daß »Religion« im Gegensatz zum Evangelium an die

Vorstellung einer omnipotenten Gottheit gebunden ist, an einen Gott, der darauf besteht, die Richtung zu bestimmen. Gutiérrez stimmt mit Bonhoeffer überein: »Der Gott von Christen, die in einer mündig gewordenen Welt leben, das bedeutet in einer Welt ohne Gott, muß das Leiden Gottes teilen.«[14] Gutiérrez hat erkannt, daß Gott in Not ist. Nachdem er soweit gekommen ist, wundert es mich, daß er nicht bis zu dem Gedanken weitergeht, daß in der Tat die Menschheit für die Erlösung Gottes in der Geschichte verantwortlich ist. Vielleicht liegt es daran, daß er angesichts der dringenden Not der Menschen keine Notwendigkeit sieht, seine Aufmerksamkeit auf das Problem Gottes zu richten. Vielleicht liegt es auch daran, daß sein Glaube ihn zu der Erkenntnis geführt hat, daß mit der Befreiung der Menschheit vom Bösen auch Gott in der Welt befreit wird.

Gutiérrez und die Theologie der Befreiung, die er vertritt, bieten ein konstruktives und dynamisches Korrektiv zur theologischen Tradition der heilsgeschichtlichen »Entwicklung«, die von Irenäus stammt. Die Stoßkraft von Gutiérrez entsteht aus dem Klassenkampf und dem »Vorrecht« der Armen, in der Möglichkeit, ja der Verheißung, ihrer eigenen Befreiung von materieller Unterdrückung Sinn zu finden und Mut zu fassen. Diese Befreiung können und müssen sie selbst herbeiführen. Die lateinamerikanische Befreiungstheologie ist in einen politischen Realismus eingefügt, der von dem Glauben an einen gerechten Gott durchdrungen ist. Sie ist ganz und gar eine Theologie der Unterdrückten, in der die Frage nach der Güte oder Liebe Gottes im Kontext von Gottes Machtlosigkeit erfahren und gesehen werden kann. Dies ist besonders legitim, weil die Unterdrückten glauben, daß Gott sich nicht nur mit den Armen identifiziert hat, sondern daß er den Armen auch in der Geschichte nahe ist. Gott ist sowohl »wie« die Menschheit als auch »mit« der Menschheit, Gott ist gut und machtlos.

Wenn Theologie ein Versuch ist, den Sinn unseres eigenen Lebens in der Welt auszudrücken, läßt sich die Theologie von Gutiérrez nicht einfach auf mittlere und obere Gesellschaftsschichten übertragen, nicht einmal durch den Prozeß der »Identifikation mit den Unterdrückten«[15]. Was bedeutet das für die Menschen, die nicht arm sind? Soweit auch wir nach intimer Beziehung zu Gott suchen, treffen wir auf eine besondere theologische Schwierigkeit: Unser Gott hat Macht, so wie auch wir nach dem analytischen Schema von Gutiérrez Macht haben. Welche Beziehung hat nun unser Gott zu uns und zu den Armen im Kontext ungerechter sozialer Strukturen? Oder genauer gesagt, wo stehen wir in Beziehung zu den Armen? Dies ist dieselbe Frage, mit der ich mich auch im Kapitel 11 beschäftige (S. 161 ff.), wobei ich an die Fragen Elie Wiesels anknüpfe.

5 Ein neues Jesusbild: Macht in Beziehung

Niemand wird, glaube ich, leugnen, daß die heutige Christenheit am schwächsten auf dem Gebiet der bildhaften Sprache und Vorstellungswelt ist. Den Menschen fällt es schwer, an Gott zu glauben, weil ihnen kein lebendiges Bild dafür zur Verfügung steht, wie man sich vorstellen sollte, daß ein Gott und die Welt, wie sie sie kennen, miteinander in Beziehung stehen. Was sie am dringendsten brauchen, ist eine Geschichte, ein Bild, ein Mythos, der ihre Vorstellungskraft gefangennimmt, indem er sich mit dem Rest ihrer Sensibilität verknüpft, in der Weise, wie sich messianische Begriffe mit der Sensibilität der Juden des ersten Jahrhunderts oder der nizänische Symbolismus mit der Sensibilität der philosophisch orientierten Griechen des vierten Jahrhunderts verbanden (Dennis Nineham[1]).

Entwurf

Der metaphysische Dichter Richard Crashaw (1613?–1649) schrieb voller Phantasie über Jesu Wunder von Kana, der Verwandlung des Wassers zu Wein (Johannes 2,1–11): »Nympha pudica Deum vidit, et erubit.« Übersetzt lautet diese Zeile: Das schamhafte Wasser sah seinen Gott und errötete[2].

Das Gedicht versinnbildlicht oder entwirft eine Beziehung zwischen dem Wasser und seinem Gott. Das Bild soll ein Gefühl für das Wunderbare als machtvolles »Geschehen« zwischen dem sogenannten Natürlichen und dem Übernatürlichen hervorrufen. Der Prozeß des bildhaften Entwerfens dient als Mittel, eine beziehungshafte Dynamik darzustellen, die schwer, vielleicht unmöglich buchstäblich zu erfassen oder auszudrücken ist. Crashaw machte auch seine eigene Beziehung zu der Geschichte des Johannes anschaulich und, wie wir wohl annehmen können, ebenso seine Beziehung zu Jesus, Gott und sogar zum Wasser, so wie er deren »Wesen« verstand.

Ich gebrauche den Begriff »entwerfen« auf sehr ähnliche Weise, wie Dorothee Sölle den Begriff »Phantasie« als kreative Einbildungskraft anwendet[3]. Entwerfen heißt nicht »sich vorstellen« oder »phantasieren« in dem gängigen Sinne, sich die Realität im eigenen Geist zu schaffen. Entwerfen ist vielmehr ein Prozeß, etwas über die Realität herauszufinden und auszudrücken, nämlich über eine Beziehung, die wir bereits kennen, über eine Beziehung zwischen uns selbst und dem, was wir entwerfen. Bei Crashaw ist es die Beziehung zwischen der Selbsterkenntnis des Dichters und seiner Erkenntnis des beziehungshaften Wesens der natürlichen Welt, an dem sowohl der Mensch als auch das Wasser teilhat. Entwerfen heißt die Realität als beziehungshaft darzustellen. In jedem Gedicht, Bild, Musiktakt, Drama und sogar in der Prosa bezeichnen und evozieren verbale und nonverbale Bilder ein Gefühl der beziehungshaften Dynamik, die zwischen dem Wasser und seinem Schöpfer besteht, zwischen Person und Person, zwischen Ton und Ton, Linie und Linie, Bewegung und Bewegung, zwischen dem, was gesehen wird, und dem, was nicht gesehen wird, zwischen dem, was gesagt wird, und dem, was ungesagt bleibt. Im Anfang ist die Beziehung, die Bewegung, das Werden. Entwerfen oder anschaulich machen heißt einen Weg finden, um Beziehung auszudrücken.

Wie die Kunst ist Theologie ein Prozeß, Beziehung zu entwerfen. Die kreativste Theologie ist diejenige, die ohne Skrupel und mit Stolz bekennt, daß das Entwerfen, die symbolische Sprache, zur Natur ihrer Arbeit gehört. Ich tue nicht so, als ob ich die menschliche oder göttliche Natur empirisch zergliedern könnte. Das will ich auch nicht. Ich will die beziehungshafte Qualität dessen, was ich erfahre, nicht dadurch verlieren, daß ich Teile der Realität in Begriffskästchen stopfe und durch Etiketten und Definitionen das Differenzieren verhindere. Mit Niebuhr möchte auch ich meinen Platz unter den Dichtern einnehmen[4]. Sich vorzustellen, daß Wasser seinen Schöpfer sieht und errötet, heißt, inspiriert zu sein, spielerisch zwar und doch viel ernsthafter als beim Nachgrübeln über die Wahrscheinlichkeit eines göttlichen Eingreifens in die Ordnung der Natur. Mit Sölle möchte ich »spielen« – frei, kreativ, phantasievoll. Ich möchte mich selbst, andere Menschen, Gott in der Welt und das Wesen Jesu entwerfen, so wie er uns erkennen helfen könnte, was es bedeutet, Gott in der Welt leibhaftig zu machen oder göttlich zu handeln (to god).

Warum gerade Jesus?

Wenn wir Jesus neu entwerfen, so heißt das, daß wir das Recht in Anspruch nehmen, sowohl mit der Bibel als auch mit der darauf folgenden Tradition frei zu spielen, um unsere eigene Existenz zu erfassen. Jesus sichtbar zu machen kann bedeuten, daß wir alte Bilder loslassen, daß wir »die Toten die Toten begraben lassen« und daß wir Jesus zum Leben erwekken – das heißt zu *unserem* Leben miteinander. Es bedeutet, innerhalb und im Interesse unserer Gemeinden Bilder von Jesus zu entwerfen, in und für Gemeinden von Theologiestudentinnen und -studenten, Frauen, Homosexuellen, Schwarzen, Armen und allen anderen, die zu uns gehören. Unsere Bilder von Jesus spiegeln nicht unbedingt die Bilder wider, die Markus, Johannes, Augustinus oder Luther von ihm hatten. Unsere Bilder von Jesus werden sich nie gänzlich mit irgendeinem Bild von Jesus in der Bibel oder in der Geschichte des christlichen Denkens decken. Jesus kann für uns nicht der sein, der er für die Zwölf, für Maria Magdalena oder Maria und Martha von Bethanien war. Wir sind nicht sie. Unsere Zeit ist nicht ihre. Und Jesus ist nicht auf die gleiche Weise bei uns, wie er bei ihnen war. *Dieser* Jesus ist tot, sei die Erinnerung an ihn auch noch so ermutigend und der Geist, der ihn und uns bewegt, auch noch so inspirierend. Wenn Jesus irgend etwas für uns sein soll, wenn er etwas anderes als ein Idol sein soll, das uns aus der Welt fortlockt, dann müssen wir ein neues Bild von ihm entwerfen. Basis dafür ist unser Wissen über uns selbst in Beziehung zueinander und zu dem, von dem wir glauben, daß es Gott ist. Unsere Christologie wird zu einem Bild unserer beziehungshaften Erfahrung, so wie, nach meiner Ansicht, auch die Inkarnation ein Bild der beziehungshaften Erfahrung Jesu war.

Jesus ist nur von Bedeutung, wenn er ganz und nur Mensch war. Andernfalls sprechen wir von jemandem, der keine ganzheitliche und rein menschliche Beziehung zu Gott oder zu seinen Schwestern und Brüdern hatte. Jesus ist von Bedeutung, weil der Titel »Jesus Christus«, sei es zum Guten oder zum Bösen, im religiösen (und ich glaube auch im politischen) Bewußtsein des größeren Teils der westlichen Welt einen zentralen Platz innehat. Wir können Jesus nicht einfach vom Mittelpunkt der Bühne vertreiben und ihn durch die Menschheit oder Gott ersetzen, indem wir ihn wegwünschen. Wir müssen Jesus aus der Perspektive unserer eigenen Erfahrung in der Welt neu entwerfen und damit seinen kreativsten Platz in unserem Bewußtsein sichtbar machen.

Jesus ist für mich, eine Frau, von Bedeutung, weil sein Name als Knüppel gegen meine Schwestern und mich geschwungen wurde:

»Jesus suchte sich keine weiblichen Jünger.«

»Jesus war nicht verheiratet.«

»Und schließlich war Jesus ein Mann.«

Ich neige immer dazu zu antworten: »Was macht das?« Aber es macht mir etwas aus; dabei geht es mir nicht so sehr um den Jubel oder die Verleumdungen, mit denen dieser bestimmte Nazarener bedacht wurde, sondern mehr um die Frauen und Männer, die heute in der Welt leben, und um das, was wir einander – oft im Namen Jesu Christi – antun. Wir müssen anders handeln, nicht um Jesus zu erhöhen, sondern um uns selbst aufrecht zu erhalten statt uns zu erniedrigen. Nur in dieser Weise ergibt Inkarnation – Gottes aktive Gegenwart in und mit der Welt, dem Fleisch und der Menschheit – Sinn für mich.

Beziehungshafte Theologie läßt Gott leibhaftig, inkarniert, werden. Dies muß so sein. Beziehung zwischen uns ist leibhaftig in der Körperlichkeit all dessen, was wir tun: atmen, bewegen, denken, fühlen, die Hand ausstrecken, berühren. Der Gott, von dem ich spreche, die Quelle und Macht der Beziehung, der Gott, mit dem wir uns selbst in Beziehung vorstellen, ist im Fleisch *(sarx),* er ist im Menschen lebendig, aktiv im menschlichen Leben auf der Erde, in der Geschichte.

Christen haben geglaubt, daß Gott in Jesus von Nazareth Mensch *wurde*. Sie haben geglaubt, daß Gott zur Erde hinabstieg und sich für die Dauer des Lebens Jesu in der Welt mit der Menschheit vereinigte – physisch und greifbar. Orthodoxe Christen betonten die Inkarnation als Akt Gottes. Die Rolle der Menschheit wurde heruntergespielt. Jesu zentrale Stellung im Christentum resultierte aus der falschen Auffassung, Jesus sei eine göttliche Person und kein menschliches Wesen, das Gott kannte und liebte.

Die Konzile von Nicäa (325 n. Chr.) und Chalcedon (451 n. Chr.) haben Jesus hellenisiert. Dies entsprang aus einer Spiritualisierung des menschlichen Jesus, und diese Tendenz verstärkte sich noch. Die Konzile sahen die primäre Bedeutung Jesu in dem, *wer er war* (der ewige Logos, eines Wesens mit dem Vater, in zwei Naturen: ganz menschlich, ganz göttlich), und nicht in dem, *was er tat* (predigen, beten, lehren, heilen, Freundschaft schließen usw.). Die *Essenz* Jesu wurde zum zentralen Punkt des christlichen Glaubens gemacht. Damit verwies die Kirche seine *Taten* auf eine Ebene abgeleiteter und eher nebensächlicher Bedeutung. Es ist aber nichts Bemerkenswertes daran, daß ein göttlicher Mensch dazu fähig ist, Wunder zu vollbringen. Für einen, der göttlich ist, ist es vollkommen natürlich, solche Dinge zu tun. Wichtig ist für die Christen der Konzile, wer Jesus war: die Verkörperung eines Gottes, der sich dazu erniedrigte, Mensch zu werden. Im orthodoxen Denken begleiten Begriffe wie »Schmach« und »Demütigung« das Thema von Gottes »Herablassung«, Mensch zu werden[5]. Die einzige Überraschung, die einzig bemerkenswerte Dimension der Inkarnation ist hier, daß *Gott* sich dazu entschied, auf solche Weise zu handeln. Die Rolle *menschlicher* Entscheidung und menschlichen Handelns bleibt unbeachtet. Nicäa und Chalcedon schufen das platonische Bild eines göttlichen Mannes, dessen Menschsein unglaubhaft ist. Wenn wir Chalcedon folgen, wissen wir, daß wir nicht tun können, was Jesus tat (göttliche Handlungen in der Geschichte), denn wir sind nicht, was Jesus war (göttlich).

Die »Frage nach dem historischen Jesus« stellte diese ontologische Argumentationslinie in Frage, indem sie darauf hinwies, daß wir tun können, was Jesus tat (menschliche Handlungen in Beziehung zum Göttlichen), wenn wir herausfinden können, was er tatsächlich tat. Die Forscher verschoben die Aufmerksamkeit vom christologischen Dogma der Vergöttlichung auf die Handlungen des menschlichen Jesus. Damit gaben sie die metaphysische Mitte der göttlichen *ousia* Jesu auf und setzten die Einzelheiten von Jesu Leben und Werk in der Welt an ihre

Stelle. Dieser Versuch scheiterte aber aufgrund des Befunds, daß der historische Jesus immer schon der theologisch gedeutete Jesus Christus ist, von dem wir im Neuen Testament lesen. Eine Geschichte Jesu ist eine Deutung Jesu, ob im Evangelium des Markus oder in der zeitgenössischen Theologie. Aber wenn wir ein Bild von Jesus entwerfen, so bedeutet das nicht notwendigerweise, daß wir seine kerygmatische *Geschichte* leugnen. Sofern wir anerkennen, daß jedes Bild von Jesus eine hermeneutische Tendenz hat, und zugeben, daß wir nicht im Detail wissen können und müssen, was Jesus tat, dann können wir damit fortfahren, aus den Fäden des Neuen Testamentes Bilder von Jesus zu weben. Denn diese Fäden können uns dabei helfen, die Struktur unserer Erfahrung zu stärken.

Aber immer noch läßt sich fragen: Warum gerade Jesus? Warum nicht Sokrates? Sappho? Sojourner Truth? Martin Luther King? Camilo Torres? Mutter Teresa? Ich lenke die Aufmerksamkeit nicht einfach wegen meines eigenen christlichen Erbes auf Jesus, obwohl dieses Erbe mir viele Anlässe geboten hat, mit dem zu ringen, was Jesus für mich bedeutet. Hier möchte ich die Aufmerksamkeit auf Jesus lenken, weil ich glaube, daß das, was er tat, für unser Verständnis der Macht in beziehungshafter Erfahrung aufschlußreich sein könnte – einer Macht, die nicht nur im Leben Jesu erkennbar ist, sondern auch im Leben von Sokrates, Sappho, Sojourner Truth, King, Torres, Mutter Teresa und im Leben zahlloser anderer Frauen und Männer in der Geschichte, in deren Beziehungen eine zwingende und kreative Macht wirksam und stark war.

Ich will ein neues Bild von Jesus entwerfen, weil ich in dem, was er tat, die menschliche Fähigkeit sehe, Gott in der Welt leibhaftig zu machen, eine Fähigkeit, die uns ebenso eigen ist wie Jesus. Wenn Jesus nicht der Sohn Gottes oder Gott, der Sohn, war – denn mit diesen Titeln wurde der essentielle Unterschied zwischen ihm und uns ausgedrückt –, was war dann Jesu Beziehung zu Gott? Und was tat Jesus in Beziehung zu anderen Menschen, das für uns von Bedeutung sein könnte?

Es kann legitime Kritik daran geübt werden, daß ich mich auf traditionelle christologische Bilder von Jesus beziehe, darunter die Kritik an der Autorität, die damit einer männlichen Gestalt verliehen wird. Obwohl ich diese gewichtige Klage zu würdigen weiß und sie auch teile, habe ich hier nicht die Absicht, die spezifischen Probleme zu wiederholen, die sexistische Idolatrie mit sich bringt[6]. Mein Interesse ist es hier, das einzigartige und fundamentale Herr-Sein zu bekämpfen, das einer besonderen menschlichen Gestalt zugeschrieben wurde. Damit wurde Jesus über die menschliche Erfahrung hinausgehoben, und wir wurden unserer Verantwortung enthoben, Gott in der Welt zu inkarnieren.

Die Beziehung von Jesus zu »Christus«

Wenn wir nicht ganz entschieden in der Geschichte, in der Welt, auf unserer Erde und mit der Menschheit beginnen, dann schweben unsere Füße über dem Erdboden. Wir müssen an einem Schnittpunkt zwischen unserer eigenen Erfahrung, wie wir in der Welt leben, und einem Bild, wie er in der Welt lebte, anfangen – statt mit einem ahistorischen Konzept ewigen Gott-Mensch-Seins (Tillich). Sonst werden wir in Abstraktionen, Allgemeinbegriffen und ontisch absoluten Aussagen dahintreiben, die vielleicht zum Leben der Menschen eine Beziehung haben, vielleicht aber auch nicht[7]. Zugegeben, wenn wir ein neues Bild von Jesus entwerfen, können wir ihn nicht vom Bild des Christus abgrenzen. Wir können den historischen Jesus nicht völlig aus seinen kerygmatischen und christologischen Hüllen befreien. Mit Werkzeugen der Bibelkritik, die es uns beispielsweise möglich machen, das 4. Evangelium anders als die synoptischen zu verstehen, können wir Bilder von Jesus schaffen, die denen der Autoren entsprechen mögen oder nicht. Wichtig ist hier, ob wir zu einem besseren Verständnis davon gelangen, wer *wir* in Beziehung zu Gott und zueinander sind. Das Bild Jesu ist selbst ein Werkzeug zu diesem Zweck.

Wenn wir sichtbar machen, was Jesus tat, und nicht, wer er war, so heißt das, daß wir den Schwerpunkt auf Jesus von Nazareth und nicht auf den ewigen Christus legen. Damit fangen wir an, das Fundament für eine funktionale Christologie zu legen. Dies ist wichtig, wenn wir – wie ich – davon ausgehen, daß wir nicht verstehen können, was etwas *ist*, solange wir nicht gesehen haben, was es *tut* – mag nun das Endergebnis der Christologie notwendig Ontologie sein (was ich bezweifle) oder nicht. Es gibt überhaupt keinen Weg, zu einer Definition zu gelangen, außer durch Funktion, Bewegung, Beziehung. Von der Funktion auszugehen heißt mit Aktivität anzufangen, mit Verben, mit dem, was gesagt und getan wird, mit dem, was geschieht, statt mit der Voraussetzung, daß der Handelnde wichtiger ist als sein Handeln. Dieses letztere epistemologische Bild umschließt die Vorstellung eines ewigen Logos, der letztlich für die Inkarnation verantwortlich ist, und nicht die Zusammenarbeit zwischen Jesus und Gott.

Welche Beziehung könnte Jesus von Nazareth zum kerygmatischen Christus haben? Es gibt eine Beziehung, oft eine Identität. Aber wir können diese Frage so lange nicht befriedigend beantworten, bis wir ein Bild von Jesus haben, ein neues Bild von dem, was Jesus als Person in seiner eigenen Zeit und an seinem eigenen Ort tat. Nur dann können wir die Beziehung von Jesus zu Christus, dem Messias, dem Gesalbten, anschaulich machen. Wir (diejenigen unter uns, die Christen sind oder waren) können nicht so tun, als sei »Christus« ein bedeutungsloser Begriff für uns, ohne daß wir unaufrichtig sind und leugnen, daß »Christus« uns in mancher Weise dabei geholfen oder uns daran gehindert hat, unsere eigene Existenz zu verstehen. Aber wir müssen versuchen, diese Vorstellung von ihm und seine Überkleidung mit Bildern auf Distanz zu halten, um ein neues Bild von Jesus von Nazareth zu entwerfen. Wenn wir Jesus sichtbar machen, tun wir den ersten Schritt dazu, Christus oder die Christologie neu zu verstehen.

Das Bild Jesu bei Markus

Ich habe mich dazu entschieden, ein Bild von Jesus zu entwerfen, wie er im Markusevangelium dargestellt ist. Um Jesus wieder anschaulich zu machen, brauchte ich ein Bild von ihm, mit dem ich meine eigenen Vorstellungen von dem, was in seinem Leben geschah, kontrastieren konnte. In anderen Worten: Das Entwerfen geschieht in Beziehung auf ein Bild.

Markus zeichnet ein Bild von Jesus, das sich von den Bildern des Matthäus, Lukas und Johannes unterscheidet. Der markinische Jesus steht meinem eigenen Jesus näher als irgendein anderes biblisches Bild von ihm. Jesus wird bei Markus aus der *prophetischen* Tradition Israels entworfen. Deshalb habe ich mich dazu entschlossen, meine eigene anthropologische/theologische Hermeneutik eingehender zu untersuchen, indem ich einen prophetischen Jesus neu entwerfe, in dessen Leben eine bestimmte geheimnisvolle Spannung ihn selbst und andere erfaßt: die Spannung zwischen dem gegenwärtigen und dem zukünftigen »Königreich« Gottes, zwischen der Verborgenheit und der Sichtbarkeit der besonderen Rolle Jesu und die Spannung zwischen alten (jüdisch apokalyptischen) und neuen Bildern des Messianismus.

Howard Kee weist darauf hin, daß Markus Material aus dem Alten Testament »modifiziert«, »um der neuen [eschatologischen] Situation in der Zeit des Interpreten [Markus] gerecht zu werden«[8]. Markus »arbeitet die prophetische Tradition im *Lichte der unmittelbaren, dringenden Bedürfnisse seiner Gemeinde* auf«[9]. Ich versuche etwas Ähnliches. Ich versuche, den markinischen Jesus »aufzuarbeiten«; ich möchte ihn im Lichte der »unmittelbaren, dringenden Bedürfnisse« von uns Menschen entwerfen, die versuchen, sich selbst in einer Welt zu verstehen, in der Beziehung gewaltsam zerbrochen ist. Wie kann Jesus uns dabei helfen, uns selbst zu verstehen – das heißt, wie kann er uns erkennen helfen, was wir miteinander in der Welt tun?

6 Der neue Entwurf

Meine Beschäftigung mit ausgewählten Texten aus dem Markusevangelium[1] beginne ich mit einem Abschnitt, in dem Jesus selbst nach dem Bild fragt, das die Leute und seine Jünger sich von ihm machen:

»Und Jesus ging samt seinen Jüngern hinweg in die Dörfer bei Cäsarea Philippi. Und auf dem Wege fragte er seine Jünger und sprach zu ihnen: Für wen halten mich die Leute? Da sagten sie zu ihm: Für Johannes den Täufer, andre für Elia, noch andre für einen der Propheten. Und er fragte sie: Ihr aber, für wen haltet ihr mich?« (8,27–29a).

Traditionelles Bild: Sie sagten: »Du bist der Christus« (8,29b).

Der neue Entwurf: Ich sage, du bist jemand, in dessen Seinsweise ich Kraft sehe, die Kraft der Gerechtigkeit, der gerechten Beziehung. Ich sage, du kannst uns helfen, diese Kraft zu sehen, diese Kraft zu lieben, diese Kraft in Anspruch zu nehmen und zu gebrauchen.

Wenn wir einen Entwurf von einem Jesus machen, der uns helfen kann, dann entwerfen wir Beziehung neu: intime und unmittelbare Beziehung zwischen uns selbst und dem Anderen, zwischen Handlung und Handelndem, Gegenwart und Zukunft, zwischen einem Bild von Jesus und einem Wissen von uns selbst. Einen Jesus, der uns helfen kann, zu entwerfen heißt das gewöhnliche Menschliche und die außergewöhnliche Kraft in Beziehung sichtbar zu machen; freiwillige Beziehung, gerechte Beziehung. Einen Jesus, der uns helfen kann, zu entwerfen heißt Jesus dort zu lassen, wo er war. Es bedeutet, uns selbst in einer anderen Zeit an einem anderen Ort zu erkennen und in der Spannung zwischen damals und jetzt, dort und hier, Jesus und uns einen Eindruck – ein Bild – von der Beziehung zwischen dem, was Jesus tat, und dem, was wir tun, zu bekommen. Wenn wir einen Jesus wieder anschaulich machen, der uns helfen kann, bekennen wir uns zu unserer früheren Suche nach Beziehung zu Jesus, zueinander, zu einer Kraft, die kulturelle Schranken überschreitet, zu einer Kraft, die aber nur in der Geschichte erkannt wird – das heißt in menschlicher Erfahrung. Einen Jesus, der uns helfen kann, zu entwerfen heißt bereits die Aktivität von etwas Außergewöhnlichem im menschlichen Leben anzuerkennen, etwas von höchstem Wert, etwas Gutes, einen Gott. Einen Jesus, der uns helfen kann, zu entwerfen heißt Jesus in Beziehung zu Gott zu entwerfen.

Traditionelles Bild: »Und eine Stimme erscholl aus den Himmeln: Du bist mein geliebter Sohn, an dir habe ich Wohlgefallen gefunden« (1,11).

Der neue Entwurf: Und sie hörten die Stimme Gottes: »Jesus liebt, und ich habe daran Gefallen.« Wenn Jesus liebte, so kannte und liebte er die ihm innewohnende Kraft zu lieben (Gott). Ursprung und Quelle seiner Liebe war Gott, mit dem Jesus in der Liebe wuchs. Seine Beziehung zu Gott war wie die Beziehung zwischen einem heranwachsenden Kind und seinen Eltern, deren Kraft sich die jüngere Generation in Freundschaft aneignet – natürlich, organisch und in einer Weise, daß der heranreifende Jesus dazu fähig wird, die Welt mit Gott zu segnen.

»Und [Johannes] predigte: Nach mir kommt der, welcher stärker ist als ich, und ich bin nicht würdig, mich zu bücken und ihm den Riemen seiner Schuhe zu lösen. Ich habe euch mit Wasser getauft; er aber wird euch mit heiligem Geiste taufen« (1,7–8).

Diese Eltern-Kind-Beziehung ist eine Beziehung, in der beide Seiten eine intime und unmittelbare Verbindung untereinander erleben, eine Verbindung, von der das sehr kleine Kind vollkommen abhängig sein mag, aber auch eine Verbindung, in der das Kind zusammen mit den Eltern in die Freundschaft oder in eine freiwillige und gegenseitige Abhängigkeit hineinwächst.

Das Bild von Eltern und Kind, das ich heranziehe, soll keine Erfahrung der Kernfamilie reflektieren, sondern das Bild einer erweiterten Familie, in der die Kinder viele Eltern haben und Eltern viele Kinder, zusätzlich zur und statt der Blutsverwandtschaft zwischen *einer* Mutter, *einem* Vater und *einem* Kind. In der Kernfamilie ist die Beziehung zwischen Eltern und Kind oft weder freiwillig noch gegenseitig: Die Eltern erziehen, das Kind wird erzogen; die Eltern sind die Veränderer, das Kind ist das Veränderte; die Eltern sind erwachsen, das Kind wächst heran. Das Kind ist Eigentum der Eltern, und die Eltern gehören dem Kind. Der interpersonalen psychoanalytischen Theorie (H. S. Sullivan) nach schafft diese Situation eine Dynamik »feindseliger Integration«, durch die jede Person dazu beiträgt, die Entwicklung und Veränderung der anderen zu hemmen[2].

In der erweiterten Familie können alle Mitglieder Erwachsene sein, oder sie können sowohl Kinder als auch Erwachsene sein. Wo die privaten Besitzansprüche zwischen Erwachsenen und zwischen Eltern und Kind weniger stark sind, können die verschiedenen Mitglieder untereinander die Funktionen des Eltern-Seins (beim Heranwachsen helfen) und des Eltern-Habens (mit Unterstützung heranwachsen) annehmen. Der grundlegende Unterschied zwischen der Kernfamilie und der erweiterten Familie besteht darin, daß erstere auf der Voraussetzung von Privatismus, Besitzdenken und festgelegten Rollen aufgebaut ist, während letztere auf Werten wie Gemeinschaft, Teilen und je nach Bedürfnis wechselnden Rollen basiert.

In der Gottesbeziehung Jesu wächst Jesus *mit* Gott in die Liebe. Es ist eine Beziehung, in der jeder gibt und empfängt und in der jeder sich deutlich vom andern abhebt. Jesus ist nicht Gottes kleiner Sohn, der Sprößling einer privaten – wenn auch wunderbaren – Affäre zwischen Gott und Maria. Jesus ist vielmehr Gottes Kind, das in Beziehung zu Gott wächst und in einer freiwilligen und gegenseitigen Beziehung Gottes Freund wird. Gott ist darin Vater oder Mutter, daß er oder sie die Quelle für Jesu Wachsen in der Kraft ist. Aber vielleicht ist es ebenso angemessen (und das glaube ich auch), Gott als das Kind Jesu zu denken, dessen Wachsen in der Welt Jesus fördert.

Betrachten wir Jesu Beziehung zu Gott als eine Beziehung, in der jeder sich der Seinsweise des anderen in der Welt bewußt war. Diese Beziehung umfaßte Möglichkeiten für freiwillige, nicht-symbiotische Zuneigung und Zusammen-Arbeit. Die beziehungshafte Dynamik, die im Leben Jesu offenkundig wurde, war eine erwählte Beziehung zwischen dem Göttlichen (Gott) und dem Menschlichen (Jesus) zu beider Nutzen. Es war eine Beziehung, die vollkommen von Jesu immer neu vollzogener Entscheidung abhing, Gott zu lieben und mit Gott zu kooperieren, eine Entscheidung, die zuerst bei der Taufe Jesu bekräftigt und die durch Jesu eigene Auffassung von der gerechten Familienbeziehung unterstrichen wurde. Wer den Willen Gottes erfüllt, liebt Gott und gehört zu Gottes erweiterter Familie in der Welt.

»Und es kamen seine Mutter und seine Brüder; und als sie draußen standen, schickten sie zu ihm und ließen ihn rufen. Und das Volk saß um ihn her. Und sie sagen zu ihm: Siehe, deine Mutter und deine Brüder und deine Schwestern draußen suchen dich. Da antwortet er ihnen und sagt: Wer sind meine Mutter und meine Brüder? Und indem er ringsumher die um ihn Sitzenden ansieht, sagt er: Siehe, *das* sind meine Mutter und meine Brüder. Wer den Willen Gottes tut, der ist mir Bruder und Schwester und Mutter« (3,31–35).

Die Menschen tragen die Verantwortung, auf der Welt das zu vollbringen, was gerecht und gut ist. Eine christliche Theologie, die das ernst nimmt, muß auf der Voraussetzung aufbauen, daß Jesus in Beziehung zu Gott für sein Handeln verantwortlich war. Wenn Jesu Fähigkeit, freiwillig zu handeln, ignoriert wird, wenn die vollkommene und ganz menschliche Freiheit seines Willens bezweifelt wird, so führt dies zu einer doketischen Christologie, die die freiwillige Zusammen-Arbeit zwischen dem Menschlichen und dem Göttlichen mißachtet und damit Jesus, und mit ihm auch uns, von jeder wirklich ernsten Rolle im Prozeß der Erlösung entbindet.

Es ist kein Zufall, daß die gegenwärtige Theologie der Befreiung in Lateinamerika die freiwillige und aktive Identifikation Jesu mit den Armen stark hervorhebt. Wie in jeder Theologie, die direkt in dem menschlichen Kampf um die Befreiung vom Bösen verwurzelt ist, decken sich in der Theologie der Befreiung Christologie und Ethik. Basis dafür ist der moralische Akt Jesu, sich in der Beziehung zu Gott selbst zu behaupten[3].

Die »persönliche Abba-Erfahrung« Jesu (Schillebeeckx), eine Beziehung zu einem Gott, den er als Vater, als »Papa« erfahren haben mag, deutet darauf hin, daß Jesus das Bewußtsein von einer organischen Verbindung zwischen sich und seiner kreativen Quelle des Seins in der Welt hatte[4]. Jesus handelt nicht aufgrund eines religiösen Theorems. Er kooperiert in einer Erfahrung enger, natürlicher Beziehung zwischen sich selbst und dem, von dem er weiß, daß es Jahwe ist, der Gott Israels, der Gott der Gerechtigkeit. Bei Jesus sehen wir: Das, was moralisch – richtig, gerecht – ist, ist das, was natürlich ist im Sinne der organischen und tiefen Beziehung, die die Schöpfung selbst charakterisiert: Im Anfang ist die Beziehung. Überdies sehen wir, daß moralische Entscheidung und »menschliche Natur« nicht zueinander in Gegensatz stehen, sondern daß die menschliche Weigerung, mit Gott zusammen zu arbeiten oder zu handeln, das Unmoralische und Unnatürliche ist, ein Angriff auf die Menschheit wie auch auf Gott.

Bei Jesus sehen wir, daß die Beziehung zwischen Mensch und Gott so intim (es wird vorausgesetzt, daß einer den andern kennt) und so unmittelbar (Vermittlung ist nicht notwendig) ist, daß seine Entscheidung, mit der Macht zusammen-zuarbeiten, die ihn in die Beziehung treibt und ihn dort hält, gleichzeitig die Entscheidung ist, Gottes Handeln in der Welt zu tun oder göttlich zu handeln (to god). Durch Gott, mit Gott und für Gott erhebt Jesus Anspruch auf die ihm eigene Autorität, in der Welt wirken zu können. Durch Jesus und mit Jesus handelt Gott.

In gewissem Sinne ist Jesus in der Welt Stellvertreter Gottes und der Menschheit[5]. Sowohl für Gott als auch für seine Schwestern und Brüder vertritt Jesus die Fähigkeit *(posse)* des jeweils andern, in der Beziehung freiwillig zu handeln – er entwirft diese Fähigkeit. Gegenüber Frauen und Männern vertritt Jesus Gottes Fähigkeit, die Menschheit zu berühren, zu heilen, zu lehren, zu mahnen und zu trösten. Gegenüber Gott vertritt Jesus die Fähigkeit der Menschheit, beim Berühren, Heilen, Lehren, Mahnen und Trösten der Menschen und vielleicht auch Gottes zu ko-operieren. Entwerfen wir einen Gott, der von Jesus berührt, geheilt, belehrt, gemahnt und getröstet wird! So wird in der Welt und für die Welt eine außergewöhnliche Kraft befreit, wiederbelebt, vertreten. Gott wird durch die Ko-operation der Menschen gestärkt. Die Kooperation beruht auf der Bereitschaft des Göttlichen und des Menschlichen, Gerechtigkeit, die gerechte Beziehung in der

Welt, herzustellen. Jeder ist abhängig von der Fähigkeit des anderen, guten Willens zu sein.

Jesu *ousia,* sein »Wesen«, ist nicht göttlich, sondern die »Essenz« der menschlichen Fähigkeit, sich für das Handeln mit Gott zu entscheiden. Gott und die Menschheit finden ihr *posse,* ihre Befähigung, Gerechtigkeit zu schaffen, in der Beziehung. In der Zusammenarbeit sind das Göttliche und das Menschliche stark und schöpferisch. Wenn Jesus als »göttlich« verstanden werden soll, muß »Gottheit« in den funktionalen Begriffen von Entscheidungsfreiheit und Aktivität verstanden werden. Ein Mensch, der sich für das Handeln mit Gott entscheidet, entscheidet sich dafür, »göttlich« zu handeln. Der Mensch ist menschlich. Gott ist Gott, eine transpersonale Macht. Aber auf der Grundlage der Kooperation kann der Mensch das Gewicht von Gottes Autorität auf der Erde tragen.

»Und sie kamen wieder nach Jerusalem. Und während er im Tempel umherging, kamen die Hohenpriester, die Schriftgelehrten und die Ältesten zu ihm, und sie sagten zu ihm: In was für einer Vollmacht tust du dies? oder wer hat dir diese Vollmacht gegeben, das zu tun? Jesus aber sprach zu ihnen: Ich will *eine* Frage an euch richten, und ihr sollt mir antworten; dann will ich euch sagen, in was für einer Vollmacht ich dies tue. Stammte die Taufe des Johannes vom Himmel oder von Menschen? Antwortet mir! Und sie überlegten miteinander: Wenn wir sagen: Vom Himmel, so wird er erwidern: Warum habt ihr ihm denn nicht geglaubt? Sollen wir ihm vielmehr sagen: Von Menschen? – Sie fürchteten nämlich das Volk; denn alle hielten dafür, Johannes sei wirklich ein Prophet gewesen. Und sie antworteten Jesus und sagten: Wir wissen es nicht. Da sprach Jesus zu ihnen: So sage auch ich euch nicht, in was für einer Vollmacht ich dies tue« (11,27–33).

Autorität (exousia) ist übertragene Macht, eine Macht, die von der Gesellschaft genehmigt oder erlaubt ist. Einer Person mit *exousia* ist das Recht zur Macht verliehen worden. Aber gelegentlich offenbart eine Person eine andere Art von Autorität. Obwohl ihr keine *exousia* innerhalb der sozialen Ordnung verliehen wurde, manifestiert sie Macht – *dynamis:* eine Macht, die nicht durch offizielle soziale Legitimation vermittelt ist. *Dynamis* wird von anderen als rohe Macht erlebt – als spontan, unkontrollierbar und oft als furchteinflößend.

Entwerfen wir einen Jesus, dessen Autorität nicht *exousia,* sondern *dynamis* war: rohe Macht, die er sich selbst beigemessen hat und die sozial nicht legitimiert war. Entwerfen wir einen Jesus, dessen Autorität von jenem Gott stammte, den er aufgrund der Verwirklichung seiner Macht *(dynamis)* kannte. Stellen wir uns vor, daß Jesu Autorität unter den Menschen nicht vermittelt und nicht lizenziert war. Das rätselhafte Gespräch zwischen den religiösen Führern und Jesus, dessen Autorität nicht *exousia* war, weist auf den rätselhaften Charakter der Autorität Jesu hin.

Jesus konnte die Frage, die ihm gestellt wurde, nicht beantworten. Er und diejenigen, die ihn befragten, handelten und sprachen unter unterschiedlichen Voraussetzungen. Den Fragenden lag an der *exousia.* Das Interesse Jesu galt der *dynamis.* Ihr Bezugspunkt war Autorität, seiner war die Macht. Seine Weigerung zu antworten steht im Einklang damit, daß er es vermied, sich selbst als Messias zu erkennen zu geben (8,30; 9,9), und mit seinem Schweigen vor Pilatus (15,5). Indem er Anspruch auf die Autorität der *dynamis* erhob, offenbarte er eine autoritative Macht, die für die, die um ihn waren, unfaßbar war. Jesu Autorität konnte nicht von Menschen erfaßt werden, die Autorität *(exousia)* außerhalb und jenseits des Bereiches menschlicher Macht *(dynamis)* lokalisieren wollten. Die Autorität Jesu konnte von denen, die Vollmacht mit religiöser oder staatlicher Herrschaft gleichsetzten, weder verstanden noch akzeptiert werden.

Die Schlinge, in der die jüdischen Führer durch Jesu Frage nach Johannes dem Täufer gefangen wurden, war dieselbe Schlinge wie die, die sie für Jesus mit der Frage auslegten: »In was für einer *exousia* – Erlaubnis – tust du dies?« Die Fragenden verstanden, genau wie Jesus, das Wesen dieses Rätsels nur zu gut: Keine der beiden Antworten Jesu konnte zufriedenstellend angeben, aus welcher Quelle die Autorität des Johannes oder seine eigene stammte. Hätte Jesus den Anspruch erhoben, entweder Gott oder die Menschheit (er selbst eingeschlossen) seien die Quelle seiner Autorität, so hätte er den jüdischen Führern einen Schlag ins Gesicht gegeben. Denn für sie lag alle *exousia* bei der religiösen Führung, die sie selbst innehatten.

Jesus war kein Narr. Er wußte, daß er in ihren Augen keine legitime Autorität, keine *exousia* hatte. Er wußte auch, daß seine Seinsweise sicherlich nicht von Menschen akzeptiert werden konnte, deren tiefe Überzeugung sie dazu zwang, alle Autorität außerhalb des Bereiches menschlicher *dynamis* zu lokalisieren. Davon hing ja auch ihr Lebensinhalt ab. Aber *dynamis* war die einzige Autorität, die Jesus hatte.

Dies mag der Grund dafür sein, daß die synoptischen Beschreibungen des Lebens Jesu eine schwer erfaßbare Gestalt porträtieren, die es vorzog, Fragen nach der *exousia* zu stellen, statt sie zu beantworten. Getrieben von der *dynamis,* selbst außerstande, sich zu Recht mit Gott identifizieren oder kontrastieren zu lassen, und ohne Beachtung dessen, wie er seine eigene Rolle im Kontext jüdischer Geschichte und Religion verstand, konnte Jesus keinen öffentlichen Anspruch auf seine Vollmacht erheben, ohne von denen verachtet zu werden, die keine Autorität außer der *exousia* kannten.

Jesus versuchte, der beziehungshaften *dynamis exousia* zu verleihen; er versuchte, der beziehungshaften Macht oder dem inkarnierten Gott Anerkennung und Autorität zu verschaffen. Er wollte das Judentum nicht aufheben, sondern es neu entwerfen. Die Autorität des Judentums, der Gott Israels, die Quelle aller *exousia* war im Sinne beziehungshafter Macht verstanden worden. Gottes Fähigkeit zu handeln und die menschliche *dynamis* oder Befähigung waren notwendige Korrelate. Gottes Gerechtigkeit wurde in menschlicher Gerechtigkeit vollzogen. Dies war das Wesen des Bundes. Menschliche Liebe zu Gott wie zur Menschheit war die Grundlage für das ganze Gesetz und die Propheten (Markus 12,28–31; 5. Mose 6,4–5 und 3. Mose 19,18). Zu all diesem sagte Jesus ja. Er versuchte nicht, den Bund zu negieren, sondern ihn zu radikalisieren. Neu in Jesu Verwirklichung des Bundes war die Intimität und Unmittelbarkeit der Aktivität Gottes durch die menschliche *dynamis.* In der Macht der Beziehung ist Gott hier, ist Gott jetzt. Gott besteht nicht einfach in der Erinnerung an mächtige Taten oder in der Hoffnung auf Erlösung.

Aber wo ist Gott, was ist Gott, wer ist Gott im Sinne menschlicher *dynamis?* Dies waren die anstößigen Fragen, die aus dem Handeln Jesu entsprangen. Entwerfen wir einen Jesus, dessen Dilemma auch das unsrige ist: Wie ist Gott in der

Welt zu inkarnieren, ohne daß wir uns entweder mit Gott identifizieren oder uns als Nicht-Gott oder sogar als Anti-Gott in Gegensatz zu ihm stellen? Wenn wir uns einen Jesus vorstellen, dessen Seinsweise in der Welt – seine *dynamis* – vom Begriff her durch Kategorien begrenzt wird, die dazu dienen, alles voneinander abzugrenzen: *exousia* von *dynamis,* Jude von Samariter, Mann von Frau, Licht von der Dunkelheit, uns von »jenen«, Leben vom Tod, das Göttliche vom Menschlichen, dann ist im Anfang nicht die Beziehung, sondern der Gegensatz, die Trennung, die Negation. In einer solchen Weltanschauung wird eine Person, die Anspruch auf die Autorität der *dynamis* erhebt, entweder als wahnsinnig, böse oder als Gott erfahren. In jedem Falle widerspricht die Autorität von Jesu *dynamis* der Annahme, daß Gott ganz sicher nicht menschlich ist und daß kein Mensch die *exousia* hat zu handeln, als ob er Gott wäre.

Machen wir einen Jesus sichtbar, dessen *dynamis* ihn zu einer ganz anderen Weltsicht führte, in der es keine Möglichkeit für absoluten Gegensatz gab; einen Jesus, dessen Beziehung zu Gott ihn dazu bewegte, sich auf die Zweideutigkeit und Spannung zwischen sich selbst und den anderen einzulassen, auf die Spannung zwischen dem Gesetz und dem neuen Entwurf des Gesetzes, zwischen Himmel und Erde, *dynamis* und *exousia,* Vergangenheit, Gegenwart und Zukunft. Jesus war ganz und nur Mensch und als solcher dazu fähig *(dynamai),* Gott in der Welt zu inkarnieren; in Jesu Handlungen war die *dynamis* unmittelbar menschlich und göttlich.

Entwerfen wir unser eigenes Menschsein. Unsere Beziehung zu Gott bewegt uns dazu, daß wir uns auf die Zweideutigkeit und Spannung einlassen und durch sie hindurch zu einem hervorbrechenden Gefühl davon gelangen, was Menschsein bedeutet: *dynamis* zu haben, in Beziehung zu stehen, Anspruch auf *exousia* zu erheben. Entwerfen wir eine Welt, in der es keinen »ganz anderen« gibt, in der es keine Hierarchie und keine Gegensätzlichkeit zwischen Person und Person, Subjekt und Objekt gibt, sondern Mit-Subjekte, Zusammen-Arbeit und Mit-Schaffen. Gott und Menschen sind nicht mehr über den Gegensatz definiert: der eine oben, die anderen unten; der eine gut, die anderen nicht gut; der eine besitzt Macht, die anderen nicht; der eine gebend, die anderen empfangend; der eine im Himmel, die anderen auf der Erde. Statt dessen ist die Beziehung so gestaltet, daß Gott nichts anderes ist als die Quelle beziehungshafter *dynamis,* die niemals vollständig mit irgendeiner Person zu irgendeiner Zeit oder an irgendeinem Ort kontrastiert oder identifiziert werden kann.

Dies war, so glaube ich, Jesu Vorstellung vom Reich Gottes. Und Jesus sprach: »Die Zeit ist erfüllt und das Reich Gottes ist genaht« (1,15a). Und er sagte auch: »Unter denen, die hier stehen, sind einige, die den Tod nicht schmecken werden, bis sie gesehen haben, daß das Reich Gottes mit Macht gekommen ist« (9,1b). Wie die jüdischen Zeitgenossen Jesu (Freunde wie Feinde) erkennen auch die meisten Christen nicht, daß das Reich Gottes unter uns hervorbricht. Wir versuchen, das Wesen von Jesu Beziehung zu Gott auf der Grundlage nichtbeziehungshafter (ontologischer) Kategorien festzumachen. Dabei scheitern wir Christen nicht nur darin, einen Jesus zu denken, der sein eigenes Menschsein in der Beziehung zu Gott begründet. Es gelingt uns auch nicht – und dies ist viel wichtiger –, uns selbst als Menschen zu entwerfen, die hingehen und dasselbe tun können. Jesus war nicht Gott. Jesus wurde von Gott dazu bewegt, zu lieben und damit Gott in der Welt leibhaftig zu machen. Machen wir das Reich Gottes sichtbar als das Reich der Zusammenarbeit zwischen Menschen und Gott. In diesem Reich ist die Menschheit nur an ein Gebot gebunden: Gott zu lieben, und das bedeutet, den Nächsten wie sich selbst zu lieben; und den Nächsten wie sich selbst zu lieben bedeutet Gott zu lieben.

Intimität

Intimität ist die tiefste Eigenschaft der Beziehung. Sie ist kein »persönliches Gefühl«, kein Akt romantischer Zuneigung, kein Gefühl exklusiver Liebe zwischen zwei Menschen. Intimität verbindet Menschen elementar in ihren innersten Gefühlen der Identität. Durch Intimität wird Beziehung in der Tiefe des Menschseins verankert. Intim sein heißt andere in einer Weise zu kennen und von ihnen gekannt zu werden, daß wir die Gegenseitigkeit unserer Beziehung als wirklich, als kreativ und kooperativ, verläßlich und vertrauensvoll erfahren.

Ich muß nicht persönlich mit dir bekannt oder deine enge Freundin oder Sexualpartnerin sein, um dich auf intime Weise zu kennen und von dir gekannt zu werden. Meine Ordner quellen von Briefen »Fremder« über, die mich intim genug erfahren haben, um das starke Band zwischen uns zu erkennen, das Band zwischen dem, was sie sind, und dem, was ich bin. Sie spürten dieses Band, einfach weil sie einen kurzen Text von mir gelesen oder etwas gehört haben, was ich irgendwo gesagt habe. Wenn solche Frauen und Männer an mich schreiben und mir etwas aus der Tiefe ihres Seins mitteilen, dann erkenne ich meine eigene intime Verbindung mit ihnen, obwohl sie »Fremde« sind. Auf diese Weise kann eine öffentliche Tätigkeit auf Intimität gegründet sein, auf Vertrauen in Gegenseitigkeit, auf die Erwartung, daß beziehungshafte Macht immer transpersonal sein wird, auf ein Gefühl der Verbundenheit, das manchmal unsere alltäglichen Beziehungen zu Freunden und Geliebten an Tiefe und Stärke übertrifft.

Denken wir Jesu Handeln als geprägt von Intimität, von einer Intimität mit Menschen, die Jesus in einer Weise kannten und von ihm gekannt wurden – intuitiv? wissend? spontan? –, daß sie und auch er im Tiefsten ergriffen wurden.

»Und es war eine Frau, die litt zwölf Jahre am Blutfluß, und sie hatte viel durchgemacht mit vielen Ärzten und all ihr Gut aufgewendet, und es hatte ihr nichts geholfen, sondern es war vielmehr schlimmer mit ihr geworden. Als sie von Jesus gehört hatte, kam sie unter dem Volke von hinten herzu und rührte sein Kleid an. Denn sie sagte: Wenn ich auch nur seine Kleider anrühre, werde ich gesund werden« (5,25–28).

Traditionelles Bild: Jesus kennt diese Frau nicht. Sie hat »gehört«, daß Jesus die wunderbare Macht hat, sie gesund zu machen.

Der neue Entwurf: Jesus kennt diese Frau auf intime Weise, weil er sich selbst als Mensch kennt, der – wie alle Menschen – versucht, zu berühren und berührt zu werden, zu bewegen und bewegt zu werden, zu heilen und geheilt zu werden. Wie sie braucht auch er *dynamis:* die Kraft, die uns fähig macht, das zu tun, was wir tun können. Wenn die Frau die Hand ausstreckt, um Jesus zu berühren, weiß Jesus genau, was es bedeutet: daß sie geheilt werden will und gerade Jesus aufgesucht hat, weil sie »gehört« hat, daß die Menschen von Jesus berührt, bewegt und geheilt werden. Jesus kennt sie. Und sie kennt Jesus gut genug, um zu wissen, daß durch ihn eine transpersonale *dynamis* strömt, die sie gesund macht. Wie in den meisten Fällen, die im Evangelium beschrieben werden, ergriff auch hier nicht Jesus die Initiative; die Frau nahm die Beziehung zu ihm auf, indem sie »unter dem Volke von hinten herzu« kam und sein Kleid berührte. Berühren heißt eine bereits existierende Beziehung deutlich zu machen. Es ist ein Ausdruck des Vertrauens in die *dynamis,* in die Kraft in der Beziehung.

»Und alsbald versiegte der Quell ihres Blutes, und sie spürte es am Leibe, daß sie von ihrer Qual geheilt war. Und alsbald spürte Jesus an sich selbst, daß eine Kraft *(dynamis)* von ihm ausgegangen war, wandte sich unter dem Volke um und sagte: Wer hat meine Kleider angerührt?« (5,29–30).

Traditionelles Bild: Jesus ist geschwächt. Seine Kraft hat ihn verlassen. Er ist bestürzt und rügt die Menge mit seiner Frage.

Der neue Entwurf: Jesus ist bewegt, weil Kraft »von ihm ausgegangen« ist. Einem anderen Menschen wurde Kraft gegeben. Jesus fragt, wer das sei.

Die Frau setzte voraus, daß zwischen Jesus und denen, die Heilung brauchen, eine Beziehung besteht. Mit der Berührung gab sie ein Zeichen für diese Beziehung. Die *dynamis,* die freigesetzt wurde, weil die Frau Intimität voraussetzte, wurde durch das öffentliche Ansehen Jesu entzündet; aber sie wurde von der Frau selbst, die ihre Hand ausstreckte, um ihn zu berühren, erst frei-gesetzt. Die Heilung wurde nicht durch Jesus »an und für sich« möglich, sondern durch Jesus in Beziehung. Heilen und die Intimität, die es begründet, ist ein gegenseitiger Prozeß, in dem der Heilende vom Geheilten ergriffen wird, im Falle der blutflüssigen Frau so außerordentlich, daß Jesus sich »alsbald« umwandte und fragte, wer ihn berührt habe, wer es möglich gemacht habe, daß die *dynamis* von ihm ausging.

»Und seine Jünger sagten zu ihm: Du siehst, wie das Volk dich umdrängt, und sagst: Wer hat mich angerührt? Und er blickte umher, um die zu sehen, welche dies getan hatte. Die Frau aber kam mit Furcht und Zittern, weil sie wußte, was ihr geschehen war, warf sich vor ihm nieder und sagte ihm die ganze Wahrheit. Er aber sprach zu ihr: Meine Tochter, dein Glaube hat dich gerettet. Geh hin in Frieden und sei von deiner Qual gesund« (5,31–34).

Traditionelles Bild: Jesus heilt die Frau.

Der neue Entwurf: Ihr Glaube heilt sie. Glaube heißt für die Frau wie für Jesus, Anspruch auf *dynamis,* die Kraft in der Beziehung, zu erheben. Ob die Frau versteht, was geschehen ist, oder nicht, Jesus weiß, daß *dynamis* der leibhaftige Gott ist und daß der Glaube an diese Kraft in der Tat der Glaube an Gott ist. Glauben bedeutet nicht, daß wir Anspruch auf Jesus erheben, die Hand nach ihm ausstrecken, ihn ergreifen, sondern daß wir die *dynamis* ergreifen: »die Kraft, die von ihm ausgegangen war«. In der Beziehung ist *dynamis* göttliche Macht, der konkrete Gott, das, was ein Mensch »tun kann« *(dynamai).* In Beziehung zu Jesus ist es der Glaube eines Menschen, der sie oder ihn gesund macht (siehe 7,24–30; 9, 17–29; 10,52; 11,22–23). Glaube ist die Bejahung der *dynamis,* die in Jesus offenkundig wachgerufen wurde. Sie bringt diejenigen, die nach der *dynamis* suchen und offen für sie sind, in die Nähe Jesu und führt sie in die Intimität mit ihm. Der Glaube an diese beziehungshafte *dynamis* offenbart sich als Vollmacht. Bei Jesus ist zu spüren, daß er diese Vollmacht besitzt, Menschen ohne Glauben spüren mit Recht, daß sie ihnen fehlt.

Intimität ist die notwendige Bedingung für das Wirken Jesu. Jene, die weder sich selbst noch Gott kennen, können nicht geheilt werden. Sie können nicht einschätzen, was er mit ihnen tut. Solche Menschen wie die religiösen Führer, der reiche Jüngling und nicht selten sogar seine eigenen Jünger haben keine intime Beziehung zu Jesus oder zueinander. Sie erfassen die Bedeutung dessen, was geschieht, nicht (siehe 3,1–6; 10, 17–22; 6,45–52). Ihre Herzen sind verhärtet: verschlossen, unempfänglich für die *dynamis,* die zwischen Mensch und Mensch zu strömen vermag.

Jesus hat kein Monopol auf die *dynamis.* Dies ist schon deshalb nicht möglich, weil *dynamis* beziehungshaft ist. Sie beinhaltet eine Dynamik des Austausches zwischen den Menschen. Jesus ist keine Besonderheit, er »besitzt« Gott nicht und »hat« die Macht in Beziehung nicht als Eigentum. Jesus trägt bereitwillig dazu bei, Gott als die kreative *dynamis* in intimer Beziehung zwischen den Menschen zu offenbaren und unter ihnen bekannt zu machen. Gott ist kein »Jemand«, sondern der Geist, der Jesus sowohl in die Wüste (1,12) als auch in die Gemeinschaft der Menschen treibt, um ihnen zu offenbaren, daß sie selbst die Möglichkeit haben, göttlich zu handeln (godding).

In dem Maße, wie andere glauben, Jesus sei ihnen überlegen, getrennt von ihnen und von überlegener Autorität, muß er in einen Zwiespalt geraten. Diese Ambivalenz besteht darin, daß Jesus sich selbst als jemand kennt, der unter Menschen Autorität und deshalb eine besondere Rolle in der Gemeinschaft hat, daß er aber auch von sich selbst weiß, daß er – wie alle Menschen – gegenseitige Beziehung, Freundschaft, Liebe, Hilfe, Rat und Unterstützung braucht. Es gibt eine Ambivalenz zwischen Jesu Partikularität und seiner Universalität, eine Ambivalenz, die bis zu einem gewissen Grad von allen geteilt wird, die sich selbst und Gott kennen.

Niemand ist Gott. Niemand lebt ohne die Möglichkeit aktiver Beziehung zu Gott. Alle können Gott leibhaftig machen: die Jünger, die blutflüssige Frau, die Schriftgelehrten und Pharisäer. Alle können es, aber nicht alle tun es. Es gibt Menschen, die Gott und die Intimität leugnen, die Gott menschlich erfahrbar werden läßt, Menschen, die Gott ablehnen und immer ablehnen werden, damit sie weiter an der Bequemlichkeit festhalten können, die wir in religiöser Tradition, materiellem Besitz, familiären Bindungen oder politischer Stabilität finden (siehe 7,8–9; 10,17–22; 3,31–35; 15,15).

Die Ablehnung und schließlich die Kreuzigung Jesu war die Verleugnung und der Tod Gottes, nicht weil *Jesus* Gott war, sondern weil seine *dynamis* so radikal die schöne Ordnung sozialer und religiöser Strukturen sprengte. Dadurch rief er diejenigen gegen sich auf den Plan, die als Vertreter der etablierten *exousia* ihre konformistischen, opportunistischen weltlichen Interessen gefährdet sahen. Die Ablehnung und Kreuzigung Jesu signalisiert den äußersten Grad, bis zu dem Menschen gehen können, wenn sie ihre eigenen beziehungshaften Möglichkeiten abtöten. Gott stirbt, wenn ein Mensch getötet wird, weil er die Menschheit zu intim, zu machtvoll, zu sehr liebt.

»Und einer der Schriftgelehrten, der gehört hatte, wie sie miteinander disputierten, trat hinzu, und da er wußte, daß er ihnen trefflich geantwortet hatte, fragte er ihn: Welches ist das erste Gebot unter allen? Jesus antwortete: Das erste ist: ›Höre, Israel, der Herr, unser Gott, ist allein Herr; und du sollst den Herrn, deinen Gott, lieben aus deinem ganzen Herzen und aus deiner ganzen Seele und aus deinem ganzen Denken und aus deiner ganzen Kraft.‹ – Das zweite ist dieses: ›Du sollst deinen Nächsten lieben wie dich selbst.‹ Größer als dieses ist kein andres Gebot« (12,28–31).

Traditionelles Bild: Das erste und wichtigste Gebot ist, Gott zu lieben. Das zweite ist, unseren Nächsten wie uns selbst zu lieben.

Der neue Entwurf: Im christlichen Glauben und in der christlichen Praxis sind die zwei Gebote eines – unteilbar und untrennbar. Jesus verkündet die Liebe als das höchste Gebot. Dies erhellt seine Gotteserfahrung und seine Erfahrung dessen, was es bedeutet, Gott in der Welt zu inkarnieren. Liebe ist die aktive Verwirklichung der Beziehung. Gott ist Liebe. Liebe ist Gott. Göttlich handeln (to god) heißt lieben. Frauen und Männern, die lieben, ist bewußt, daß sie nicht allein, sondern von Beginn an mit anderen verbunden sind und daß es keinen höheren Wert gibt als diesen.

In der jüdischen und in der christlichen Tradition ist es üblich, das Gebot der Gottesliebe als getrennt und verschieden vom Gebot der Liebe zur Menschheit zu betrachten. Diese Unterscheidung war ein Element der Tradition Jesu. Dies war das Begriffssystem und die Sprache, die Jesus und seinen Zeitgenossen vertraut waren. Diese Vorstellungen von der Realität ermöglichten es Jesus einerseits, sich mitzuteilen, behinderten aber andererseits die Veränderung einer Weltanschauung, in der Gott und die Menschheit als höher und niedriger, als wichtiger und weniger wichtig erfahren und verstanden wurden. Es war im Grunde unmöglich, beide (Gottes- und Menschenliebe) zusammen in einer einzigen Begründung, Entscheidung oder Handlung zu erfahren.

Aber entwerfen wir einen Jesus, dessen Liebe zu Gott seine Liebe zu den Menschen *ist*, einen Jesus, dessen ethische Norm lautet: Gott zu lieben bedeutet nichts anderes als den Nächsten zu lieben wie uns selbst. Gott zu lieben heißt gerechte Beziehung, Gerechtigkeit, unter den Menschen zu schaffen. Mit Gott, durch Gott und für Gott zu handeln heißt mit der

Menschheit, für die Menschheit und durch menschliche Entscheidung zu handeln. Gott zu lieben heißt die Menschheit auf so intime Weise zu lieben, daß erkannt wird: Das Reich Gottes ist hier und jetzt unter den Menschen, die die Menschheit lieben.

Jesus wußte, daß das Reich Gottes unter Menschen anbricht, die andere lieben. Von dieser Vorstellung schalteten die christlichen Theologen um zu einer Vorstellung, die Jesus selbst als Herrn eines jenseitigen Reiches zeigt; damit machten sie aus Gott einen Götzen und verwandelten Jesus in das Gegenteil dessen, was er in der Welt vertreten hat.

Unmittelbarkeit

Teilweise wird erkannt, daß Jesus das Reich Gottes als unter den Menschen nahe bevorstehend verkündete – als gegenwärtig und im Kommen – und nicht sich selbst als einzigartiges Haupt dieses Reiches[6]. Wenn dies so ist, und das glaube ich, kann das Leben Jesu am besten durch seine Unmittelbarkeit charakterisiert werden, durch einen sein Dasein beherrschenden Sinn für die Gegenwart. Jesu Gefühl der Dringlichkeit war zweifellos in sein Gefühl des nahenden Eschaton eingetaucht. Entwerfen wir die Beziehung zwischen Zukunft und Gegenwart, so daß die Gegenwart – gegenwärtige Entscheidung, gegenwärtiges Handeln – die Zukunft sichtbar macht. Das Kommende ist schon in dem, was ist, »nahe«. Wir sind immer nur dort, wo wir in Zeit und Raum leben, dazu fähig, Gott leibhaftig zu machen.

Entwerfen wir einen Jesus, der von dem Gefühl der Dringlichkeit gegenwärtig wirksamer Macht in Beziehung getragen wurde, einer Macht, die uns ermöglicht, das kommende Reich Gottes zu errichten. Entwerfen wir einen Jesus, der direkt und ohne Umschweif sprach und handelte, um die Gegenwart und dadurch die Zukunft zu vollziehen. Entwerfen wir einen Jesus, dessen Vollmacht von anderen als die ihm eigene erfahren wurde und nicht als eine Autorität, die der Vermittlung bedurfte. Entwerfen wir einen Jesus, dessen Kraft unmittelbar erfahren wurde.

»Und *sobald* er [Jesus] aus dem Wasser stieg, sah er die

Himmel sich öffnen« (1,10a). »Und *alsbald* treibt ihn der Geist in die Wüste hinaus« (1,12). »Da verließen sie *alsbald* die Netze und folgten ihm nach« (1,18). »Und *alsbald* lehrte er am Sabbat in der Synagoge« (1,21b). »Und *alsbald* war in ihrer Synagoge ein Mensch mit einem unreinen Geist« (1,23). »Und *sobald* sie aus der Synagoge kamen ...« (1,29).

Diese frühen markinischen Passagen machen wieder und wieder deutlich, daß den Handlungen im Umkreis Jesu eine Unmittelbarkeit innewohnt. Es gibt kein Gefühl des Aufschubs und kein Zaudern, kein »laßt uns abwarten und sehen« und kein »laßt uns andere Alternativen überdenken«. Dieser Jesus wird nicht als jemand dargestellt, der sich hinsetzte, um mit seinen zukünftigen Jüngern das Für und Wider seines Auftrags zu diskutieren, bevor er sie aufforderte, ihm zu folgen. Dieser Jesus fragte die religiösen Führer nicht um Rat, und er verhandelte auch nicht mit ihnen, bevor er Anspruch auf die Macht erhob, am Sabbat zu handeln. Wir finden keinen Hinweis darauf, daß dieser Jesus innehielt, um ausgiebig zu überlegen, ob sein gegenwärtiges Handeln möglicherweise eine größere zukünftige Chance, auf die er also besser warten würde, vereiteln könnte. Die Unmittelbarkeit seines göttlichen Handelns (godding) taucht Jesus in die Gegenwart ein, in die Intimität mit den Menschen um ihn. Sie läßt weder zu, daß Erinnerung ihn an eine reaktionäre Vergangenheit bindet, noch daß Verheißung seine Hoffnung auf eine Zukunft richtet, die keine Beziehung zur gegenwärtigen Inkarnation hat. Was zwischen Jesus und anderen geschieht, ereignet sich unmittelbar und sofort.

Die Erfahrung des Todes, Verlust der Beziehung, Trennung, Schmerz und Einsamkeit können eine grundlegende Herausforderung für das unmittelbare Selbstgefühl der Menschen sein. Durch diese Erfahrungen fällt es ihnen schwer, sich als kreativ Handelnde, als Menschen, die die Menschheit lieben, als Menschen, die Gott in der Welt leibhaftig machen können, zu empfinden. Diese Erfahrungen hindern uns zu erkennen, daß wir die Kraft haben, in der Welt etwas zu bewirken.

»Während er noch redet, kommen Leute des Vorstehers der Synagoge und sagen: Deine Tochter ist gestorben; was bemühst du den Meister noch? Jesus aber achtete nicht auf das Wort, das gesprochen wurde, und sagte dem Vorsteher der

Synagoge: Fürchte dich nicht, glaube nur! Und er ließ niemand mit sich gehen außer Petrus und Jakobus und Johannes, den Bruder des Jakobus. Und sie kommen in das Haus des Vorstehers der Synagoge, und er nimmt den Lärm wahr und Leute, die weinen und laut klagen. Und er geht hinein und sagt zu ihnen: Was lärmt und weint ihr? Das Kind ist nicht gestorben, sondern es schläft. Und sie verlachten ihn. Er aber treibt alle hinaus, nimmt des Kindes Vater und Mutter und seine Begleiter mit sich und geht in [das Gemach] hinein, wo das Kind war. Und er ergreift des Kindes Hand und sagt zu ihm: Talitha kumi! was übersetzt heißt: Mädchen, ich sage dir, steh auf! Da stand das Mädchen sogleich auf und ging umher; es war nämlich zwölf Jahre alt. Und sie gerieten alsbald in großes Staunen. Und er gebot ihnen ernstlich, daß niemand dies erfahren solle, und befahl, ihr zu essen zu geben« (5,35–43).

Traditionelles Bild: Jesus weckt das Kind von den Toten auf.

Der neue Entwurf: Der Glaube der Menschen führt sie vom Tod zum Leben.

In dieser Geschichte »achtet Jesus nicht« auf die Nachricht vom Tod des Kindes und sagt zum Vater: »Fürchte dich nicht, glaube nur!« Die Angst, die durch Tod und Schmerz entfesselt wird, verhindert eine machtvolle Verwirklichung der Beziehungskraft. Jesus fordert Glauben. Nur wenn Menschen ihre Macht erkennen, können sie der Todesfalle der Angst entrinnen. Jesus sieht, daß die Menschen vom Schmerz überwältigt sind, und fragt warum. Er sagt, das Kind sei nicht tot, es schlafe nur. Damit deutet er vielleicht an, daß der Tod ohnehin keine Macht hat außer der Macht, die ihm von Menschen gegeben wird, die keinen Glauben haben.

Entwerfen wir den Tod anders. Er macht uns zum Narren, er verleitet uns dazu, Gott zu verleugnen, der die Macht in gegenwärtiger Beziehung ist. Dazu gehört auch die Macht, die in unserer gegenwärtigen Beziehung zu den Toten liegt. Diese Macht führt uns zu der lebendigen Erkenntnis, daß die Macht in unserer Beziehung zu einem Menschen nicht tot ist, auch wenn dieser Mensch tot sein mag. Die Macht in Beziehung ist lebendig. Sie ist nicht gebrochen, es sei denn durch unsere Verleugnung ihres gegenwärtigen Wirkens in und unter uns.

Jesus nimmt das Mädchen bei der Hand und sagt ihr, sie solle aufstehen. Und sie tut es – unmittelbar. Wir mögen solche

Wunder hinwegfegen, indem wir viele Erklärungsmöglichkeiten aufzählen, wie beispielsweise Jesu eigene Erklärung, das Kind habe nur geschlafen. Ich glaube nicht, daß wir »Wundergeschichten« brauchen, um die Macht in Beziehung anzuerkennen. Aber wenn wir selbst die Möglichkeit des Wunderbaren in einer solchen Geschichte ablehnen, dann leugnen wir, so scheint mir, durch diese Einschränkung die Fähigkeit Gottes, den Griff des Todes zu brechen und so unmittelbar Leben zu schaffen, daß unsere alltäglichen Vorstellungen davon revolutioniert werden, was es bedeutet, »tot« oder »lebendig« zu sein.

Entwerfen wir einen Jesus, der an seine eigene *dynamis* glaubte, um die allgemeinen Vorstellungen von dem ins Wanken zu bringen, was möglich ist und was nicht, von dem, was geschehen kann, und dem, was nicht geschehen kann. Machen wir einen Jesus sichtbar, der seine Macht kannte, Tod in Leben zu verwandeln, Schmerz in gläubiges Staunen, ängstliche Kraftlosigkeit in Erkenntnis der Macht – unmittelbar, in der gegenwärtigen, greifbaren Welt. Jesu Haltung gegenüber dem Tod mag für die spätere Haltung seiner treuesten Freunde angesichts seines eigenen Todes vorbildlich gewesen sein. Bemerkenswert ist Jesu Gefühl für die unmittelbare Macht in Beziehung, die das Weinen und Klagen aufbricht und zu einer Neudefinition der menschlichen Realität führt. Glaube ist menschliche Macht, und menschliche Macht ist göttliche Macht in der Welt, und göttliche Macht erweckt die Toten zum Leben, und eine wieder zum Leben erweckte Menschheit bricht den Griff des Todes und geht dahin voll gläubigen Staunens.

Und Jesus »gebot ihnen ernstlich, daß niemand dies erfahren solle«. Entwerfen wir einen Jesus, der nicht von anderen Menschen getrennt sein wollte, einen Jesus, der keinen unbedingten Anspruch auf ein besonderes *mana* erhob, einen Jesus, der versuchte, die Aufmerksamkeit von sich wegzulenken und die Menschen auf ihre eigenen Fähigkeiten, Gott leibhaftig zu machen, zu konzentrieren. Sehen wir »messianische Verborgenheit« neu. Jesus und seine Freunde erfuhren nach und nach, was es bedeutet, Messias zu sein. Verborgenheit ist in diesem Prozeß inbegriffen[7].

Traditionelles Bild: Jesus war ein Mittler zwischen Gott und Menschheit.

Der neue Entwurf: Weder Gott noch die Menschheit brauchen Vermittlung. So wie Jesus in Beziehung zu seinem *Abba* und zu seinen Schwestern und Brüdern unmittelbar – ohne Vermittlung – handelte, so konnten auch seine Freunde unmittelbar in der Welt handeln.

»Und einer aus dem Volk antwortete ihm: Meister, ich habe meinen Sohn zu dir gebracht, der einen stummen Geist hat; und wo er ihn überfällt, reißt er ihn herum, und er schäumt und knirscht mit den Zähnen, und er magert ab. Und ich sagte deinen Jüngern, sie möchten ihn austreiben; und sie vermochten es nicht. Da antwortete er ihnen und sprach: O du ungläubiges Geschlecht, wie lange soll ich euch ertragen? Bringet ihn zu mir« (9,17–19).

Es mag sein, daß sogar die Jünger Jesu während seines Lebens nicht dazu fähig waren, die Radikalität der Unmittelbarkeit in ihrer Mitte zu erfassen. Sie waren nicht fähig zu erkennen, daß nicht nur Jesus unmittelbare Macht hatte, sondern auch sie. Jesus wurde die Rolle eines Mittlers auferlegt. Dadurch bezeugt die christliche Tradition unser ständiges Zögern, Anspruch zu erheben auf unsere Macht, unsere *dynamis,* unsere Fähigkeit, Gott leibhaftig zu machen – unmittelbar.

Passion

»Manche haben eine einfache Antwort
Kauf ein Schloß und lebe in einem Käfig
Aber meine Furcht verwandelt sich in Zorn
Und mein Zorn verwandelt sich in Wut
Und ich werde mein Leben nicht in einem Käfig leben.«[8]

In der christlichen Ekklesiologie bezieht sich »die Passion« auf Jesu letzte Tage des Leidens, die von seinem triumphalen Einzug in Jerusalem eingeleitet wurden und ihren Höhepunkt in seinem Tod am Kreuz fünf Tage später fanden. Die Gegenspieler Jesu waren von der Intimität entsetzt, die zu seinem Bewußtsein von Beziehung gehörte. Sie waren unfähig, die Unmittelbarkeit dessen, was unter ihnen geschah, zu erfassen. Das Bild, das Jesus von Gott gab, blendete sie. Deshalb beschlossen sie, ermutigt durch die Verwirrung seiner Freunde, ihn zu töten.

Aber die Passion Jesu muß in einem viel weiteren Sinne betrachtet werden, als der allgemeine kirchliche Gebrauch des Begriffes andeutet. Das Verb »leiden« bedeutet etwas »tragen«, »er-tragen«, »aus-halten«. Es trägt auch die Bedeutung von »dulden«, »zulassen« und kann in diesem Sinne auch »Folgen auf sich nehmen« oder »Konsequenzen tragen« heißen. Bei Jesus bedeutet Passion oder Leiden, Gott in der Welt zu tragen und die Folgen seines Handelns auf sich zu nehmen. Daraus ergibt sich, daß das gesamte öffentliche Wirken Jesu von seiner Passion, von seinem Leiden, gekennzeichnet ist. Dies schließt Schmerz und schließlich den Tod mit ein.

Passion und Schmerz: Die Macht in Beziehung zu tragen heißt Schmerz zu erleiden, wenn Beziehung – auch die eigene – zerbrochen wird. Die Möglichkeit auszuhalten, daß wir in der Welt Gutes vollbringen können, bedeutet auch, das Böse der zerbrochenen beziehungshaften Macht im menschlichen Leben zu erleiden. Frauen und Männer mit Passion erfahren die Macht und Ekstase der Beziehung, aber auch den Schmerz und das Trauma der zerbrochenen Beziehung, wann immer sie die Zerstörung menschlicher Beziehung miterleben oder daran beteiligt sind. Es gibt keinen Weg, dem Schmerz zu entgehen. Es gibt nur die Wahl zwischen dem Schmerz, der zur Passion gehört, und dem Schmerz, den leidenschaftslose Unempfindlichkeit gegenüber der Beziehung mit sich bringt.

Entwerfen wir einen Jesus, dessen Gotteserfahrung ihn in die schmerzhafte Erkenntnis trieb, daß eben dieser Gott, diese beziehungshafte Macht, verleugnet und zerbrochen wurde – heftig, gleichgültig oder aus Verwirrung heraus. Jesus mußte erkennen, daß diese beziehungshafte Macht von den religiösen und weltlichen Führern verleugnet und zerbrochen wurde – in seiner eigenen Heimatstadt, unter Menschen, die nicht bereit waren, ihm zu folgen, unter seinen Jüngern und sogar in sich selbst – das heißt, er mußte erfahren, wie er selbst daran zweifelte, daß Gott beständig mit ihm ist (15,34)[9].

Machen wir einen Jesus sichtbar, der die Menschheit tief und entschlossen liebte; einen Jesus, der diese Liebe trug und aufrechterhielt. Denken wir seinen Schmerz und ebenso die Möglichkeit seiner Freude neu. Von dieser Freude sehen wir im Evangelium des Markus keine Spur. Die Autoren der

Evangelien schrieben nicht über die Gegenseitigkeit der Freundschaften Jesu. Gegenseitigkeit ist gerade die Eigenschaft der Beziehung, die die sicherste Grundlage für Freude in der Freundschaft bildet. Ich glaube, die Autoren der Evangelien verfehlten den Kernpunkt der Passion Jesu – das heißt ihre Wurzeln in der Beziehung. Entwerfen wir einen Jesus, dessen Schmerz daraus entstand, daß die Menschen um ihn herum glaubten, er sei entweder dämonisch oder göttlich; einen Jesus, der in Beziehung zu denen, die ihn kannten, wie sie sich selbst kannten, vielleicht voller Freude gewesen sein mag; einen Jesus voller Freude in Beziehung zu Menschen, die wußten, daß er – wie sie – ganz menschlich war, bewegt vom Drang zur Intimität, zu innigem, wechselseitigem Umgang mit der Welt und den Menschen.

Sehen wir Passion, das intensive Erleiden von Schmerz und Freude, als etwas, wozu Jesus sich entschied, und nicht als etwas, das ihm angetan wurde. Jesus litt Schmerz, nicht weil er in den Augen seiner Gegner als zu radikal galt, sondern weil er in der Tat zu radikal *war,* um sich an die gegebene Ordnung anzupassen. Jesus wurde verfolgt und hingerichtet, nicht weil die Menschen fälschlicherweise von ihm glaubten, er stelle eine Bedrohung für die jüdische und römische Stabilität dar, sondern weil die Menschen zu Recht von ihm glaubten, daß er die Saat der Revolution pflanzte. Diese Saat versprach, falls sie aufgehen würde, zu einer Umwertung der Werte beizutragen und die grundlegenden religiösen Voraussetzungen zu unterhöhlen, angefangen bei der abgöttischen Verehrung einer über die Welt gesetzten und von ihr völlig getrennten Gottheit.

Schmerz und Zorn: »Und indem er sie ringsumher mit Zorn ansah, betrübt wegen der Verstockheit ihres Herzens ...« (3,5a). Bei Markus gibt es mehrere explizite Aussagen über den Zorn Jesu, über seine Empörung und seine Wut. Wir finden auch zahlreiche Bilder, in denen er Freunde wie Feinde scharf wegen ihrer Verstockheit tadelt (siehe 3,1–5; 4,40; 6,6; 7,9; 8,21; 9,19; 10,14; 11,15–19. 27–33; 12,38–40; 14,6). Sogar eine so harmlose Bemerkung wie »Wer Ohren hat zu hören, der höre!« (z. B. 4,9) kann als gemäßigter Angriff mit zornigem Unterton verstanden werden, an Menschen gerichtet, von denen Jesus vermutet, daß sie nicht hören wollen.

Wir finden viele Ausdrucksformen von Jesu Sorge oder Traurigkeit über die Weigerung der Menschen wahrzunehmen, was unter ihnen geschieht. Aber der charakteristischste Ausdruck seines Schmerzes ist Zorn – ob in Form von Ironie, Empörung oder der Wut, mit der er die Geldwechsler aus dem Tempel treibt (11,15–19). Je weiter er auf seinem Weg fortschreitet, desto mehr scheint der Zorn bezeichnend für das zu sein, was Jesus bewegt.

Denken wir Gott als empörte Macht mit einer scharfen Klinge, die jede Möglichkeit zerschneidet, daß Menschen sich an irgendeine Beziehung anpassen, die nicht gerecht oder richtig ist. Jesu Zorn stärkt sein Gefühl der Vollmacht und wird von seiner Macht in Beziehung genährt.

Entwerfen wir Zorn als Alternative zu Entmutigung, als Alternative zu Selbstzweifel, Depression, langem Nachdenken und Wahnsinn; als Alternative zum Gefühl der Ohnmacht, das unseren Sinn dafür, einen Willen und ein Ziel zu haben, angesichts wachsender Hindernisse aus dem Gleichgewicht bringt. Jesus zieht sich nicht von einer zunehmend schwierigen Position zurück, er macht auch keinen falschen Frieden mit ihr. Statt dessen geht er vorwärts.

Sehen wir Prophetie als zornigen Mut: als den Impuls, nein zu sagen, wenn andere ja sagen; die Entschlossenheit, jenen Weg zu gehen, wenn andere diesen gehen; das Beharren darauf, daß es jetzt Zeit ist, während andere nach mehr Zeit rufen. Verstehen wir Jesus als Propheten, der schwieg, wenn er darum gebeten wurde zu sprechen. Entwerfen wir einen Jesus, der starb, obwohl er sich hätte retten können, wenn er ernsthafte Zweifel an dem gehabt hätte, was er tat, und der vielleicht nicht getötet worden wäre, hätte er weniger Zorn gezeigt und die Beziehungsmacht eines freundlichen und weniger bitteren Gottes verkörpert.

Entwerfen wir einen Jesus, der die Menschheit liebt und deshalb zwangsläufig über die Ungerechtigkeit in der Welt zornig ist. Es ist vielleicht der einzige Weg, unseren Mut zu behalten.

Wir können uns den Zorn Jesu nicht als Zorn gegen Gott vorstellen. Eine Ausnahme finden wir vielleicht in seinem Schrei: »Elohi, Elohi, lama sabachthani?« (15,34). In diesem Aufschrei wird deutlich, daß Jesus endgültig und ganz erkannt hat, welchen Preis Beziehung hat. Der Zorn Jesu richtete sich nicht gegen Gott oder »die Realität« oder »das Leben« oder »die Welt« oder darauf, »wie die Dinge sind«. Sein Zorn war nicht diffus oder unkonzentriert. Der Zorn Jesu hatte ein bestimmtes Ziel: die Nicht-Beziehung, die zerbrochene Beziehung, die verletzte Beziehung, die Zerstörung Gottes in der Welt, die Ungerechtigkeit, den Mißbrauch und die Schändung der Menschheit durch Menschen.

Sehen wir die Passion als zornige Passion, seinen Tod als einen zornigen Tod. Die Ermordung Jesu war eine schreckliche und böse Tat, die der Menschheit von Menschen angetan wurde, nicht schrecklicher, aber auch nicht weniger schrecklich als das, was Menschen immer angetan wird, wenn sie gefoltert und getötet werden, weil sie die Gerechtigkeit ernst nehmen.

Tod und Auferstehung: »Da stieß Jesus einen lauten Schrei aus und verschied. Und der Vorhang im Tempel zerriß in zwei Stücke von oben bis unten. Als aber der Hauptmann, der ihm gegenüber in der Nähe stand, sah, daß er auf diese Weise verschieden war, sprach er: Dieser Mensch war in Wahrheit Gottes Sohn« (15,37–39).

Die Freunde Jesu konnten seinen Tod nicht annehmen. Sie konnten nicht verstehen, warum er sich tatsächlich aufgegeben hatte, um sich kreuzigen zu lassen. Aber Jesus konnte über sein eigenes gewaltsames Ende nicht mehr überrascht sein als über den Mord an Johannes dem Täufer (6,14–29) oder über den Mord an anderen Propheten, die die bestehende Ordnung verurteilt hatten. Jesus ahnt sein Schicksal voraus. Wir sehen dies an den »Menschensohn«-Prophezeiungen, die Jesus verkündet, als er erkennt, bis zu welchem Ausmaß die Gegnerschaft gegen ihn anwächst. Jesus spürt, daß sein Geschick in Einklang mit der apokalyptischen Voraussage steht, daß ein »Menschensohn« getötet werden wird (8,31–33; 9,12. 31–32; 10,33–34. 45; 14,21. 41; auch 12,1–9).

Entwerfen wir den »Menschensohn« neu: Kind der Menschheit, Bruder von Schwestern und Brüdern, einer, der die Menschen liebt, einer, der göttlich handelt (gods), einer, dessen Macht in Beziehung nicht an die gegebene soziale Ordnung angepaßt werden kann, einer, der für die Gebrochenheit der Menschheit, die er liebt, mit seinem Leben bezahlen wird:

»Denn auch der Sohn des Menschen ist nicht gekommen, damit ihm gedient werde, sondern damit er diene und sein Leben gebe als Lösegeld für viele« (10,45).

Denken wir das Lösegeld neu: Jesus lehnt es ab, sich selbst vom Tod zu befreien oder loszukaufen. Der Tod Jesu befreit seine Freunde zum Leben, nicht weil sein Tod gut ist, sondern weil diejenigen, die Jesus kannten, in seiner Weigerung, sich loszukaufen, die tödliche Ernsthaftigkeit dessen erkannten, was er unter ihnen tat.

Entwerfen wir einen Jesus, der den Tod nicht überwindet. Es gibt nichts Unwirkliches oder Vorläufiges am Tod Jesu. Sein Tod ist wie jeder ungerechte Tod ein unnötiger, gewaltsamer Tod. Er ist endgültig wie jeder Tod. Es gibt nichts vor, während oder nach dem Tode Jesu, das ihm den Stachel seiner Ungerechtigkeit nähme und ihn zu einem Segen oder zur Ursache für große Dankbarkeit machte. Was die Auferstehung auch immer bedeuten mag, auf keinen Fall rechtfertigt sie die Ungerechtigkeit des Todes Jesu, und noch viel weniger hebt sie sie auf. Jede Theologie, die unter der Voraussetzung verkündet wird, die Anhänger Jesu, christliche Frauen und Männer, müßten Schmerz und Tod als ein Zeichen des Glaubens willkommen heißen, ist auf einer falschen Deutung dessen aufgebaut, was Jesus tat und aus welchen Gründen er starb. Diesem theologischen Masochismus mangelt es völlig an Passion. Die Vorstellung, Ungerechtigkeit zu begrüßen oder sich ihr freudig zu unterwerfen, schlägt Jesus selbst ins Gesicht, denn er weigerte sich, ungerechten Beziehungen Konzessionen zu machen.

Auf der anderen Seite steht die »theologia gloriae«, die die Ungerechtigkeit im menschlichen Leben ignoriert oder verdreht und uns in Illusionen von einem Frieden wiegt, der über unseren Verstand geht und realer sein soll als unsere Konflikte und unsere Gebrochenheit. Diese Theologie ist oberflächlich und gefährlich, denn sie wurzelt in unserer Fähigkeit zum Selbstbetrug, mit der wir die Realität der Passion Jesu und auch die Realität unserer eigenen Passion verleugnen[10].

Die Freunde Jesu waren nicht bereit, seinen Tod zuzugeben. Die Auferstehung mag eine Reflexion dieser Haltung sein. Die Freunde Jesu waren unfähig zu erkennen, daß auch sie Gott leibhaftig machen konnten. Deshalb haben diese Menschen möglicherweise auf der »spirituellen« Gegenwart Jesu beharrt.

Sie betrachteten den Auferstandenen als ihr Haupt, ohne das sie keine Macht hatten. Wenn dies richtig ist, so ist die Auferstehung eine Schande.

Die Auferstehung mag ein wunderbarer Beweis dafür gewesen sein, daß Gott die Toten auferwecken kann. Wir können die Möglichkeit einer physischen Auferstehung nicht fallenlassen, ohne damit anzudeuten, wir wüßten alles, was es über die natürliche Welt, über Gott und die Geheimnisse des Lebens und Sterbens zu wissen gibt. Aber der christliche Glaube gründet sich nicht auf die Tatsache der physischen Auferstehung Jesu. Der christliche Glaube ist eine funktionale, ethische Handlungsweise in der Geschichte, kein metaphysisches oder spekulatives System. Deshalb kann der christliche Glaube nicht auf dem sogenannten »Übernatürlichen« beruhen. Überdies ermutigt uns der christliche Glaube nicht dazu, die Endgültigkeit des Todes im Leben zu verleugnen. Im Gegenteil, es scheint mir, daß wir tief gläubig sind und Kraft erlangen, wenn wir anerkennen, daß die Ermordung Jesu der endgültige Akt der Verachtung gegen ihn, der die Menschheit liebte, war. Wir glauben, und es gibt uns Kraft, wenn wir anerkennen, daß die Auferstehung kein Ereignis im Leben Jesu, sondern im Leben seiner Freunde war.

Denken wir die Auferstehung als eine Saat, entsprossen dem sterblichen Leib Jesu. Diese Saat trägt für immer ihre Früchte darin, daß Jesu Freunde sich fortan weigerten, die Intimität und Unmittelbarkeit Gottes aufzugeben. Dem Tode Jesu folgend, gelangten seine Freunde zum Leben. Was zwischen Jesus und jenen begann, die ihn liebten und von ihm geliebt wurden, setzt sich unter diesen Menschen, die die Menschheit lieben, fort. Was durch das leidenschaftliche Engagement eines Menschen in Beziehung zu anderen in Gang gesetzt wurde, wird unter diesen Menschen in Beziehung fortgeführt.

»Das Senfkorn wird größer als alle Gartengewächse« (4,30 bis 32).

»Das kleine Maß wird vergrößert« (4,24).

»Die Frucht reift und die Ernte ist da« (4,26–29).

Die Beziehung wird zum Reich Gottes.

7 Jesus: Herr oder Bruder? – Eine feministische Kritik

Unsere patriarchalische Tradition[1]

Kurz vor meiner Weihe zur Pfarrerin der Episcopal Church im Jahr 1973 führte ich mit Freundinnen und Freunden mehrere lange Gespräche. Denn ich fühlte mich unbehaglich, wenn ich an die Gelübde dachte, die ich nun ablegen sollte. Ich war nicht mehr sicher, ob ich all das glaubte, was meiner damaligen Meinung nach Geistliche über die Beziehung Gottes zur Welt glauben müssen. Meine Zweifel bezogen sich vor allem auf ihre Vorstellung von Jesus Christus, einer Gestalt, die mich verwirrte. Besonders das nicänische Glaubensbekenntnis bereitete mir Unbehagen: »Ich glaube an einen einigen allmächtigen Gott, den Vater, Schöpfer Himmels und der Erden ... an einen einigen Herrn Jesus Christus, Gottes einigen Sohn, der vom Vater geboren ist ... wahrhaftiger Gott vom wahrhaftigen Gott; geboren, nicht geschaffen ... leibhaftig worden durch den Heiligen Geist von der Jungfrau Maria ...« – Fragen über Fragen! Meine Zweifel kamen nicht daher, daß ich diese Dinge theologisch oder philosophisch für unwahr hielt. Doch ich hatte ernste Vorbehalte gegen sie, und diese Vorbehalte gründeten sich auf den Verdacht, dogmatische Formulierungen wie diese hätten mit der negativen Bewertung der Frauen in der Kirche zu tun.

Meine Freunde rieten mir, die dogmatischen Lehrsätze, die mich störten, nicht so wörtlich zu nehmen. Wir können schließlich, während wir das Glaubensbekenntnis sprechen, im Herzen und im Kopf wissen, daß wir nicht wirklich meinen, Gott sei eine männliche Gestalt oder ein männliches Prinzip. Statt dessen können wir uns Gott als eine Gestalt mit väterlichen »Eigenschaften« vorstellen. Es kann uns klar sein, daß wir nicht wirklich meinen, Maria sei eine Frau gewesen, die keinen Geschlechtsverkehr hatte, sondern eben eine »junge Frau«. Darüber hinaus können wir erkennen, daß die theologische Bedeutung der Jungfrauen-Geburt nichts mit Sexualität zu tun hat, sondern die Vorstellung vermitteln soll, daß bei der Inkarnation göttliche Initiative wirksam war. Es ist sogar möglich, tief im Innern zu wissen, daß wir nicht wirklich meinen, die Inkarnation sei das übernatürliche Eingreifen des Göttlichen in der Geschichte gewesen. Statt dessen können wir überzeugt sein, daß Jesus der Höhepunkt eines natürlichen evolutionären Prozesses gewesen ist oder daß »Christus« die archetypische Chiffre »essentieller Personheit« in der Geschichte ist. Mir wurde gesagt, und ich habe selbst herausgefunden, daß es durchaus möglich ist, an der gemeinschaftlichen Rezitation eines Bekenntnisses teilzunehmen und sich gleichzeitig völlig darüber im klaren zu sein, daß weder wir selbst noch viele andere die dabei gesprochenen Worte wörtlich nehmen.

Noch heute nehme ich regelmäßig an dieser Art von Doppelzüngigkeit teil. Denn ich weiß noch nicht, was ich im Kreis der Episcopal Church und anderer christlicher Gemeinden, in denen ich lebe und arbeite, anderes tun soll. Aber ich habe ernste Bedenken dagegen. Es ist nicht gut für einzelne Menschen wie mich, sich auf diese Doppelzüngigkeit einzulassen, und es ist auch nicht gut für die Kirche als ganze, für die wir verantwortlich sind. Ich denke, wir müssen weitergehen, indem wir die Voraussetzungen unseres sprachlichen Erbes und die Tatsache des Sexismus in unserer Tradition erkennen und akzeptieren.

Unsere Tradition ist patriarchalisch. Die Kirche ist sexistisch. Wenn wir nach Wegen suchen, dies zu rechtfertigen; wenn wir es übertünchen und vorgeben, die sexistischen Lehrsätze bedeuteten nicht wirklich, was sie sagen, oder es sei wirklich nicht so schlimm, wie es scheint; wenn wir vorgeben, sexistische Aussagen seien niemals dazu gedacht gewesen, die Frauen zu verunglimpfen, dann täuschen wir uns selbst und schieben den Prozeß des Wandels und der Veränderung innerhalb der Kirche hinaus. Und deshalb, glaube ich, können wir nicht so tun, als solle »Gott, der Vater« nicht wirklich bedeuten, daß Gott ein Vater ist. Wir können uns nicht vormachen, Jungfrauengeburt solle nicht wirklich bedeuten, daß Maria sexuell nicht aktiv war. Wenn wir Jesus als »Herrn« bezeichnen, als »Gottes einigen Sohn, der vom Vater geboren ist«, dann können wir nicht so tun, als solle dies nicht wirklich heißen, daß Jesus völlig anders als die Menschen ist.

Wir dürfen uns nicht selbst tiefer und tiefer in eine theologische Doppelzüngigkeit hineinreden, die hauptsächlich dazu dient, uns und andere zu verwirren und wichtige institutionelle Veränderungen aufzuschieben. Viele von uns sind durch den Sexismus und die blindmachende Aura von Unwirklichkeit beunruhigt, die dogmatische Lehrsätze wie die des nicänischen Bekenntnisses begleiten. Statt dies weiter mitzutragen, müssen wir aus unserem Verantwortungsbewußtsein heraus an den dogmatischen Maßstäben rütteln, die Grenzen des Glaubens und der Theologie ausdehnen und die christliche Sprache und ihre Bedeutung hinterfragen. Dies ist gerade deshalb notwendig, weil wir uns für eine Kirche engagieren, die ihre Verantwortung für die Welt, in der sie lebt und aus der ihre Mitglieder kommen, ernst nimmt. Wenn wir also die grundlegenden patriarchalischen Voraussetzungen unseres religiösen und kulturellen Erbes erkennen, müssen wir uns voller Energie der Wiedererschaffung der Religion widmen. Dies setzt voraus, daß wir die Realität selbst wieder neu erfahren.

»Für wen haltet ihr mich?«

Einstweilen lasse ich die Vaterschaft Gottes und die Jungfräulichkeit Marias außer acht, denn ich möchte mich auf die Christologie, auf die Person Jesu, konzentrieren: Ich will versuchen, eine Antwort auf die Frage zu geben, die Jesus seinen Jüngern und Jüngerinnen auf dem Weg nach Cäsarea Philippi stellte. Sie hatten ihm gesagt, andere glaubten, er sei Johannes der Täufer oder einer der Propheten, und Jesus fragte sie: »Ihr aber, für wen haltet ihr mich?«

Eine Antwort darauf kann nicht in einem Vakuum gefunden werden, so als ob Geschichte und Gemeinde ohne Belang wären. Eine Antwort muß sowohl den historischen Kontext als auch den Kontext der jeweiligen Gemeinde reflektieren. Das bedeutet, wir müssen die Erfahrung von Menschen in der Geschichte in unsere Erfahrung einbeziehen; dazu gehört die Erfahrung des Petrus, der Jesus antwortete: »Du bist der Christus.« Dazu gehört auch das Zeugnis von der Wesenseinheit des Sohnes mit dem Vater (des *homoousios)* auf dem Konzil von Nicäa und die Lehre von den zwei Naturen Jesu (ganz menschlich, ganz göttlich), die das Konzil von Chalcedon festlegte. Unsere Erfahrung schließt auch die Neuformulierungen dieser orthodoxen Lehrsätze in unseren verschiedenen Bekenntnistraditionen ein. Die Geschichte liefert die Kontinuität und den Angelpunkt der Fragen und Antworten, mit deren Hilfe wir sinnvolle Wege suchen, um das auszudrücken, was für uns wirklich ist. Hätte es Nicäa und Chalcedon nicht gegeben, so wäre heutige Verkündigung vollkommen unverständlich und unmöglich. Aber wir müssen erkennen, daß es in der Geschichte nicht nur Kontinuität, sondern auch Diskontinuität gibt. Geschichte ist die Quelle von Zorn und Gelassenheit, von Rebellion und Überraschung. Sie ist die Quelle von Entfremdung, sie enthält aber auch die Möglichkeit der Versöhnung. Was wir erfahren und ausdrücken, muß nicht neu sein, aber es muß real sein, sofern es uns ernst damit ist, gläubige Menschen zu sein.

Aus zwei Gründen ist mir die Christologie wichtig: Erstens bin ich in Jesus verankert. Ich kann nicht so tun, als sei die Gestalt Jesu, der Jesus Christus des Kerygmas, unwichtig für mich. Ebensowenig könnte ich behaupten, daß meine Eltern und meine Vergangenheit keine Bedeutung für die Gestaltung meiner Zukunft haben. Das Christentum wurde mir in die Wiege gelegt, und ich lernte die Geschichten von Jesus kennen, lange bevor ich mich hinsetzte und über Gott nachdachte. Deshalb habe ich keine andere vernünftige und kreative Wahl, als diesen Jesus Christus, der unauslöschlich in meine eigene Geschichte hineingeschrieben ist, sehr ernst zu nehmen.

Der zweite Grund, weshalb die Christologie wichtig für mich ist, liegt darin, daß es für Feministinnen kein grundlegenderes und problematischeres Thema als die Person Jesu gibt. Die Zentralität – das Herr-Sein – dieses männlichen Gottes verdankt sich einer Gemeinschaft von Brüdern und Vätern, nämlich der Kirche. Es wurde in der Lehre und auf politischer und psychologischer Ebene benutzt und herangezogen, um die Strukturen dieser Kirche zu rechtfertigen, deren weibliche Mitglieder nur als Hilfskräfte angesehen wurden. In besonderen Fällen wurden Frauen genügend männliche Qualitäten zugesprochen (»die außergewöhnliche Frau«), um in der Bruderschaft von Männern relativ willkommen zu sein. Von dieser Situation geht Mary Daly bei ihrer legitimen Analyse und

Kritik des Christentums aus, und hierin besteht auch ihr Hauptargument gegenüber dem Eintritt weiblicher Priester und Geistlicher in einen ganz und gar männlichen Klerus.

Rosemary Ruether hat erklärt, daß Christologie an sich antijudaistisch sei. Antijudaismus, sagt sie, ist die »Kehrseite der Christologie«, eine unvermeidliche Folge aus der Weigerung der Juden, die ganze, vollkommene und endgültige Offenbarung Gottes in Christus anzuerkennen[2]. Deshalb ist Christologie, praktisch gesehen, auch anti-weiblich, und auf eine verwandte Art ist Christologie grundsätzlich anti-menschlich. Dieses letztere Problem, den anti-menschlichen Aspekt der Christologie, möchte ich hier hervorheben. Ich nähere mich diesem Problem als Feministin. Als »feministisch« bezeichne ich Menschen, die andere Menschen achten und versuchen, mit ihnen in Beziehung zu leben, ganz gleich, ob es sich um Frauen oder Männer handelt. Darüber hinaus nähere ich mich der Christologie aus dem Glauben heraus, daß es keinen höheren Wert, nichts Besseres, keinen anderen Gott gibt als das, was Menschen fähig macht, alle Menschen wie sich selbst zu lieben. Nichts ist wichtiger als das, was uns fähig macht zu tun, was gerecht ist, und die Erde und ihre Schätze als gemeinsame Heimat und gemeinsames Erbe zu teilen. Mein religiöses Erbe, das Christentum, hat mich gezwungen, Feministin zu sein, das heißt unaufhörlich nach Wegen zu suchen, um Gerechtigkeit herzustellen. Obwohl innerhalb unserer Tradition Dogma, Ritus und kirchliche Regeln so energisch verfochten werden, haben viele Frauen (ich bin eine von ihnen) angefangen zu bezweifeln, daß Jesus Christus das ist, wozu er zuschanden gemacht wurde. Er verdient mehr Beachtung, als wir bisher geglaubt haben. Er hat Bedeutung für uns und er kann uns helfen, weil er viel wahrer Mensch ist, als die orthodoxe – katholische oder reformierte – Christologie es dargestellt hat.

Die Konzile von Nicäa und Chalcedon, die sich ganz ausdrücklich mit der Christologie befaßten, haben sich große Mühe gegeben, um die Göttlichkeit Jesu hervorzuheben: die Göttlichkeit eines Menschen. Die Kirche glaubte, die Erlösung stehe auf dem Spiel. Es wurde für absolut notwendig gehalten, die Göttlichkeit Jesu zu verteidigen, sollte Jesus wirklich der Erlöser der Menschheit gewesen sein und es weiterhin bleiben. Jesus war der Retter der Menschheit aus der Gottlosigkeit – dies stand weder in Nicäa noch in Chalcedon zur Debatte. Jesus mußte als göttlich verstanden werden, denn die patristische Anthropologie konnte nicht die Möglichkeit in Betracht ziehen, daß ein gewöhnlicher Mensch für andere das hätte tun können, was Jesus getan hatte. Das Dogma der Göttlichkeit Jesu war also in einem geringschätzigen und statischen Menschenbild verankert.

Dies ist der Angriffspunkt für die feministische Theologie: die Passivität und Machtlosigkeit der Menschen gegenüber einem aktiven und omnipotenten Gott, der uns nicht braucht. Sicher, wir Menschen entscheiden und handeln nicht völlig aus uns selbst heraus, daß heißt nicht ohne einander und ohne Gott. Aber wir Menschen entscheiden und handeln – zum Nutzen oder zum Schaden eines Gottes, der uns braucht. Deshalb müssen wir gemeinsam die Verantwortung für die Welt übernehmen. Wir müssen den Glauben an Liebe und Gerechtigkeit teilen, aber wir müssen auch gemeinsam die Schuld an der bestehenden Ungerechtigkeit und Angst tragen. Gott ist hier für uns, aber wir sind es, die entscheiden, ob wir uns für diese Beziehung öffnen. Wenn wir uns öffnen, wird die Welt verändert, denn dann verbinden sich menschliche und göttliche Aktivität aus freiem Entschluß. Wenn wir darauf beharren, daß »nicht ich, sondern Gott« der einzige und alleinige Handelnde bei der Erlösung ist, dann verfehlen wir, glaube ich, den Kernpunkt unseres Mensch-Seins und des Gott-Seins Gottes. Dieser Kernpunkt besteht darin, daß wir fähig sind zu bezeugen: »Ich bin es – und Gott ist mit mir.« »Gott ist es – und ich bin mit Gott.« Weder der eine noch der andere, keiner allein kann die Erlösung vollbringen, sondern beide gemeinsam in Beziehung. Ich glaube, dies ist das Geheimnis, das Jesus kannte. Er wußte, was Menschsein in der umfassendsten Weise und in größter Offenheit für Gott bedeutet: ein Verständnis von Realität, Beziehung und Erlösung (Befreiung), das Jesus denen zu verleihen suchte, die Hände, Herzen und Köpfe hatten, mit denen sie seinem Beispiel folgen konnten, um Gottes Werk auf der Welt zu tun. »Wer Ohren hat zu hören, der höre.«

Daß Jesus als »Herr« verstanden wird, wurzelt nicht in der frühesten christologischen Tradition, sondern eher in der späteren Entwicklung des christologischen Dogmas. Reginald Fuller stellt fest, daß der aramäische Ausdruck Mari, »Mein Herr«, der von den frühen Christen und auch von den Jüngerinnen und Jüngern in bezug auf Jesus verwendet wurde, analog zu dem Wort Rabbi gebraucht wurde. Fuller schreibt: »Es ist wichtig festzuhalten, ... daß der Begriff Mari keine Göttlichkeit beinhaltet. Er drückt einfach eine Anerkennung menschlicher Autorität aus. Gerade wenn er von Gleichgestellten gebraucht wird, ist er immer ein Ausdruck der Höflichkeit.«[3] Heute beinhaltet der Begriff »Herr« mehr als Höflichkeit. Er impliziert Göttlichkeit; er bedeutet, daß dieser Sohn Gottes Gott als der Sohn ist, eine ewige Person innerhalb einer trinitarischen Gottheit. Wenn wir bezeugen, daß Jesus der göttliche Herr ist, so bedeutet das meiner Meinung nach, daß wir das volle und einfache Menschsein Jesu negieren, der wie wir alle über die Entscheidungsfreiheit verfügte, die Beziehung zu Gott zu akzeptieren oder nicht. Wenn wir annehmen oder implizieren, daß Jesus Gott war, Gott der Sohn, dann ist das im Grunde kein »Paradox« oder »Geheimnis«, sondern die Projektion unserer eigenen persönlichen und gemeinschaftlichen Verantwortung, an der Erlösung aktiv mitzuwirken, auf ein mythisches Gebilde. Wenn wir Jesus als Gott betrachten, so bedeutet das, daß wir ihn wirkungslos machen. Wir machen sein Leben und unsere Erinnerung an sein Leben, seinen Tod und seine Auferstehung wirkungslos. Wenn wir Jesus als Gott betrachten, dann verliert der Geist, von dem er uns sagte, er sei in unserer Mitte, seine Kraft in unserer Welt.

Ich selbst erkenne langsam, wie wenig es mir nützt, mir Jesus als Herrn vorzustellen. Ich nenne ihn vielleicht »Christus«, aber das tue ich nicht, weil er göttlich oder anders war als wir oder weil er auf irgendeine Weise übermenschlich oder übernatürlich war. Ich nenne ihn »Christus«, weil er genauso Mensch war wie wir. So sagt Jon Sobrino, Jesus zeigte uns den Weg zu Gott. J.A.T. Robinson erklärt, Jesus lebte Gott. Dorothee Sölle schreibt, im Leben und Wirken Jesu identifizierte Gott sich freiwillig mit dem Nichtidentischen (einem Menschen), und auch der Mensch (Jesus) identifizierte sich freiwillig mit dem Nichtidentischen (Gott)[4].

Sölles Gedanken folgend, möchte ich weiter sagen, daß Gott und Jesus sich in dieser Dialektik der Identifikation verändern, wie es in gegenseitiger Beziehung immer geschieht. Durch diese Veränderung wurde uns etwas Neues über Gott und auch über das Menschsein offenbart. Und dieses Neue – die Offenbarung – besteht darin, daß menschliches Handeln und göttliches Handeln dasselbe Handeln, dieselbe Macht und derselbe Friede sind, sofern Gott und Menschheit übereinstimmend, gemeinsam und kooperativ in der Welt wirksam werden. Daher dürfen wir vielleicht – mit gewisser Vorsicht und großer Ehrfurcht – sagen, daß nicht nur Gott die Liebe ist (1. Johannes 4,8), sondern auch, daß die Liebe Gott ist. Als Brückenschlag zwischen Theismus und Humanismus, zwischen Christentum und anderen Religionen kann dies ein Beitrag zur Lösung des Problems sein, das viele Feministinnen mit der Person Jesu Christi haben.

Wir sollen uns an Jesus erinnern, doch das bedeutet nicht, daß wir ihn als männlichen Gott idolisieren. Die Erinnerung an Jesus berechtigt uns nicht, ihn anzubeten, sondern sie zwingt uns, für den Gott Jesu offen zu sein, für den, den Jesus liebevoll »Abba« nannte. Auch bedeutet Erinnerung an Jesus nicht, daß wir ihn »imitieren«, sondern daß wir wie er versuchen, in unserer eigenen Zeit mit Gott zu kooperieren – unter den politischen, sozialen, psychologischen, physischen und institutionellen Bedingungen unserer eigenen Umgebung. Der »Vater« Jesu kann unsere »Mutter« sein, unsere »Schwester«, unser »Freund« oder unsere »Freundin«, unser »Geliebter« oder unsere »Geliebte«. Er kann einfach der »Heilige Geist« sein, der für uns Christinnen und Christen immer die aktive Macht Gottes in unserer eigenen Zeit war.

Es ist wichtig für uns, daran zu denken, daß Jesus nicht in sich und aus sich selbst heraus einzigartig war. Das sogenannte »scandalon der Besonderheit« ist genau, was dieser Ausdruck sagt: ein Skandal, eine falsche Lehrmeinung. Andere Männer und Frauen können in offener, zuversichtlicher, aktiver und letztlich revolutionärer Beziehung zu Gott leben, und solche Menschen haben gelebt. Jesus ist der Mensch, an den wir uns als Christinnen und Christen gemeinschaftlich erinnern können. Es ist eine Frage unserer besonderen Geschichte, unserer besonderen Gemeinde und unserer kollektiven Erinnerung. Es geht nicht darum, daß Jesus einzigartig war. Aber seine Beziehung zu Gott war auf einzigartige und einmalige

Weise *die* befreiende Beziehung, die ein Mensch zu Gott haben kann. Im Leben Jesu können wir sehen, daß der Weg zu Gott nicht durch mechanisches Beten und Fasten führt, nicht durch Rituale, nicht durch Glaubensbekenntnisse, nicht durch Gehorsam gegenüber der Kirche oder dadurch, daß wir Mitglieder der Kirche sind. Der Weg zu Gott ist ein beziehungshaftes, aktives Leben in der Welt; es ist ein gerechter Weg, ein steiniger und unbeliebter Weg, der seinen Preis fordert. Es ist ein Weg des Vertrauens und der Hoffnung, der Weg des Kreuzes: des Leidens für andere, nicht um des Leidens an sich willen, sondern um dessentwillen, was für andere richtig und gerecht ist. Was richtig und gerecht ist, ist immer das, was offen für die Liebe Gottes ist, und die Liebe Gottes ist in der Tat die Liebe zur Menschheit.

Frauen und Kirche

Ich glaube, es ist für Frauen außerordentlich wichtig, nach weiblichen Anknüpfungspunkten für die Beziehung zu Gott zu suchen, der auch als Mutter oder als Frau erfahren werden kann. Ich bestärke diese Suche und bin ein Teil von ihr. Ich kann verstehen, warum Frauen die Kirche, die uns so verletzt, verlassen wollen. Aber es beunruhigt mich, daß viele Frauen aus dem Christentum heraus in ein ganz und gar weibliches Umfeld streben, in dem sie einen weiblichen Gott suchen. Vielleicht haben sie recht, und vielleicht werde ich mich ihnen eines Tages anschließen.

Aber heute sorge ich mich um zwei Punkte: Erstens beunruhigt mich die implizite Annahme, daß Männlichkeit oder in diesem Falle Weiblichkeit einen so hohen Stellenwert hat, daß sie Männern oder Frauen als Grundprinzip dient, um Sexus oder Geschlecht zu idolisieren. Das ist gefährlich. Es ist eine Täuschung, die uns zu Haß, Angst, Diskriminierung und mit der Zeit zu Enttäuschung führt, so wie es mit dem Rassismus unter Weißen in den USA geschieht, die die weiße Hautfarbe idolisiert haben. Es ist überflüssig, zu sagen, daß diese Art, das Geschlecht zum Fetisch zu erheben, genau das ist, was von Männern im Namen der »Männlichkeit« getan wurde. Es ist genau das, was die meisten Kirchenmänner und viele Kirchenfrauen heute tun, wenn sie sich weigern, über Symbole wie die Vaterschaft Gottes nachzudenken, die in die Tradition hineinzementiert sind und unbedingt aufgebrochen werden müssen. Wenn wir sagen, daß Gott Vater ist, dann meinen wir, was wir sagen. Für viele ist es nicht genug, es ist nicht angemessen, es ist entfremdend. Meiner Meinung nach ist der Widerstand von Vertretern der Kirche und Theologen gegen eine Überholung dogmatischer Aussagen auf intellektueller Ebene oberflächlich und auf emotionaler Ebene tief. Wir müssen dies mit intellektueller Schärfe und emotionaler Stärke, mit Vernunft und Leidenschaft, angreifen. Für uns Frauen gibt es gute Gründe, uns selbst und Gott zu erforschen, zu erkennen und uns selbst und Gott zu benennen. Es gibt gute Gründe, unter früheren und heutigen Frauen nach Vorbildern zu suchen, die uns den Weg zu Gott zeigen können. Andere Frauen haben die Beziehung zu Gott erfahren und in ihr gelebt. Aber ich glaube, christliche Frauen können Jesus nicht einfach deshalb ablehnen, weil er ein Mann war, oder den »Vater« Jesu verwerfen, weil Gott an eine patriarchalische Projektion gefesselt wurde. Denn sonst verstärken wir den Grundsatz, der uns so unterdrückt, nämlich daß Biologie Schicksal ist.

Der zweite Grund, weshalb ich mich über den Austritt der Frauen aus der Kirche sorge, hat mit meinem eigenen Interesse zu tun. Wir, die in der Kirche sind, brauchen unsere Schwestern hier bei uns. Ich habe die Befürchtung, daß die Frauen, die die Kirche verlassen, den Sexismus unserer Tradition vielleicht weit ernster nehmen als die revolutionäre Chance, die wir haben, wenn wir die Tradition selbst gestalten. Die kirchliche Tradition wird nur dann revolutioniert werden, wenn wir uns selbst so kompromißlos in ihr verankern, daß mit uns gerechnet werden muß. Sicher, wir sind in unserer Kirche, in unseren Seminaren, an unseren Arbeitsplätzen und in unseren Beziehungen in einer schwierigen Position, die uns öfter entmutigt als ermutigt. Es ist kein einfacher Weg. Er hat seinen Preis, und es ist ein Weg der Hoffnung auf die Zukunft, denn ich glaube nicht, daß wir, die heute leben, viel von den Früchten unserer Anstrengung sehen werden.

Jede Feministin, die dazu berufen ist, Christin zu sein, muß sich bewußt sein, daß sie auch dazu berufen ist, Prophetin zu sein. Denn wenn sie nicht dazu bereit ist, in ihrer eigenen Zeit und Heimat gefürchtet, trivialisiert, ausgestoßen, verachtet, abgelehnt oder ignoriert zu werden; wenn sie nicht fähig ist, die Verrücktheit oder die Ungereimtheit ihrer Situation zu sehen; wenn sie nicht bereit ist, für sich selbst und auch für andere zu kämpfen; wenn sie nicht, wie es die alte Gewerkschafterin Mother Jones ausdrückte, bereit ist, »für die Toten zu beten und wie der Teufel für die Lebenden zu kämpfen« (zu denen sie gehört), dann kann sie nicht gleichzeitig Christin und Feministin sein. Sie wird das eine oder das andere aufgeben müssen: entweder die Kirche oder sich selbst und ihre Schwestern und Brüder.

Was wird ihr Schicksal sein, wenn sie in der Kirche bleibt und sich zum Kämpfen entscheidet? Wie wird es ihr ergehen? Ich vertraue darauf, daß Gott Gott ist und daß sie mit Gott ist. So wie sie durch Gott gerechtfertigt ist, weil sie offen für ihn ist, so ist auch Gott durch sie gerechtfertigt, weil Gott in ihrem Leben, ihrer Arbeit, ihren Entscheidungen und in ihrem Tod aktiv gegenwärtig ist. Gott ist und wird für die Welt das sein, was sie mit Gott und für Gott in der Welt tun wird. Es steht in ihrer Wahl.

Sie wird lernen und sie wird wissen: Wenn Gott handelt, so handelt er mit Macht. Sie wird erfahren, daß Gottes Macht das ist, was menschliche Macht ausgleicht und neu verteilt, wobei es weder Juden noch Griechen, weder Sklaven noch Freie, weder Mann noch Frau, Christen noch Nicht-Christen, Homosexuelle noch Heterosexuelle, weder Reich noch Arm, Weiß noch Schwarz und weder Lehrer noch Schüler gibt, sondern Menschen, die gemeinsam auf der Erde leben. Sie wird wissen, daß Gottes Macht das ist, was dem Staatsoberhaupt und dem Häftling das gibt, was jeder von beiden braucht, um zu lieben, zu entscheiden, zu lernen, zu bereuen, zu vergeben und zu handeln. Gottes Macht stellt den Präsidenten und den Gefangenen, den Mächtigen und den Schwachen gleich. Gleichstellen heißt nicht, Unterschiede neutralisieren oder verleugnen; es bedeutet gleichmachen, gerecht machen. Wenn es nötig ist, bedeutet es, Klassenstrukturen und Klassendenken, die rassistischen, sexistischen und entmenschlichenden Strukturen und Haltungen umzustürzen, die der Entwicklung und der Sicherung der Lebensgrundlagen aller Menschen im Wege stehen. Wenn, wie Sölle betont, unsere Hände

Gottes Hände in der Welt sind, ist unsere Macht Gottes Macht in der Welt, wenn wir uns entscheiden, das zu tun, was voller Liebe und Gerechtigkeit ist.

Martin Buber schrieb einmal, die Menschen könnten es nicht vermeiden, Macht zu gebrauchen, und auch nicht dem Zwang entgehen, die Welt zu verletzen. Gerade deshalb ruft er uns dazu auf, machtvoll zu lieben. In dem Maß, wie wir die Menschheit machtvoll lieben, sind wir auch diejenigen, in deren Leben heute das Reich Gottes mit Macht kommt.

Wenn wir dies verwirklichen wollen, brauchen wir einen starken Glauben. Es ist kein geringes Risiko! Keine geringe Verheißung! Dank sei Gott und unserem Bruder Jesus! Er hat nicht den Anspruch erhoben, einzigartig zu sein. Er hat es auch nicht akzeptiert, wenn andere ihn so sehen wollten. Dies hat uns fähig gemacht zu entdecken, daß wir wie er einfach menschlich sind und wie er auf den Lauf der Ereignisse in der Welt einwirken können.

Nach den Worten Elie Wiesels sind wir hier, »um das Universum wieder zu erschaffen«. Wir sind hier mit Gott, der unsere Mutter, unser zärtlicher Vater, unsere Schwester, unser Bruder, unsere Geliebte oder unser Geliebter sein kann. Wenn Gott kommt, wird sie mit Macht kommen!

8 Christologische Positionen im Vergleich

Dietrich Bonhoeffer

Dietrich Bonhoeffers transzendente Hermeneutik, die sich in seiner Christologie-Vorlesung aus dem Jahr 1933 zeigt[1], macht seine frühe Christologie abstrakt und jenseitig. In seinen Briefen und Aufzeichnungen aus der Haft[2], die zwischen 1943 und 1945 entstanden, konkretisiert er seine Christologie, und hier wird sie für mich lebendig. In diesen Briefen und Aufzeichnungen entwickelt er seine Einsichten vor dem Hintergrund der drängenden Not seiner Zeit. Für Jürgen Moltmann, Dorothee Sölle und Jon Sobrino dienen Bonhoeffers Einsichten als Grundlage ihrer Christologie.

Bonhoeffer sagt, daß wir in einer Welt leben, in der wir nicht nur ohne Gottt zurechtkommen müssen, sondern überdies froh sein sollen, daß dies so ist. Die »mündig gewordene Welt« ist nicht Ursache zu Verzweiflung oder Reue. Statt dessen ist sie eine Welt, in der die Menschheit erwachsen geworden ist:

»Die Attacke der christlichen Apologetik auf die Mündigkeit der Welt halte ich erstens für sinnlos, zweitens für unvornehm, drittens für unchristlich.«[3]

Wir sind nicht länger heranwachsende Kinder, die die Projektion von Ordnung und Sicherheit brauchen, die als omnipotenter und allgütiger Gott personifiziert ist. Deshalb lebt die Menschheit in einer Situation – die zeitgenössische Geschichte –, in der sie selbst für die Welt verantwortlich ist. »[Durch die] Entwicklung zur Mündigkeit der Welt [wird] mit einer falschen Gottesvorstellung aufgeräumt . . .«[4] In der Tat: »Gott gibt uns zu wissen, daß wir leben müssen als solche, die mit dem Leben ohne Gott fertig werden. Der Gott, der mit uns ist, ist der Gott, der uns verläßt (Markus 15,34)! Der Gott, der uns in der Welt leben läßt ohne die Arbeitshypothese Gott, ist der Gottt vor dem wir dauernd stehen. Vor und mit Gott leben wir ohne Gott. Gott läßt sich aus der Welt herausdrängen ans Kreuz, Gott ist ohnmächtig und schwach in der Welt, und gerade und nur so ist er bei uns und hilft uns.«[5]

Bonhoeffers Christologie wird hier in eine Vision »religionslosen Christentums« hineingestellt. Für ihn bedeutet dies die persönliche Gegenwart Christi als »der Mensch für andere« und schließt die Vorstellung eines Gottes ein, der uns gerade durch seine Machtlosigkeit und sein Leiden hilft. Bei Bonhoeffer ist ein Wandel vom biblischen Konservativismus dialektischer Theologie zum biblischen Radikalismus einer Urform politischer Theologie festzustellen. Dieser Wandel hat offenkundige Wurzeln in seinen eigenen Erfahrungen im nationalsozialistischen Deutschland.

Aber auch in seinen Briefen und Aufzeichnungen bringt Bonhoeffer weiterhin eine transzendente Hermeneutik in die Christologie. In anderen Worten, er fährt fort, von Jesus Christus in Begriffen zu sprechen, die »etwas« ausdrücken, was jenseits menschlicher Erfahrung liegt oder anders ist als diese: »Das ›Für-andere-da-sein‹ Jesu ist die Transzendenzerfahrung! ... aus dem ›Für-andere-da-sein‹ ... entspringt erst die Allmacht, Allwissenheit, Allgegenwart.«[6]

So hat Bonhoeffer selbst nie eine Theologie oder Christologie »radikaler Immanenz« (Driver) vorgeschlagen. Aber durch seine Einsichten über Gott als »Arbeitshypothese« und seine Erkenntnis, daß wir Menschen gezwungen sind, »mit unserem Leben ohne ihn fertig zu werden«, legte Bonhoeffer ein Fundament, mit dem andere sich ernsthaft auseinandersetzen müssen.

Jürgen Moltmann

Ähnliche Schwierigkeiten wie mit Bonhoeffer habe ich mit Jürgen Moltmann. Moltmann entwickelt seine Christologie in »Der gekreuzigte Gott«[7]. Obwohl er eine Alternative zum Theismus sucht, ist Moltmanns zentraler dogmatischer Zugang zu Gott die Trinität, insbesondere die Beziehung zwischen dem Vater und dem Sohn innerhalb der Trinität. Moltmann versucht, eine kenotische Christologie (Philipper 2,5 f.) zu entwikkeln, die die Menschheit ernst nimmt.

Dabei stellt er sich selbst (und seinen Leserinnen und Lesern) eine Falle, denn er beginnt und endet mit der Voraussetzung, daß das, was den höchsten Wert hat, das ist, was »innerhalb« Gottes geschieht. Die Menschheit ist »in« Gott. Die Geschichte ist »in« Gott. Aber die Betonung liegt durchgehend auf Gott und nicht auf der Menschheit oder auf der Geschichte. Die angemessene Beziehung der Menschheit zu Gott ist die der »Offenheit«, was für mich eine »passiv-aggressive« Haltung gegenüber der Zukunft andeutet.

Moltmann begreift das innere Leben Gottes im Bezugsrahmen von drei Personen. Innerhalb dieses Gottes leben wir mit der Verheißung, daß wir eines Tages völlig in die göttliche und geheimnisvolle Gemeinschaft aufgenommen werden. Bezeichnend ist hier, daß Gott als »außerhalb« von uns gedacht wird, während wir in Gott sind (dies ist die Unterscheidung zwischen der »ökonomischen« und der »immanenten« Trinität). Es entsteht der Eindruck, daß alles, was Wert hat, in der letzteren geschieht. Die Kreuzigung ist vor allem ein Ereignis zwischen »Gott und Gott« und kein Ereignis zwischen Gott und Menschheit, zwischen Menschen untereinander oder gar zwischen Gut und Böse. Es wirkt so, als ob Moltmann ein mythologisches Tuch über die Geschichte lege, um uns zuzusichern, daß die Geschichte einen Wert hat und daß wir eines Tages von der augenscheinlichen Sinnlosigkeit erlöst werden.

Ich möchte nicht übermäßig hart sein. In einem ausführlichen Essay über Moltmann würde ich viele seiner Einsichten voller Respekt behandeln. Er legt beispielsweise in seiner Betrachtung des geschichtlichen und des eschatologischen »Prozesses« Jesu ausführlich die Besonderheiten und verschiedenen Deutungen des Lebens, des Todes und der Auferstehung Jesu dar. In keiner anderen Christologie, die ich kenne, wurde dies so umfassend dargestellt. Hier steht Jesus als menschliches Wesen im Vordergrund, aber Moltmann entwikkelt dies nicht weiter. Statt dessen holt er uns ständig in etwas zurück, was nach meinem Gefühl eine Zuschauerloge ist, um Gott in Beziehung zu Gott zu betrachten. Mir ist nicht klar, was dies mit dem menschlichen Jesus oder mit uns zu tun hat.

Jon Sobrino

Jon Sobrinos »Christology at the Crossroads«[8] ist ein glänzender Versuch, eine »Christologie von unten« zu konstruieren. Sobrino beginnt und endet mit einer Hervorhebung Jesu. Für ihn ist Jesus der Mensch, der den Weg zu Gott lehrte und der später in seinem Leben selbst zum Weg zu Gott wurde. Christologisch wird Jesus zum Sohn. Adoptianismus? Vielleicht. Das ist »graduelle Sohnschaft«. Sogar nach der Auferstehung besteht die Sohnschaft oder Christus-Funktion Jesu darin, in der Geschichte der Weg zu Gott und nicht die Essenz Gottes zu sein.

Für Sobrino wurzelt Christologie in der Erfahrung der Gemeinschaft oder in gesellschaftlicher Praxis. Glaube und Gehorsam, die zusammen den Auftrag der Jüngerschaft konstituieren (»Folget mir!« – Markus 1,17–18), führen zur Umwandlung der Macht: von der Sünde zur Liebe. In der Darstellung seiner Theorie eines dreieinigen Gottes, der leidet, übernimmt Sobrino vieles von Moltmann. Ironischerweise klingt die Theorie in Moltmanns durchgängig trinitarischer Hermeneutik der Realität plausibler. Bei Sobrino ist sie ein Zusatz zu einer ansonsten anthropologischen Christologie.

Sobrino betont die Rolle menschlicher Freiheit und Verantwortung bei der Erlösung. Er glaubt, daß Gott leidet, und deutet eine Theorie durchgängiger Immanenz an, die er jedoch nicht weiterentwickelt. Wie Bonhoeffer und Moltmann scheint Sobrino zwischen zwei Polen eingezwängt zu sein. Auf der einen Seite steht seine Auffassung (Intuition? Engagement? Passion?) von der Menschheit und einem immanenten Gott, auf der anderen Seite steht der Glaube an eine Gottheit, deren essentielles Wesen jenseits der Schöpfung und der menschlichen Erfahrung liegt und etwas völlig anderes ist als diese.

Dorothee Sölle

Stärker als Sobrino ist sich Dorothee Sölle bewußt, welchen zentralen Stellenwert menschlicher Wille und menschliche Entscheidung bei allem haben, was wichtig ist. Sie formuliert keine eindeutige Theorie über Gott, und ich glaube, dies spiegelt ihre Ambivalenz gegenüber dem Theismus wider. In dieser Beziehung stehe ich Sölle näher als Sobrino, Moltmann oder Bonhoeffer. Sölle geht bei ihrer Arbeit hauptsächlich von menschlicher Erfahrung und heutiger Realität aus. Sie ist wie ich ein weißes, weibliches Mitglied der Ersten Welt. Sölle widmet ihrer Rolle als Frau leider zu wenig ausdrückliche Aufmerksamkeit. Aber ihre Theologie erwächst aus ihrem Bewußtsein von Rassen- und Klassenkonflikten, und daher versteht sie Theologie nicht einfach als Auftrag, die Welt zu erklären, sondern sie zu verändern.

Anstoß für ihre Christologie, die sie in mehreren Büchern von »Stellvertretung«[9] bis zu »Hinreise«[10] entwickelt, ist das erschreckende Ausmaß der Entfremdung und des Unrechts im menschlichen Leben. Auf welche Weise sie auch versucht, dies theologisch herzuleiten, Christus ist ihr Gott. Mit Christus meint Sölle eine Reihe von Dingen:

1. Christus ist vorläufiger Stellvertreter (nicht Ersatz) sowohl Gottes als auch der Menschheit. Wo menschliches Handeln Christus-ähnlich ist, ist es göttliches Handeln. Wenn Christus wirksam ist, gibt es in der Geschichte keine Kluft zwischen Menschheit und Gottheit. An einem gewissen Punkt werden Gott und Menschheit auf Stellvertretung verzichten können. Wer oder was ist dieser Christus?

2. Christus ist politisch, er setzt sich mit der Macht auseinander. Der Mißbrauch institutioneller Macht ist die Manifestation des Bösen in der Geschichte. Christus ist für Sölle der historische Jesus, der für die Mächte der Religion und der Gesellschaft unberechenbar blieb. Menschliche Beziehung definiert Macht neu. Macht in Beziehung besiegt die institutionelle Unterdrückung[11]. Christus entmythisiert die Macht[12].

3. Der historische Jesus ist für uns auf eine mystische Weise Christus. »Die mystische Liebe ... transzendiert jeden Gott, der weniger ist als Liebe.«[13] Für Sölle ist Christus die fortwährende geschichtliche Gegenwart des Jesus, der liebte. Als solcher ist Christus Liebe – politische Liebe, die leidet und sich selbst in Gott erkennt (Gottes Stellvertreter?), der für die Gerechtigkeit leidet. »Darum rücken im christlichen Verständnis des Leidens Mystik und Revolution so nahe zusammen.«[14]

4. Christus ist derjenige, dessen Leben Phantasie offenbarte und dessen Gegenwart sie hervorruft. Phantasie ist Imagina-

tion und Freiheit zum Risiko, deren Ziel es ist, das Unsichtbare zu entdecken, zu erfinden und sichtbar zu machen[15]. Dies bedeutet wohl, daß Phantasie die Möglichkeiten von Beziehung und Gerechtigkeit sichtbar machen kann.

5. Christus bedeutet Befreiung. »›Gott‹ [bedeutete] für Jesus Befreiung, Entfesselung aller Kräfte, die in jedem von uns gefangen liegen und mit denen wir Wunder tun können, die nicht geringer sind als die, die von Jesus erzählt wurden.«[16]

6. Christus ist Wahrheit, und die Wahrheit ist konkret. »Die hier gemeinte Wahrheit kann die Abstraktion, die bloße Theorie, die reine Lehre, das unvermittelte und deswegen dogmatische Kerygma nicht dulden; die Wahrheit Christi ist nur als konkrete. Das heißt: das Verifikationskriterium jedes theologischen Satzes ist die zukünftig ermöglichte Praxis.«[17]

7. Christus ist der, »der sich mit dem Nichtidentischen identifiziert« (Hegel). Die Identifikation Christi mit Gott und der Menschheit geschieht auf der Grundlage der Nichtidentität. Es ist unklar, in welchem Sinne Christus nicht identisch mit den Menschen ist. Sölle versteht es wohl in dem Sinne, daß Christus nur eine Person ist und nicht die Summe von uns allen. Auf der Grundlage von Bonhoeffers These des machtlosen und gekreuzigten Gottes kann Sölle die Methode Hegels anwenden, um zu erklären, daß Gott sich in Christus »selber aufs Spiel [setzte], sich abhängig von uns [machte] und sich mit den Nichtidentischen [identifizierte]«[18].

Mir scheint, Sölle möchte erklären (sie tut es jedoch nicht), daß in Jesu Leben und Tod – in Gottes Identifikation mit dem Nichtidentischen und der Identifikation eines Menschen mit dem Nichtidentischen – Gott und Mensch verändert wurden und daß in dieser gegenseitigen Beziehung etwas Neues entstand: die aktualisierte Identität Gottes und des Menschen in der Geschichte. Diese »Synthese« wurde an andere weitergegeben, an die Freunde Jesu, an seine Jünger, an Christen und andere. Das schuf eine christologische Basis, auf der wir nicht nur sagen können, »Gott ist die Liebe« (1. Johannes 4,8), sondern auch, die Liebe ist Gott. Sölle erklärt dies nicht eindeutig, da sie noch immer mit dem Theismus kämpft. Ich teile diesen Kampf. Sölles Einfluß war für meine Arbeit ebenso wichtig wie der anderer Theologinnen und Theologen.

9 Der Bund: Meditation über jüdische und christliche Wurzeln

In einem Gottesdienst[1] am 1. Februar 1981 in der Episcopal Divinity School in Cambridge, Massachusetts, wurden zwei Lesungen nebeneinandergestellt:

»Da kehrte Jesus in der Kraft des Geistes nach Galiläa zurück; und die Kunde von ihm verbreitete sich in der ganzen umliegenden Landschaft. Und er lehrte in ihren Synagogen, von allen gepriesen. Und er kam nach Nazareth ... und ging ... am Sabbattag in die Synagoge und stand auf, um vorzulesen. Und es wurde ihm das Buch des Propheten Jesaja gegeben; und als er das Buch auftat, fand er die Stelle, wo geschrieben stand: ›Der Geist Gottes ruht auf mir, weil Gott mich gesalbt hat; Gott hat mich gesandt, den Armen frohe Botschaft zu bringen, den Gefangenen Befreiung zu verkündigen und den Blinden das Augenlicht, die Zerschlagenen zu befreien und zu entlassen, ein angenehmes Jahr Gottes zu verkündigen.‹ Und als Jesus das Buch zugetan hatte, gab er es dem Diener wieder und setzte sich, und aller Augen in der Synagoge waren auf ihn gerichtet. Er begann aber damit, ihnen zu sagen: Heute ist dieses Schriftwort erfüllt vor euren Ohren« (Lukas 4,14–21, paraphrasiert).

»Da brachte der Priester Esra das Gesetz vor Männer und Frauen, vor alle, die es fassen konnten ... Darnach pries Esra Gott. Und alles Volk antwortete mit erhobenen Händen: Amen! Amen! ... Und der Statthalter Nehemia sowie der Priester Esra, der Schriftgelehrte, und die Leviten, die das Volk belehrten, sprachen zu ihnen allen: Dieser Tag ist Gott heilig. Seid nicht traurig und weinet nicht! Das ganze Volk weinte nämlich, als es die Worte des Gesetzes vernahm. Darum sprach Esra zu ihnen: Gehet hin, erlabet euch an guter Kost und süßem Getränk und sendet davon auch denen, die nichts haben, denn der Tag ist Gott heilig. Seid daher nicht bekümmert, die Freude an Gott ist eure Zuflucht« (Nehemia 8,2.6. 9–10, paraphrasiert).

Diese beiden Lesungen verbindet ein Thema: Erfüllung als fortwährender Prozeß, die mit-schöpferische Bewegung Gottes und des Volkes Gottes in ihrer Beständigkeit. Gott und die Menschen sind beständig auf dem Weg aus der Knechtschaft in die Befreiung, aus der Mutlosigkeit in die Erwartung und Hoffnung.

Es ist wichtig, nicht nur einen Text aus dem Neuen Testament in uns aufzunehmen, sondern auch einen aus dem Alten Testament. Denn wir Christen sehen allzuoft unseren »neuen« Bund als die wahrhafte und endgültige Erfüllung der Wege Gottes an und betrachten den »alten« Bund zwischen Gott und Israel nur als Vorläufer zu unserer Vollendung oder Erfüllung in Christus. Dies ist auch eine typische, sogar normative, christliche Haltung gegenüber den Glaubenssätzen und ethischen Vorstellungen von Nichtchristen: Ihr Weg mag schön und gut sein, aber unser Weg ist letztlich *der* Weg zum Segen und zum Heil. Denn nur in und durch Jesus Christus wird das Reich Gottes endgültig errichtet. Es wird uns gesagt, die »Besten« der übrigen Menschen – die »guten« Juden, Moslems, Buddhisten und Atheisten oder die »guten« unter jenen Menschen, die keiner Kirche mehr angehören – seien faktisch Christen, sie wüßten es nur nicht! Dieser gönnerhaften Haltung gegenüber dem Rest der Menschheit liegt, genau wie der Arroganz des westlichen Imperialismus, ein falsches Verständnis von Macht zugrunde. Wir verstehen die Macht Gottes und unsere eigene Macht nicht richtig.

Wir machen den Fehler zu glauben, wir seien unfähig oder ohne Macht, die Befreiung zu erkämpfen und Gerechtigkeit und wahre Liebe in der Welt zu schaffen. Deshalb suchen wir nach etwas, das anders ist als die Menschen, größer als die Menschen, etwas Nicht-Menschliches oder Über-Menschliches. Wir suchen etwas, das wir Gott nennen, und dieser Gott soll für uns und die Welt das tun, wozu wir in der Tat selbst fähig sind. Wir haben die Macht dazu, einfach weil wir Menschen sind. Durch unser Menschsein, dadurch, daß wir Geschöpfe sind, hat uns Gott, unser Schöpfer, die Macht gegeben, in der Welt voranzuschreiten und mit Gott zusammen die gerechte Beziehung unter uns zu schaffen. Wir haben eine falsche Vorstellung davon, was es heißt, gute schöpferische Macht zu besitzen. Wir glauben nicht, daß wir diese Macht haben. Wir projizieren sie auf »Gott« und machen sie damit unerreichbar. Wir machen sie zu etwas, das außerhalb des Bereiches einfachen Menschseins steht. Wir nennen »Gott« gut und uns selbst sündig, »Gott« allmächtig und uns schwach und machtlos. Wir preisen »Gott«, lieben »Gott« und sind zu wenig von der Menschheit überzeugt – vom elementaren und endgültigen Wert des Menschseins in seiner ganzen Körperlichkeit und mit all seinen materiellen Bedürfnissen. Es ist viel einfacher, »Gott« zu lieben, als sich sorgsam der Bedürfnisse und Nöte hungriger, zorniger oder entfremdeter Menschen anzunehmen. Wir schrecken davor zurück, uns mit ihrem Geruch und mit ihren Feindseligkeiten zu belasten. Es ist leicht, »Gott« zu lieben und die Menschheit zu verachten.

Wir verstehen Macht – die Macht Gottes und unsere eigene Macht – falsch. Denn es fällt uns schwer, darauf zu vertrauen, daß die Menschheit weder Gott noch Nicht-Gott ist, daß sie in der Welt weder allmächtig noch machtlos ist. Wir können mit Gott weder identifiziert noch kontrastiert werden. Vielmehr arbeiten wir bei der Schöpfung und der Erlösung mit, wir sind aktiv Handelnde in diesem Prozeß. Zusammen mit Gott sind wir daran beteiligt, Gerechtigkeit in unsere Welt zu bringen, in unser Zuhause, in unsere Klassenzimmer, in unsere Gemeinden und in andere Bereiche der Gesellschaft. Wir haben Macht, einfach weil wir Menschen sind. Diese Macht befreit Gefangene, verleiht den Blinden wieder das Augenlicht und setzt die Unterdrückten in Freiheit. Wir sind mit einem Recht, einer Fähigkeit und einer Berufung geboren, diese Macht in Anspruch zu nehmen, zu teilen, zu gebrauchen und zu lieben. Dies in unserer Zeit und an unserem Ort zu tun heißt Gott zu lieben. Es bedeutet, an der Erfüllung des Reiches Gottes mitzuwirken. Es bedeutet zu verstehen, daß unsere Macht Gottes Macht ist, wenn wir den Armen frohe Botschaft bringen, den Zerschlagenen Befreiung, den Unterdrückten Gerechtigkeit und den Notleidenden Hoffnung.

Und Jesus sagte: »Heute ist dieses Schriftwort erfüllt vor euren Ohren« (Lukas 4,21). Hier ist der Anfang des Wirkens Jesu in Galiläa. In ähnlicher Weise las Esra den Menschen, die am Wassertor versammelt waren, das Gesetz vor. Auch er begann etwas, er setzte eine neue Periode in Gang, in der sich die Menschen immer mehr als das heilige Volk Israel betrachteten. Sie fühlten sich dem Staat Gottes oder einer Theokratie zugehörig, die auf dem Gesetz Gottes errichtet war.

Die Erfüllung, von der Jesus bei Lukas spricht, als er den Anbruch der Befreiung verkündet, die »frohe Botschaft«, ist dieselbe fortwährende Erfüllung, die Gott und das Gottesvolk immer *zusammen* erreicht haben. Es ist die gleiche Erfüllung, die Esra verkündet, wenn er die Menschen dringend auffordert, nicht traurig, sondern voller Freude zu sein und für die außergewöhnliche und aktive Beziehung zwischen Gott und dem Gottesvolk zu danken. Gemeinsam üben Gott und das Volk Gottes auf der Welt Gerechtigkeit. Wenn Jesus von der Erfüllung des Reiches Gottes auf der Erde spricht, so spricht er von derselben Vollendung wie der Psalmist (»Gott erhebt die Armen aus dem Staub«) und von derselben Erfüllung, über die Paulus beständig und leidenschaftlich unter dem Thema »Christus Jesus«) predigt. Christus ist Gottes Aktivität in Verbindung, Partnerschaft und Freundschaft mit den Menschen: In einer einzigen Handlung wird menschliches und göttliches Wesen offenbar. In Jesus sehen wir, daß dies schon immer so war.

Die Erfüllung – das, worauf alles hinausläuft – ist in Wirklichkeit ein fortwährender Prozeß, der anfing, bevor die Welt begann, und bis zum Ende der Zeiten andauert. Er begann nicht mit Jesus von Nazareth. Die Erfüllung des Gottesreiches, von der der Psalmist, Esra, Jesus und Paulus lehrten und predigten, ist die Beständigkeit, mit der Gott dem Gottesvolk Macht schenkt, *und* die Konstanz, mit der das Gottesvolk Gott die Macht gibt, das Joch der Unterdrückung zu brechen, wo immer es existiert. Gott ist mit uns, und wir sind mit Gott, und zusammen können wir noch immer die Welt neu erschaffen. Wir tun dies, wenn wir unsere Hände ausstrecken, um unsere Schwestern und Brüder (und nicht nur Menschen, sondern auch andere Geschöpfe) zu berühren. Diese »Botschaft« ist alt – und sie ist gut. Es ist schwer, sie zu glauben, denn es bedeutet, daß wir nicht nur an Gott glauben müssen, sondern auch aneinander und an uns selbst. Wir müssen glauben, daß wir tun können, was wir tun müssen, denn Gott ist mit uns, und wir sind miteinander. O Gott, wir glauben! Hilf unserem Unglauben.

10 Eine Welt ohne Beziehung: Elie Wiesels Erfahrung

»Das *Tagebuch der Anne Frank* wurde von einem Botschafter bei den Vereinten Nationen als Fälschung bezeichnet. In Babi Yar gibt es kein Denkmal für die jüdischen Opfer, auch in Buchenwald nicht. Nirgendwo wurden Juden vergast, behauptet Robert Faurisson, Professor an der Sorbonne. In Auschwitz wurde niemals ein Jude verbrannt, sagt ein ehemaliger SS-Richter in einem kürzlich in Deutschland veröffentlichten Buch. Die Schornsteine? Bäckereien, erklärt er, das waren die Schornsteine von Bäckereien.«[1]

Das Reich Gottes ist uns nicht garantiert. Es tritt nicht einfach ein. Es ereignet sich nicht von selbst. Das Reich Gottes besteht in einer Beziehung, für die sich Menschen entscheiden, in einer Beziehung, die gegenseitig unter uns geschaffen wird.

Vor etwa 40 Jahren wurde in Europa eine andere Entscheidung getroffen, etwas anderes zustande gebracht. Zwischen 1933 und 1945 unternahmen Menschen im Namen »Gottes« und im Namen der »Sauberkeit« eine präzise durchdachte und systematische Operation, die Welt von »Ungeziefer« zu befreien. Das Ergebnis war der Holocaust – »totale Zerstörung, gewöhnlich durch Feuer« – von nahezu sechs Millionen Juden.

Wir könnten uns dem Holocaust aus der sicheren Perspektive des Rückblicks als einem einmaligen und monströsen Ereignis nähern, das mit keinem anderen in der Geschichte verglichen werden kann und das wahrscheinlich nie wieder auftritt. Antisemitismus, christliche Schuld und technologischer Fortschritt stellten eine einmalige Kombination dar, durchdrungen von nationalem und rassischem Haß. Aber obwohl wir die verbrecherische Besonderheit des Holocausts in der Geschichte anerkennen müssen, nähern wir uns ihm *moralisch* am besten nicht als einem Problem *sui generis,* sondern als einer besonders grauenhaften Offenbarung des Bösen in der Geschichte.

Warum gerade der Holocaust? Warum nicht das Unrecht der Sklaverei in Amerika, der Unterdrückung der Frauen, des Völkermords in Vietnam? Warum nicht das Unrecht ungebremster nuklearer Machtentfaltung, der systematischen Armut, der Folter, der Gewaltverbrechen, der Todesstrafe, der totalitären Herrschaft von links und rechts? Ist die Vergewaltigung und Verbrennung einer jungen Jüdin um irgend etwas schrecklicher als das Abschlachten einer Chicano-Frau bei einer Abtreibung durch einen Quacksalber? Was ist schrecklicher – wenn ein jüdischer Rabbi zu Tode geprügelt oder wenn ein palästinensischer Guerillakämpfer verstümmelt wird? Ist die Erschießung eines jüdischen Synagogendieners um irgend etwas schrecklicher als die Verbrennung französischer Hexen? Ist die moralische Gleichgültigkeit einer Technologie, die Zyklon B produzierte, um irgend etwas schrecklicher als die Gleichgültigkeit einer Technologie, die Wasserstoffbomben produziert? Ich denke nicht – und das ist der Grund, weshalb wir den Holocaust als eine offenkundig obszöne und ungeheuerliche Entfaltung des Bösen betrachten müssen, das auch anderswo getan wird. Ich habe nach einem besonderen Brennpunkt gesucht, um an die Bedeutung des Bösen in der Geschichte heranzukommen. Elie Wiesel hat recht: »Je mehr ich dazu fähig bin, aus meinem Jude-Sein heraus zu schreiben, um so mehr ist es mir möglich, mich universell mitzuteilen.«[2] Ich habe mich dazu entschlossen, über den Holocaust zu schreiben, weil mich das, was ich gelesen und gehört habe, erschüttert hat. Der Holocaust fordert besondere Aufmerksamkeit, weil er so eindringlich ein universelles moralisches Problem widerspiegelt.

Da ich keine Jüdin bin, riskiere ich es, meine Grenzen zu überschreiten, wenn ich auch nur von diesen Dingen spreche. Ich will mir nicht anmaßen, zu den oder für die Juden zu sprechen. Ich schreibe als Christin, die durch den Holocaust erschreckt und bestürzt ist. Ich habe Wiesels Anklage gehört: »In Auschwitz waren alle Juden Opfer, alle Mörder waren Christen.«[3] Ich habe die Antwort von Papst Pius XII. auf die Bitte gehört, er solle scharfen Protest gegen die Ausrottung der Juden äußern: »Lieber Freund, vergiß nicht, daß Millionen von

Katholiken in der deutschen Armee dienen. Soll ich sie in Gewissenskonflikte bringen?«[4] Ich stimme zu, wenn Elie Wiesel sagt: »So sicher wie die Opfer ein Problem für die Juden sind, sind die Mörder ein Problem für die Christen.«[5] Ja, es gab Ausnahmen – Dietrich Bonhoeffer, Martin Niemöller, Pater Bernhard Lichtenberg, Kardinal Faulhaber und viele andere, ob Katholiken oder Protestanten. Aber sogar ein so entschiedener Gegner der Politik Hitlers wie Eberhard Bethge gibt zu:

»Sogar in den Schriften Bonhoeffers ist ein theologischer Anti-judaismus gegenwärtig... Es kam Bonhoeffer nicht in den Sinn, daß es Unterschiede zwischen Antijudaismus, christlichem Antisemitismus, antichristlichem Semitismus und rassistischem Antisemitismus gibt.

Wir hatten den rassistischen Antisemitismus der Nazis gesehen und verabscheut. Aber was ist mit unserem bisher unbewußten christlichen Antisemitismus? Die anderen Überlebenden, wie Elie Wiesel, sehen uns an, auch wenn sie uns nicht anzusehen scheinen.«[6]

Es ist unbedingt notwendig, daß wir Christen uns von allem unter uns befreien, was die Zerstörung des Menschseins, die Negierung menschlicher Erfahrung zuläßt. (Wir müssen uns auch von jeder theologischen Legitimation für eine solche Ideologie befreien.) Ich glaube, daß dieselben heiligen Lehrsätze, an die sich Christen klammerten, um den Holocaust zu rechtfertigen – das heißt, die theologische Untermauerung des »Antijudaismus« Bonhoeffers –, genau diejenigen sind, die vielen heutigen Christen erlauben, ja sie dazu ermutigen, nicht nur Juden als minderwertig abzutun und zu verachten, sondern auch Frauen, Homosexuelle, Schwarze, die Armen und das menschliche Leben selbst.

Wir begegnen dem Holocaust in seiner ständigen Gegenwärtigkeit, denn darin liegt seine Bösartigkeit. Der Holocaust wird zum Spiegel, in dem wir mit eigenen Augen unsere Fähigkeit sehen können, einander in Asche zu verwandeln.

»Ich weiß, daß Treblinka und Auschwitz nicht vermittelt werden können. Und dennoch habe ich es versucht.«[7]

Eine Schwierigkeit, die Wiesel und uns alle bedrängt, wenn wir versuchen, über den Holocaust zu sprechen, liegt darin, daß wir keine traditionellen Kategorien finden, innerhalb derer wir diese Erfahrung ausdrücken können. Wenn wir beispielsweise das Wort »Mord« oder sogar den Begriff »Massenmord« gebrauchen, dann versäumen wir es, eine wichtige Unterscheidung zu treffen, die Unterscheidung zwischen dem, was dem menschlichen Bewußtsein vertraut ist, und dem, was ihm fremd ist. Hannah Arendt hat betont: »Mord ist nur ein begrenztes Unrecht. Der Mörder, der einen Menschen tötet ... bewegt sich noch immer innerhalb eines Bereiches von Leben und Tod, der uns vertraut ist. In der Tat stehen beide in einem notwendigen Zusammenhang, auf dem die Dialektik beruht ... Der Mörder läßt eine Leiche zurück und tut nicht so, als habe sein Opfer niemals existiert; wenn er überhaupt Spuren auslöscht, so sind es die Spuren der Identität seines Opfers und nicht das Andenken und der Schmerz der Menschen, die sein Opfer liebten. Er vernichtet ein Leben, aber er vernichtet nicht die Tatsache der Existenz selbst.«[8]

Ein zusätzlicher Faktor bei der Zerstörung »der Tatsache der Existenz selbst« war die Unfähigkeit der Opfer, ihre Erfahrung zu begreifen. Die Nazis auf der anderen Seite konnten den Holocaust verstehen, indem sie Kategorien von *Menschlichkeit* durch eine Realitätsstruktur ersetzten, in der die Juden zu *Untermenschen,* zu »Ungeziefer« wurden. Himmler sagte: »Antisemitismus ist genau das gleiche wie Entlausung. Ungeziefer loszuwerden ist keine Frage der Ideologie; es ist eine Frage der Sauberkeit. In eben dieser Weise war Antisemitismus für uns keine Frage der Ideologie, sondern der Sauberkeit.«[9]

Dies dürfte bedeuten, daß sich weder Juden noch Nazis innerhalb traditioneller Kategorien oder symbolischer Realitätsvorstellungen bewegen konnten. Wenn die traditionellen Kategorien wie »Menschlichkeit« oder »Beziehung« den Vernichtungsprozeß unterbrachen, waren die charakteristischen Ergebnisse Wahnsinn (ein Ereignis unter den Opfern, das

Wiesel beschreibt und auf das wir zurückkommen werden) oder Verleugnung, wie sie bei Eichmann deutlich wird: »Obwohl ich einen Ledermantel trug, der mir fast bis zu den Knöcheln reichte, war mir sehr kalt. Ich sah zu, wie sich die letzte Gruppe von Juden bis auf die Unterwäsche entkleidete. Sie gingen die letzten 100 oder 200 Meter – sie wurden nicht angetrieben, dann sprangen sie in die Grube, ohne irgendeinen Funken von Widerstand zu leisten. Dann schossen die Männer des Kommandos mit ihren Gewehren und Maschinenpistolen in die Grube. Warum blieb diese Szene so lange in meiner Erinnerung haften? Teilweise weil ich selbst Kinder hatte. Und da waren Kinder in dieser Grube. Ich sah eine Frau, die ein ein oder zwei Jahre altes Kind in die Höhe hielt und um Gnade flehte. In diesem Augenblick wollte ich nur sagen: ›Schießt nicht, gebt das Kind heraus.‹ Dann wurde das Kind getroffen. Ich war so nahe, daß ich später Spritzer des Gehirns auf meinem langen Ledermantel fand. Mein Fahrer half mir, sie zu entfernen. Dann fuhren wir zurück nach Berlin.«[10]

Bethge äußerte sich zur Unangemessenheit der Sprache, die verwendet wird, um die Abschlachtung der Juden zu beschreiben. Er zieht den Begriff »Holocaust« Worten wie »Mord« oder »Katastrophe« vor und bemerkt, daß »dieses Problem der Terminologie . . . keine verbale Eigenheit ist; es ist ein Akt in einem fortwährenden Kampf«[11]. Weiter schreibt er, daß »der Begriff ›Holocaust‹ (anders als andere) zutiefst verändernde Eigenschaften in sich trägt. Das Wort und sein Gebrauch . . . ist in sich eine Handlung.«[12]

Wenn wir die Erfahrung mitteilen, die Geschichte erzählen und sprechen wollen – ob theologisch oder auf andere Weise –, dann müssen wir neue Kategorien für neue Erfahrungen bilden und uns an einem »fortwährenden Kampf« beteiligen – an einem Kampf gegen das Böse, das in den Strukturen der Realität, die uns so sehr vertraut sind, schwer erfaßbar ist und vielleicht von ihnen geschützt wird.

Irving Greenberg warnt: »Soweit der Holocaust aus der westlichen Zivilisation erwächst, ist er zumindest für die Juden ein gewaltiger Ansporn, sich dagegen zu wehren, allzu sehr von den intellektuellen Voraussetzungen dieser Kultur beeinflußt zu werden. Er motiviert sie dazu, nach anderen philosophischen und historischen Systemen zu suchen.«[13]

Indem er »suchte und sich durch das Schweigen kämpfte«, begann Wiesel, »die Gefahren und die Macht des Wortes zu entdecken«[14]. Er hat dies getan, obwohl er keinen adäquaten Rahmen, keine überzeugende Realitätsstruktur findet, innerhalb derer er seine Erfahrung ausdrücken kann. Deshalb schreibt Wiesel, »um zu verstehen, soviel verstanden werden kann«[15] – um seine Erfahrung zu begreifen, vielleicht sogar, um sie überhaupt glauben zu können: »Zum Leben in den Konzentrationslagern gibt es keine Parallelen. Unsere Vorstellungskraft kann seinen Schrecken niemals ganz erfassen, gerade aus dem Grund, weil es außerhalb von Leben und Tod steht. Es kann niemals ganz vermittelt werden, da der Überlebende in die Welt der Lebenden zurückkehrt. Dies macht es ihm unmöglich, seine eigene vergangene Erfahrung ganz zu glauben.«[16]

Im Alter von 15 Jahren wurde Wiesel zusammen mit seinem Vater, seiner Mutter und seiner siebenjährigen Schwester Zippora aus der Welt der Lebenden nach Auschwitz deportiert. Sofort nach der Ankunft verschwanden Mutter und Schwester in die Nacht. »Ich wußte nicht, daß ich an dieser Stelle, in diesem Augenblick, Mutter und Zippora für immer verließ.«[17] Während des folgenden Jahres gelang es Wiesel und seinem Vater, der verhängnisvollen »Selektion« zu entgehen und zusammenzubleiben. Schließlich wurden beide nach Buchenwald verlegt. Einige Monate vor der Befreiung des Lagers durch die Alliierten starb Wiesels Vater an Ruhr – durch Schläge gebrochen und im Delirium seiner Krankheit. Als Elie Wiesel wieder in die Welt der Lebenden eintrat, legte er den Schwur ab, »nicht zu sprechen, das Wesentliche für mindestens zehn Jahre nicht anzurühren. Lange genug, um klarzusehen. Lange genug, um den Stimmen, die in mir schrien, zuhören zu lernen. Lange genug, um Besitz von meiner Erinnerung zu erlangen. Lange genug, um die Sprache der Menschen mit dem Schweigen der Toten zu vereinigen.«[18]

Über zwanzig Jahre hin ringt Wiesel in seinen Schriften mit Fragen nach Gut und Böse, Menschheit und Gott, Nihilismus und Bejahung. Nichts ist gelöst. Durch und durch »ist alles eine Frage«[19]. »Warum schreibe ich? Vielleicht um nicht wahnsinnig zu werden. Oder im Gegenteil, um den Boden des Wahnsinns zu berühren.«[20] »Ich wußte, die Geschichte mußte erzählt werden. Eine Erfahrung nicht mitteilen heißt, sie zu verraten.«[21] Aber »was wäre, wenn ich mich irrte? Vielleicht hätte ich meinem eigenen Rat nicht folgen sollen ... (vielleicht hätte ich) in meiner eigenen Welt bei den Toten bleiben sollen.«[22]

Gepeinigt und zornig über die Menschheit und Gott, bietet Wiesel keine Systeme, keine Kategorien, keine formalen Hypothesen an. Er erzählt Geschichten und stellt Fragen. Seine Worte brechen unsere theologischen Kategorien auf. Wir fangen an zu begreifen, daß Worte wie »Liebe«, »Beziehung«, »Gerechtigkeit« und »Erlösung« vielleicht auf Sand gebaut sind und so in der unmittelbaren Gefahr stehen, weggespült zu werden. Wollen wir nicht wimmernd in die Absurdität treiben, so stehen wir der Pflicht zu radikaler Wahrnehmung gegenüber, das heißt, wir müssen nach neuen Deutungen der menschlichen Erfahrung suchen, die tiefer reichen als alle überkommenen Sinngebungen.

Nichts ist für Wiesel von grundlegenderem Wert als die *Beziehung*. Sein chassidisches Erbe ist an sich ein »Protest gegen die Einsamkeit«[23]. Was Bedeutung hat, ist beziehungshaft und im innersten an ein Gegenüber gebunden. »Es gibt mehr Ewigkeit in dem Augenblick, der zwei Wesen vereint, als in der Erinnerung Gottes ...«[24] Gläubige Menschen tolerieren die Einsamkeit nicht, statt dessen suchen sie Freundschaft und Gerechtigkeit, den moralischen Akt der Liebe[25].

»In eine Art Nirwana zu fliehen – ob durch bewußte Gleichgültigkeit oder matte Apathie – heißt, sich der Menschheit in der absurdesten, nutzlosesten und bequemsten Weise, die es gibt, zu entziehen ... Menschlich zu bleiben ist schwerer als zu versuchen, über das Menschsein hinauszuspringen ... Sie werden dir vielleicht sagen, daß alles nur ein Spiel ist, daß die Akteure verkleidet sind. Und wennschon! Spring auf die Bühne, mische dich unter die Schauspieler und spiele ... Spring aus dem Nest, aber versuche niemals, die Höhen zu erreichen, indem du von durstigen Kindern und Müttern mit milchlosen Brüsten wegfliegst. Die wahren Höhen sind die wahren Tiefen. Du findest sie auf deiner eigenen Ebene, im einfachen und ehrlichen Gespräch, in Blicken, die schwer sind vom Leben.«[26]

Wiesel kam aus einer Welt der Beziehung, in der erwartet wurde, daß menschliche Erfahrung genau in dem Maße Bedeutung hat, wie Menschen den Wert naher Freundschaft schätzen[27]. Aus dieser Welt wird Wiesel in deren Negierung gestürzt.

Auschwitz und Buchenwald werden von Wiesel nicht einfach als die Antithese zur Beziehung erfahren, aus der irgendeine vernünftige Synthese entwickelt werden könnte, beispielsweise ein Akzeptieren der Zweideutigkeit oder Unvollkommenheit in der menschlichen Beziehung. Der Holocaust wird als die Negation – Auslöschung, totale Zerstörung – der Beziehung erfahren. In dem Maß, wie für Wiesel Beziehung das ist, was radikal gut ist, ist der Holocaust die Erfahrung des radikal Bösen: die Vernichtung der Bedeutung und des Wertes menschlicher Erfahrung; die Nichtigerklärung der menschlichen Existenz; das, was völlig ohne Beziehung ist.

Schon 1933 hatte Deutschland unter Hitler begonnen, Schritte zu planen und durchzuführen, die notwendig waren, um ein kulturelles Klima zu schaffen, in dem die Juden der Erfahrung beraubt wurden, sich als Menschen zu fühlen. Gesetze ordneten die Rassentrennung an; es wurde zu wirtschaftlichen Boykotten aufgehetzt; den Juden wurde auf politischer, schulischer und kultureller Ebene die Zusammenarbeit mit Ariern verboten. 1935 wurden die Nürnberger Gesetze verabschiedet, die die Heirat zwischen Juden und Nicht-Juden verboten, und es wurde gesetzlich definiert, wer Jude ist[28]. Diese Gesetze bildeten den Hintergrund für die Einrichtung von Wohnghettos und für die schnell darauf folgende Entfernung der Juden aus jeder sichtbaren Rolle in der deutschen Gesellschaft.

»[1936] behauptete eine deutsche Filmgesellschaft, sie habe das Recht, einen jüdischen Regisseur zu entlassen, mit dem sie einen Langzeit-Vertrag abgeschlossen hatte. Man berief sich auf eine Klausel, aufgrund derer das Anstellungsverhältnis im Falle von ›Krankheit, Tod oder ähnlichen Gründen, die die Arbeit des Regisseurs unmöglich machen‹ beendet werden konnte. Das Reichsgericht vertrat die Position, die Klausel sei ohne Einschränkung anwendbar, da die ›rassischen Merkmale‹ des Klägers gleichbedeutend mit Krankheit und Tod seien. Im Denken der höchsten Richter Deutschlands hatten die Juden bereits aufgehört, lebende Wesen zu sein.«[29]

Der Ausbruch des Zweiten Weltkrieges im Jahr 1939 machte

es den Deutschen möglich, ihren antisemitischen Druck als Innenpolitik zu verschleiern. Sie glaubten (zu Recht), daß dieser Schritt international keine Aufmerksamkeit erregen würde. Schließlich gelang es den Nazis zwischen 1941 und 1945 in einem unfaßbaren Maß, die *Endlösung* durchzuführen – »die Verwandlung der menschlichen Natur an sich«[30] – von der Erfahrung der Beziehungshaftigkeit unter den Lebenden in den beispiellosen und daher unglaublichen Zustand des Niemandslandes zwischen Leben und Tod, in dem die Juden »behandelt wurden, als ob sie nicht länger existieren würden, als ob das, was ihnen geschah, nicht länger für irgend jemanden von Interesse sei, als ob sie bereits tot seien«[31]. Das Mittel, von dem die Endlösung völlig abhing, war die methodische Zerstörung und Zerstückelung der menschlichen Erfahrung an sich, sowohl unter den Opfern als auch unter den Henkern. Wir wenden uns hier den Opfern zu.

Für Elie Wiesel war Erfahrung durch Beziehung definiert. Als eine Nummer unter den lebenden Toten – präzise als *Nummer A-7713* in Auschwitz – hörte Wiesels Erfahrung auf, »Erfahrung« zu sein, so wie auch Juden und Arier aufhörten, »Menschen« zu sein[32]. Deshalb scheint es angemessen, hier keine Einschätzung von Wiesels »Erfahrung des Menschseins« zu versuchen, denn diese Kategorien sind zu vertraut und ihrem Wesen nach zu beziehungshaft. Statt dessen müssen wir versuchen einzuschätzen, »was A-7713 geschah« – in der Zeit vom siebten Tag des jüdischen Osterfestes 5705 (1944) bis zum 11. April 1945[33].

Die Geschichte von A-7713

»Wozu, möchte ich fragen, existieren die Gaskammern?«

»Wozu bist du geboren worden?«[34]

Die erste Reaktion war Ungläubigkeit und Verleugnung. »Wer weiß, vielleicht ist es unser Glück, verschleppt zu werden.«[35] Madame Schächter ist wahnsinnig geworden. Aus dem Zug heraus schreit sie: »Ein Feuer! Ich sehe ein Feuer! Ich sehe ein Feuer! ... Juden, hört mich an: ... Flammen schlagen hoch! Ein furchtbarer Brand!«[36] »Wahnsinn«, verursacht durch die Klarheit der Vision, oder Wahnsinn, der aus Verleugnung resultiert – dies sind die ersten Alternativen für A-7713. Er entscheidet sich für letztere.

In dem Maße, wie A-7713 in der anderen Welt das Menschsein geachtet hat, verhindert nun seine Fähigkeit der Realitätsverleugnung, daß er die gegenwärtige Welt begreift, in der numerierte Wesen wie er selbst den Verbrennungsöfen ausgeliefert werden. Um anzufangen, der Realität – Auschwitz – ins Auge zu blicken, muß A-7713 anfangen zu erkennen, daß er Ungeziefer *ist,* daß er geboren ist, um ausgerottet zu werden. Anzufangen, sich selbst als eine Laus zu definieren, heißt anzufangen, wahnsinnig zu werden. Aber es ist nicht der gleiche »Wahnsinn« wie bei Madame Schächter, der aus ihrer prophetischen *dynamis* entspringt. A-7713 wird in das ideale Opfer der Gewaltherrschaft verwandelt: in eine Kreatur, die unfähig zur Beziehung ist, in ein Insekt, das sich nur durch seinen Instinkt von Ereignis zu Ereignis bewegt und nur zum allergeringsten Widerstand gegen die Endlösung fähig ist. »Auch ich war ein völlig anderer Mensch geworden ... Eine schwarze Flamme hatte meine Seele durchzüngelt und sie verzehrt.«[37]

Während er tiefer in den Wahnsinn hineinkriecht, beobachtet A-7713: »Nicht weit von uns entfernt loderten Flammen aus einem Graben empor, riesige Flammen. Dort wurde etwas verbrannt ... es waren kleine Kinder. Säuglinge! Ich hatte sie mit eigenen Augen gesehen ... Kinder in den Flammen.«[38]

Im Wahnsinn schwebt er zwischen Entsetzen und Verleugnung. »Nein, all das konnte nicht wahr sein. Ein Alptraum ...«[39] Im Wahnsinn schwankt er zwischen der Liebe zu seinem Vater und der Erkenntnis, daß es hier »weder Vater noch Bruder noch Freund [gibt]. Hier lebt und stirbt jeder für sich.«[40] Es ist eine unvorstellbare Welt, ein makabrer Ort zwischen Leben und Tod. In dieser Welt gibt es keinen Sinn, keine Werte, am allerwenigsten vielleicht in der Absurdität der Erinnerungen ... an Freunde und Familie.

»Ein Brocken Brot fiel auch in unseren Wagen. Ich beschloß, mich nicht zu regen. Im übrigen wußte ich, daß ich nicht die Kraft haben würde, gegen Dutzende von wahnsinnig gewordenen Menschen zu kämpfen. Nicht weit von mir entdeckte ich einen Greis, der auf allen vieren aus dem Handgemenge flüchtete ... Seine Augen leuchteten, ein grimassenhaftes Lächeln erhellte sein Totengesicht und erlosch alsbald. Ein Schatten hatte sich neben ihn gelegt und warf sich über ihn. Außer sich schrie der Greis unter einem Hagel von Schlägen: ›Meir, mein kleiner Meir! Erkennst du mich nicht? Ich bin dein Vater ... Du tust mir weh ... du mordest deinen Vater ... Ich habe Brot ... auch für dich ... auch für dich ...‹ Er brach zusammen ... Sein Sohn durchsuchte ihn, nahm das Stück Brot und begann es zu verschlingen ... Zwei Männer ... überfielen ihn, andere sprangen herzu. Als sie sich voneinander lösten, lagen zwei Tote neben mir, Vater und Sohn.«[41]

Der Wahnsinn lenkt seine Gefühle in die falsche Richtung. »Wenn ich in diesem Augenblick Zorn verspürte, richtete er sich nicht gegen den Kapo, sondern gegen meinen Vater.«[42] Wahnsinn beraubt ihn seiner Gefühle und gibt ihm die Fähigkeit, mit dem fertig zu werden, was innerhalb der Grenzen gesunden Verstandes nicht erfaßt werden kann. »Ohne eine Träne gaben die Söhne die sterblichen Reste ihrer Väter auf.«[43]

»Bela Katz – der Sohn eines Großkaufmanns meiner Vaterstadt – war eine Woche vor uns in Birkenau angekommen, mit dem ersten Transport. Als er von unserer Ankunft erfuhr, ließ er uns sagen, daß er wegen seiner Körperkraft dem Sonderkommando zugeteilt und dadurch gezwungen worden sei, seinen eigenen Vater in die Gaskammer zu schieben.«[44]

Wahnsinn heißt Überleben unter den lebenden Toten. Der einzige, letzte und dürftige Überrest von Beziehung liegt für A-7713 in der Beziehung zu seinem Vater. Darin findet er seinen einzigen Funken von Sinn. Aber sogar dies ist nur eine flüchtige Beziehung, die immer wieder neu geschaffen werden muß, damit Sohn und Vater jeden Tag wieder glauben können, daß der andere den Verbrennungsöfen entgangen ist. Der Wahnsinn von Auschwitz und Buchenwald bot für seine Opfer nur eine Kategorie der Erfahrung, ausgedehntes Leiden, und nur ein Mittel, um damit fertig zu werden – Verleugnung, vollkommen passive Resignation gegenüber dem Zustand, sich jenseits des Bereiches menschlicher Erfahrung aufzuhalten. Auch das Leid wuchs schließlich über diesen Erfahrungsbereich hinaus. Nach dem Tod des Vaters »weinte [ich] nicht«[45]. »Denn seit dem Tode meines Vaters berührte mich nichts mehr.«[46]

Zuerst hatte der Wahnsinn A-7713 die Illusion einer Wahl geboten, denn er verlieh der Täuschung Glaubhaftigkeit: »Arbeiten oder Gaskammer – ihr habt die Wahl.«[47] Die »Wahl«, so erkannte er langsam, bestand in einem verlängerten Aufenthalt unter den lebenden Toten oder in einer sofortigen Erlösung durch Prügel, Krankheit, Gas oder Feuer. Es war nur eine Frage des Zeitpunkts, eine Frage der Entscheidung, wann er sterben wollte, die davon abhing, ob er das gegenwärtige Leiden weiter ertragen oder beenden wollte.

Der Wahnsinn unterstützte seine Entscheidung, indem er seine Sinne abstumpfte. Die Selektion berührte A-7713 immer weniger. Auch der Verrat und die Brutalität, die Juden von Juden angetan wurden, die als Kapos fungierten, bewegten ihn kaum mehr. »Der Gedanke, zu sterben, nicht mehr zu sein«[48] hatte begonnen, ihn zu faszinieren. Aber während der Wahnsinn ihn dazu fähig machte, sich nach dem Tod zu sehnen, half er ihm gleichzeitig, sich nach dem Überleben zu sehnen. Der Wahnsinn vergrößerte das Bewußtsein für seinen Körper. Er hatte das Gefühl, sein Körper stehe im Widerspruch zu seinem Geist. Der Wahnsinn spaltete ihn. Er fühlte, »daß ich zweierlei war: mein Körper und ich«[49]. »Ich war nur noch ein Körper. Vielleicht noch weniger: ein hungernder Magen.«[50] Der Wahnsinn wurde durch Hunger angestachelt. Dies trug dazu bei, die Menschen noch weiter auf die Ebene animalischer Instinkte zu reduzieren. A-7713 war ein verhungernder Körper mit einer verlorenen Seele. »Es schien mir, als seien wir im Nichts umherirrende verfluchte Seelen.«[51] A-7713 war völlig an seinen Körper gefesselt. Er empfand ihn als isoliertes Gebilde, das keine Beziehung zu anderen Körpern hatte. So war er unfähig zur Transzendenz. Der Wahnsinn wurde dadurch auf die Spitze getrieben.

Elie Wiesels Verwandlung in A-7713 war abgeschlossen. Er war zu Ungeziefer geworden, unfähig zur Beziehung und damit auch unfähig, den Sinn von »gut« oder »böse« zu erfahren. Die Grenzen zwischen Opfer und Henker, Unterwerfung und Beherrschung, Unschuld und Schuld waren zur Bedeutungslosigkeit verwischt.

Hungernd, in körperliche Instinkte versunken und wahnsinnig wurde A-7713 von den Amerikanern aus Buchenwald fortgebracht. Er nahm Nahrung zu sich. Er fühlte keinen Zorn, keinen Schmerz, statt dessen nur Scham und Schuld – für das, was ihm geschehen war? Für das, was er gesehen hatte, getan hatte, nicht getan hatte? Für das, was er war! Nachdem er in die Welt der Lebenden zurückgebracht worden war, blieb A-7713 doch in der Welt der lebenden Toten: »Eines Tages konnte ich mich unter Aufbietung aller Kräfte aufrichten. Ich wollte mich in einem Spiegel sehen ... Aus dem Spiegel blickte mich ein Leichnam an. Sein Blick verläßt mich nicht mehr.«[52]

Die »andere Seite« der Geschichte

Was A-7713 nicht wußte, sollte Elie Wiesel herausfinden: 1. Das, was A-7713 geschehen war, war auch anderen Nummern bis hinauf zu 6 Millionen geschehen. 2. Das, was den 6 Millionen geschehen war, war der Höhepunkt eines sorgfältig durchdachten Planes, die Welt nicht nur von den Juden zu säubern, sondern auch von jeglicher Erinnerung an sie, einfach weil sie Juden waren. 3. Die westliche Welt hatte geschwiegen, obwohl sie mindestens seit 1942 von den Ausrottungsmaßnahmen, sogar von der Endlösung als Hauptprojekt wußte.

Hitler hatte erklärt: »Die Natur ist grausam, darum dürfen wir es auch sein. Wenn ich die Blüte der Deutschen in die Stahlgewitter des kommenden Krieges schicke, ohne auch nur um das kostbare deutsche Blut, das vergossen wird, das leiseste Bedauern zu verspüren, sollte ich dann nicht das Recht haben, Millionen einer minderwertigen, sich wie das Ungeziefer vermehrenden Rasse zu beseitigen.«[53]

1933 hatte er führende Leute der Katholischen Kirche in Deutschland angesprochen und festgestellt, daß Christen die Juden immer verachtet und in Ghettos verbannt haben. Seine Politik sei nur eine Ausweitung dieser Haltung[54]. Eine Zeugenaussage während der Nürnberger Prozesse gibt Zeugnis von Hitlers Erfüllung seines Versprechens, »nur« das fortzuführen, was die Kirche begonnen hatte:

»[Zeugin] *Schmaglewskaja:* Die Frauen aber, die Kinder auf den Armen trugen oder Kinderwagen schoben, und diejenigen, die erwachsene Kinder hatten, wurden zusammen mit diesen Kindern ins Krematorium geschickt. Die Kinder wurden vor den Krematorien von den Eltern getrennt und gesondert in die Gaskammern geführt. Zu der Zeit, als die meisten Juden in Gaskammern vernichtet wurden, wurde ein Befehl erlassen, die Kinder in die Öfen des Krematoriums oder in die Gräben um das Krematorium herum zu werfen, ohne sie vorher zu vergasen.

[Sowjetischer Ankläger] *Oberjustizrat Smirnow:* Wie soll man das verstehen, wurden die Kinder lebend hineingeworfen oder vor der Verbrennung auf andere Weise getötet?

Schmaglewskaja: Jawohl, die Kinder wurden lebend in den Graben geworfen. Das Geschrei dieser Kinder konnte man im ganzen Lager hören. Es ist schwer zu sagen, wieviele Kinder auf diese Weise umgekommen sind.

Oberjustizrat Smirnow: Warum wurde das so gemacht? Weil die Gaskammern so überfüllt waren?

Schmaglewskaja: Darauf ist schwer zu antworten. Ich weiß nicht, ob die Deutschen Gas sparen wollten, oder weil es keinen Platz mehr in den Gaskammern gab, ich weiß es nicht.«[55]

»Bemerkenswert klar und unverzüglich« erschienen Presseberichte über diese Greueltaten in Europa und in den Vereinigten Staaten[56]. In Zeitungen wurden Bilder veröffentlicht, Leitartikel beschäftigten sich mit der »Ausrottung« und bezeichneten die »Chronik des Massakers ... (als) vollkommen mit der Politik übereinstimmend, die Hitler vielfach offen erklärt hatte«[57].

Weder von der Kirche noch von den Alliierten kam eine ernsthafte Reaktion auf diese Berichte. Die Regierungen konnten sich nicht dazu entschließen, auf die besondere Situation der Juden aufmerksam zu machen, da befürchtet wurde, daß »eine (solche spezifische) Berücksichtigung gleichbedeutend mit einer impliziten Anerkennung von Rassentheorien sei, die wir alle ablehnen«[58]. Ähnlich »konnte der Vatikan nicht gegen spezielle Greueltaten Protest einlegen und mußte unmoralisches Handeln im allgemeinen verurteilen«[59]. Die Alliierten konzentrierten sich auf den Krieg und auf den Sieg »im allgemeinen«. Dadurch war es ihnen möglich, die Endlösung der »Judenfrage« als weniger unmittelbares und dringendes Problem zu betrachten. Die Kirchen innerhalb Deutschlands, sowohl die katholische wie auch die protestantische, fürchteten unterdessen weniger den Nationalsozialismus (der theistische Positionen äußerte) als den atheistischen Kommunismus; und »dennoch waren es die Nazis und nicht die Bolschewisten, die [die Juden] vernichteten«[60]. Robert McAfee Brown hat darauf hingewiesen, daß besonders die Protestanten keine größere gemeinschaftliche Anstrengung gegen Hitler unternommen haben, weil er *auf legalem Wege* an die Macht gekommen war[61]. Nora Levin pflichtet ihm bei: »Die meisten deutschen Protestanten waren nicht nur tief durch Martin Luthers heftigen und derben Antisemitismus geprägt, sondern auch durch sein Beharren auf absolutem Gehorsam gegenüber politischer Autorität.«[62]

Ob es überhaupt Überlebende gegeben hätte, wenn diese zu jener Zeit gewußt hätten, was sie jetzt wissen, wird eine Frage bleiben müssen. Wiesel bezeichnet es als »glücklich«, daß die Überlebenden die Wahrheit »erst nach der Befreiung« herausfanden[63]. Zusammen mit Rabbi Leonard Beermann betont er, es sei »schwer zu sagen, was verderblicher war . . . die Intoleranz, die die Untaten beging, oder die Gleichgültigkeit, die sie ungerührt beobachtete«[64].

Die Durchführung der Endlösung, die durch das gleichgültige Schweigen der westlichen Zivilisation begünstigt wurde, fordert zu einer Analyse der Strukturelemente der Gewaltherrschaft auf. Wie wird ein System aufgebaut, in dem Menschen andere Menschen so vollständig beherrschen, daß die letzteren sogar ihrer Fähigkeit, sich selbst als Menschen zu erfahren, beraubt werden? In den Strukturen der Gewaltherrschaft verlieren traditionelle Kategorien der »Beziehung«, der »Liebe« und der »menschlichen Erfahrung« ihre Bedeutung als Bezugspunkte sowohl für die Herrschenden als auch für die Unterworfenen.

Folgt daraus, daß wir untersuchen müssen, »was dem Gestapo-Offizier Nr. 401 geschah«? Ist die SS aufgrund von Verleugnung und Wahnsinn genausowenig verantwortlich wie A-7713, wie die Opfer? Nein. Denn trotz des Verleugnens, das es liebevollen christlichen Eltern möglich machte, jüdische Eltern und Kinder in die Krematorien zu werfen; trotz des Wahnsinns, der es Hitler, Himmler und Mengele erlaubte, ein System zur Ausrottung von Läusen auszubrüten und zu glauben, daß sie die Welt um Gottes und der Sauberkeit willen von Ungeziefer reinigten; trotz der unauslotbaren Tiefen von Verleugnung und Wahnsinn, in denen sowohl Juden wie Nazis im Holocaust versanken, gibt es einen wesentlichen Unterschied zwischen A-7713 und dem Gestapo-Offizier: Der erstere hatte keine

Wahl, der letztere hatte sie. Wahnsinn und Verleugnung sind Folgen der Unterwerfung unter die Herrschaft; sie werden von den Herrschenden auf die Opfer ausgedehnt. Dagegen sind die Grundelemente der Herrschaft fest innerhalb der Koordinaten der Herrschaft selbst verankert. Diese Elemente dehnen sich *nicht* auf die Opfer aus. Es liegt im Wesen der Herrschaft, daß bestimmte Rechte ihr selbst vorbehalten bleiben. Das grundlegendste dieser Rechte ist die Macht zu wählen: der freie Entschluß zur Macht oder die Freiheit des Willens.

Wiesel weist darauf hin, daß es in einer Situation des Unrechts sechs Möglichkeiten gibt, unter denen Menschen, die die Macht des freien Willens haben, wählen können: 1. Opfer zu sein, 2. Henker zu sein, 3. Selbstmord zu begehen, 4. wahnsinnig zu werden, 5. Zuschauer zu sein, 6. sich zu engagieren und am Widerstand gegen die Nicht-Beziehung teilzunehmen.

Wiesel geht in seinen ersten vier Büchern einzeln auf diese Möglichkeiten ein[65]. Von Anfang an (in »Die Nacht«) macht Wiesel deutlich, daß auch das Opfer innerhalb der Welt der lebenden Toten Wahlmöglichkeiten hat: Es kann andere töten; es kann sich selbst töten; es kann wahnsinnig werden; es kann einfach beobachten; es kann teilnehmen, indem es sich mit anderen engagiert und Widerstand leistet gegen die Kraft des Bösen. Die einzige Möglichkeit, die dem Opfer nicht offensteht, ist die, nicht Opfer zu sein. Dies markiert den moralischen Unterschied zwischen dem Opfer der Gewaltherrschaft und den Gewalttätern.

Umgekehrt ist die Entscheidung, nicht Opfer zu sein, das grundlegende Element totaler Herrschaft. Im Holocaust ist diese Wahlmöglichkeit das gemeinsame Bindeglied zwischen den Nazis, den Alliierten und den Kirchen. Durch die Entscheidung, nicht Opfer zu sein, konnten sie andere Möglichkeiten wählen. Die Nazis wählten die Rolle der Henker; Alliierte und Kirchen die Rolle der Zuschauer. Im Endeffekt gingen die beiden Wahlmöglichkeiten, Zerstörung oder Schweigen, von selbst ineinander über und produzierten in den Krematorien die Asche der Juden.

Voraussetzung für den Holocaust war die Unterstellung, die Juden seien nicht beziehungshaft, nicht menschlich, eben »Ungeziefer«. Letzten Endes entschieden sich arische deutsche

Führer, Kirchen und Alliierte für die Vernichtung der Juden. Diese Grausamkeit und dieses Unrecht resultierte aus einer willentlichen Ablehnung der Macht in Beziehung, aus einer Negierung der Beziehung an sich: Jüdische Freunde, Geliebte, Ehegatten, Arbeiter und Kinder wurden als Läuse betrachtet und deshalb mit kühler und leidenschaftsloser Tüchtigkeit ausgerottet. Je systematischer die Strukturen der Herrschaft in einer Gesellschaft angelegt sind, desto radikaler ist das Unrecht, das Böse, in der Gesellschaft, das heißt um so weniger beziehungshaft und destruktiver gegenüber den Menschen.

Der Holocaust war die schreckliche Folge eines Strukturprinzips von Herrschaft und Unterwerfung, das gesellschaftlich dem Vorbild einer Theologie folgte, in der eine dominierende Gottheit menschliche Beziehung und Entscheidung unterdrückt und negiert. Dieses gewichtige christologische Thema im orthodoxen Christentum stellt historisch eine sozialpolitische Realität dar, eine Struktur des Bösen und der Ungerechtigkeit, die konkret in Akten der Vergewaltigung, des Krieges und der fortwährenden Drohung mit nuklearem Völkermord gegenwärtig ist. Sie ist auch in der beständigen Möglichkeit eines neuen Holocausts gegenwärtig – Tod durch Feuer, Tod durch Folterung, Tod durch Hunger, Tod durch Gleichgültigkeit. Eine beliebige Kategorie von »Ungeziefer« kann zum Opfer werden: Juden, Palästinenser, Homosexuelle, Frauen, Schwarze, Rote, Arme ...

11 Elie Wiesels Fragen an Gott

Wiesel geht von menschlicher Erfahrung aus, aber sein Werk gipfelt in einer Befragung Gottes – Gott des Universums? Gott der Barmherzigkeit? Gott der Gerechtigkeit? Für den chassidischen Juden ist Gott ein Freund. »Gott bleibt nicht unbeteiligt, und der Mensch ist nicht Sein Feind . . .«[1] Es gibt eine Beziehung zwischen Gott und der Menschheit. Gott ist überall als derselbe gegenwärtig, aber die Menschheit ist es nicht[2].

Die Erfahrung des Bösen in Auschwitz trieb Wiesel in einen »endlosen Streit mit Gott«[3]. Robert McAfee Brown hat bemerkt, daß, unabhängig von jeder Definition, »Wahnsinn ein Richten über Gott« ist[4]. A-7713 brachte das Gericht über Gott. Wiesels Ringen mit Gott ist eingetaucht in »dialektische Sprünge und Erkenntnisse . . . die unsere Aufnahmefähigkeit bis an die äußerste Grenze ausdehnen und uns mit ihren unauflöslichen Spannungen quälen«[5]. Er beharrt auf einer dialektischen Ambivalenz, und dies unterscheidet ihn von anderen zeitgenössischen jüdischen Philosophen, die durch den Holocaust zu einer erneuten Bestätigung des Theismus (Fackenheim) oder des Atheismus (Rubenstein) getrieben wurden.

Wir haben gesehen, daß Wiesels Reflexionen über das Menschsein zu einem Verständnis des Bösen führen, das in den sozialen Strukturen der Herrschaft wurzelt: Das Böse ist die Zerstörung der Basis der menschlichen Existenz an sich, es ist die Zerstörung der Beziehung, die Zerstörung dessen, was in der Welt gut ist.

Der jüdische und der christliche Gott wurde traditionell als allmächtig, als omnipotent, begriffen. Mit dieser Allmacht eng verbunden war die Vorstellung, daß Gott gut ist. Wenn – wie im Falle des Holocausts – die Macht böse erscheint, können wir schwerlich die Frage vermeiden: Ist Gott böse – ist er unwillig, das Gute zu vollbringen? Oder ist Gott machtlos – ist er nicht dazu fähig, das Gute zu vollbringen? Innerhalb dieses philosophischen Rahmens (Theodizee) haben sich jüdische und christliche Theologen viel Mühe gegeben, einen allmächtigen und allgütigen Gott zu »rechtfertigen«, von dem geglaubt wird, daß er überall als Freund und Anwalt derer, die glauben, gegenwärtig ist.

Fluchen und dennoch beten

Wiesel macht keinen Versuch, Gott zu rechtfertigen. Er steht der Theodizee antagonistisch gegenüber. Wiesel wütet gegen Gott, er wendet sich von Gott ab, er flucht, und dennoch betet er »zu jenem Gott, an den ich nicht mehr glaubte«[6].

»Ani maamin [ich glaube], Abraham,
Trotz Treblinka.
Ani maamin, Isaac,
Wegen Bergen Belsen.
Ani maamin, Jacob,
Wegen und trotz Majdanek.
Vergeblicher Tod
Nutzloser Tod
Ani maamin.
Betet, Menschen,
Betet zu Gott,
Gegen Gott,
Für Gott.
Ani maamin.«[7]

Aber was ist das für ein Gott? Was bedeutet es, *gegen* Gott zu beten? Wenn Gott unsere Hilfe braucht, schlimmer noch, wenn Gott uns gegenüber zerstörerisch ist, was – im Namen der Menschheit – ist Gott? Was bedeutet es, an Gott zu glauben? Welche theologische Aussage hält stand »in der Gegenwart verbrennender Kinder«[8]?

Für Wiesel sind nur die weitesten dialektischen Bestätigungen Gottes möglich, in denen er sagen kann: »Ich war der Ankläger. Und Gott war der Angeklagte.«[9] Er erzählt eine Geschichte von Rebbe Pinchas von Koretz (1728–1791), der

Gott einmal fragte: »Warum läßt Du Dein Volk im Exil? Warum dauert es so lang? Nur weil wir Dein Gesetz nicht befolgt haben und es immer noch nicht tun? Aber dann sag doch: Wer hat Dich gezwungen, es uns zu geben. Haben wir Dich vielleicht darum gebeten? Haben wir es denn gewollt?«[10]

In dem Roman »The Town Beyond the Wall« (1964) läßt Wiesel das Pathos und den Nihilismus, die er in der Geschichte von A-7713 zurückgehalten hat, auf wahnsinnige Weise durchbrechen. Michael, ein Überlebender, spricht von seinen Anstrengungen, *nicht* zu beten:

»Ich möchte Gott lästern, und es gelingt mir einfach nicht. Ich fahre auf gegen ihn, ich schüttele meine Faust, ich schäume vor Wut, aber auf diese Weise sage ich ihm immer noch, daß er da ist, daß er existiert, daß er nie zweimal derselbe ist. Selbst wenn ich ihn leugne, opfere ich seiner Erhabenheit. Ungeachtet meiner selbst wird der Schrei zum Gebet.«[11]

Nirgendwo wird die dialektische Dynamik von Wiesels Beziehung zu Gott besser ausgedrückt als bei Michael, wenn er schließlich aus dem Würgegriff der Vergangenheit ausbricht, die ihn daran gehindert hat, zu berühren und von Freundschaft, Liebe, vom Menschsein an sich, berührt zu werden:

»Wer sagt, daß die entscheidende Frage eine Antwort hat? Das Wesen des Menschen ist es, eine Frage zu sein, und das Wesen der Frage ist es, ohne eine Antwort zu sein. Aber zu sagen, ›Was ist Gott? Was ist die Welt? Was ist mein Freund?‹ heißt zu sagen, daß ich jemanden habe, mit dem ich sprechen kann, jemanden, dem ich eine Frage stellen kann. Die Tiefe, der Sinn, ja das Salz des Menschen ist sein beständiges Verlangen, immer tiefer in sich selbst die Frage zu stellen und immer intimer die Existenz einer unerkennbaren Antwort zu spüren.«[12]

Fragen heißt bestätigen, noch grundsätzlicher: Wenn wir uns der Menschheit verpflichten – wenn wir Fragen und Forderungen an die Menschheit stellen, wenn wir auf Freunden bestehen –, dann heißt das, daß wir Gott bestätigen, denn »in der Menschheit selbst finden wir sowohl unsere Frage als auch die Kraft, sie in Grenzen zu halten – oder im Gegenteil, die Kraft, sie universell zu machen«[13]. Aus unserer Teilhabe am Menschsein entstehen Fragen über Gott und an Gott in Fülle. Ein theologisches Ja ist vor allem ein anthropologisches Ja.

Die Menschheit zu verleugnen ist Gotteslästerung: »Gleichgültig sein – aus welchen Gründen auch immer – heißt, nicht nur die Gleichgültigkeit der Existenz, sondern auch ihre Schönheit zu leugnen. Verrate und du bist ein Mensch, foltere deinen Nachbarn und du bist immer noch ein Mensch. Das Böse ist menschlich, Schwäche ist menschlich; die Gleichgültigkeit nicht.«[14]

Gleichgültigkeit, das Schweigen der Seele, die Abkehr von der Menschheit – das, was von deutschen Ariern, ermutigt durch Kirche und Alliierte, vollzogen und schließlich von Juden unter den lebenden Toten verinnerlicht wurde – ist die einzige echte Leugnung Gottes und auch die einzige Negation der Menschheit. Die Alternative ist Freundschaft oder Liebe, der grundlegende Akt der Beziehung zwischen Mensch und Mensch, zwischen Menschheit und Gott.

Für Wiesel erweitert die Freundschaft mit Menschheit und Gott die Grenzen des Glaubens und des Verstandes. Phantasie (Sölle) – das Entwerfen – macht einige Bestätigung möglich und spielt vielleicht eine Rolle in Wiesels Entscheidung, die Wirklichkeit und die Wahrheit oft in Form von Romanen auszudrücken.

Wiesel gebraucht die Metapher der *Beziehung* als literarisches Mittel, denn seine Erfahrungen mit Gott haben nur insoweit Bedeutung, als sie Erfahrungen der Beziehung sind. So kann Gott für Wiesel ein Freund sein. In der Beziehung zu ihm ist dieselbe wachsende Dynamik gegenwärtig wie in den Beziehungen zwischen menschlichen Freunden und Liebenden.

Da er die Bande menschlicher Freundschaft, die Freundschaft zwischen Gott und Israel und seine eigene Freundschaft zu Gott ernst nimmt, stellt Wiesel dieselben bohrenden Fragen an Gott, wie er sie auch an die Menschheit stellt. Seine Fragen an Gott sind mit größerer Qual verbunden, denn er trägt die bleibende – wenn auch ungewisse – Erwartung in sich, daß Gott der Menschheit die Freundschaft hält. Dies schließt für Wiesel die Erwartung ein, daß die Macht der Güte die Qualität der menschlichen Beziehungen in der Welt verändert.

Wiesel fragt drängend: Wo war Gott? Wo ist Gott? Ist Gott Opfer? Ist Gott Henker? Tötet Gott sich selbst? Wird Gott wahnsinnig? Ist Gott Zuschauer? Nimmt Gott Anteil, und engagiert Gott sich im Widerstand gegen das Böse der Nicht-Beziehung? Hat Gott auch Wahlmöglichkeiten? Welche wählt Gott?

Ist Gott ein Opfer? Wiesel erzählt die Geschichte von der Erhängung eines kleinen Jungen in Auschwitz. »Er hatte das Gesicht eines unglücklichen Engels.«[15] Er sollte zusammen mit zwei Erwachsenen gehängt werden.

»Die drei Verurteilten stiegen zusammen auf ihre Stühle. Drei Hälse wurden zu gleicher Zeit in die Schlingen eingeführt.

›Es lebe die Freiheit!‹ riefen die beiden Erwachsenen. Das Kind schwieg.

›Wo ist Gott, wo ist er?‹ fragte jemand hinter mir.

Auf ein Zeichen des Lagerchefs kippten die Stühle um ... Die beiden Erwachsenen lebten nicht mehr ... Aber der dritte Strick hing nicht reglos: der leichte Knabe lebte noch ... Mehr als eine halbe Stunde hing er so und kämpfte vor unseren Augen zwischen Leben und Sterben seinen Todeskampf ... Hinter mir hörte ich denselben Mann fragen:

›Wo ist Gott?‹

Und ich hörte eine Stimme in mir antworten:

›Wo er ist? – Dort – dort hängt er, am Galgen ...‹«[16]

Hängt Gott am Galgen? Verfolgt »als Fremder in seiner eigenen Schöpfung«[17]? Müssen Gott und Menschheit zusammen gegen die Melancholie kämpfen? Hat Gott keine Macht? Oder ist die Opferung Gottes eine trügerische Verdunkelung seiner Macht? Wenn Gott keine Macht hat, in welchem Sinne kann die Menschheit dann an Gott glauben? Ist dies nicht ein Glaube an die eigene Zerstörung der Menschheit? Wenn Gott trügerisch ist, in welchem Sinne kann die Menschheit dann Gottes Versprechen vertrauen?

»Nie werde ich die Augenblicke vergessen, die meinen Gott und meine Seele mordeten, und meine Träume, die das Antlitz der Wüste annahmen.«[18]

»Nie werde ich das vergessen, und wenn ich dazu verurteilt wäre, so lange wie Gott zu leben.«[19]

Gott ist nicht am Galgen gestorben. Anders als der Tod der sechs Millionen ist der Tod Gottes immer Schein – eine Verdunkelung.

Tot ist Wiesels Glaube an Gottes Güte: »Ich leugnete zwar nicht Gottes Existenz, zweifelte aber an seiner unbedingten

Gerechtigkeit.«[20] Er erinnert sich an die Vergewaltigung junger Mädchen in den Lagern und wirft Gott vor, er liebe es, »mit zwölfjährigen Mädchen zu schlafen«[21].

»Der Gott, der die zwölfjährigen Kinder quält ... Wer Gott sieht, der stirbt. Das steht in der Bibel. Ich hatte das nie ganz verstanden ... Mit einem Mal klärte sich alles auf. Gott schämt sich ... Er will nicht, daß man es erfährt. Wer ihn sieht oder ihn ahnt, muß sterben, um sein Geheimnis nicht zu verraten. Der Tod ist nur der Wächter Gottes, der Pförtner des riesigen Hurenhauses, das man Welt nennt.«[22]

Dies ist eine Anklage gegen Gott, den Henker, der »Tausende seiner Kinder in Gräben verbrennen ließ«[23]. Wenn Gott Macht hat und sie dazu gebraucht, Juden zu vergasen, dann »tritt Dunkelheit an die Stelle des Lichts, und die Wahrheit wird von der Leere verschlungen«[24]. Ist ein solcher Gott nicht böse – nicht wert, daß auch nur ein Mensch stirbt? Bleibt uns nur Nihilismus und Ekel? Niemals ein solcher Gott! Wiesel erwägt wieder und wieder die Alternative, daß Gott die Menschheit zerstören muß. Er ringt leidenschaftlich damit und kämpft sich darüber hinaus, aber immer wieder kommt er darauf zurück.

Aber ist Nihilismus nicht eine zu schwache Antwort auf die verbrennenden Kinder? Verschafft der Nihilismus Hitler nicht einen »posthumen Sieg«[25] und nimmt er der Menschheit nicht den Zwang »der dialektischen Qual, mit dem Holocaust zu leben«[26]? Ist Dialektik nicht absolut notwendig für das menschliche Leben? War der Holocaust selbst nicht das direkte Ergebnis eines Versuchs, die Dialektik – Spannung, Unauflösbarkeit – der menschlichen Erfahrung zu zerstören? Entstand der Holocaust nicht aus der Weigerung, sich mit der Ambivalenz alles Menschlichen auseinanderzusetzen? War er nicht umgekehrt ein Verlangen nach vereinfachenden und endgültigen Lösungen? Kann es nicht sein, daß uns Atheismus wie Theismus, nihilistische Verzweiflung wie un-dialektische Bestätigung, im Grunde »jede Lösung, die sich vollkommen mit einer herrschenden Option arrangiert«[27], zu »Götzendienst« treibt und »die Legitimierung eines neuen Holocausts vorbereitet«[28]? Nur eine Frage. »Alles ist eine Frage.«

Ist Gott wahnsinnig? Für den chassidischen Juden gibt es keine Zufälle[29]. Es ist kein Zufall, daß in den neuen Werken, in denen Wiesel am deutlichsten das Thema Wahnsinn reflektiert[30], seine Hauptfiguren wie Madame Schächter als Menschen auftreten, deren »Wahnsinn« eine prophetische Umkehrung der Werte dieser Welt ist.

Moche, der Küster, kehrt in Wiesels Werken immer wieder: »Der Arme, er muß verrückt geworden sein.«[31] Moche, ein Ausländer, war einer der ersten Juden, die aus Sighet verjagt wurden. Es war ihm »durch ein Wunder« gelungen, dem Abschlachten zu entkommen, und er war nach Sighet zurückgekehrt, um seine Freunde zu warnen. Niemand glaubte ihm, »er aber jammerte nur«[32]. Wie sein chassidischer Ahne, der heilige Seher von Lublin (1745–1815), der »gesehen« hatte, was auf die Juden zukommen sollte, und der sich »einsamer als je zuvor gefühlt haben (muß), untröstlich«[33], »war Mosche verändert. In seinen Augen leuchtete keine Freude mehr. Er sagte nichts mehr. Er sprach nicht mehr von Gott.«[34] Der, der »verrückt« ist, hat ein gebrochenes Herz, weil niemand hört. Niemand glaubt.

War Wahnsinn auch die Erfahrung Gottes? Ist Gott weder tot noch gleichgültig? Ist Gott in gewissem Sinne abhängig vom Willen und der Fähigkeit der Menschheit, zu hören und zu glauben? Liegt die Tragödie des Menschen – auch die Tragödie Gottes – in »seiner Unfähigkeit, die richtige Bitte zu kennen«[35]? Liegt sie darin, daß die Menschheit sich nicht ernsthaft für sich selbst und für Gott engagiert? Liegt die Tragödie in der Apathie der Menschheit gegenüber der Freundschaft? Muß Gott gegen die Melancholie kämpfen?

Erwägt Gott Selbstmord, das heißt Gottesmord, wenn er sich an die Vergangenheit erinnert – an den Bund, das Versprechen, an die Wortbrüche der Menschheit und vielleicht an seine eigenen? Entschließt sich Gott, der Menschheit allen Sinn zu nehmen, alle Werte, alle Freundschaft, indem er sich – Gott selbst – in die Öfen wirft? Geschah dies vor langer Zeit, in Auschwitz, und geschieht es noch heute? Geschieht dies immer? Dehnt Gott Gottes eigene Fähigkeit zur Freundschaft über die Grenzen seines eigenen Glaubens an die Menschheit und an sich selbst hinaus?

»›Großmutter, sag, stirbt Gott auch?‹

›Nein, Gott ist unsterblich.‹

Ihre Antwort traf mich mitten ins Herz. Ich hätte am liebsten geweint. Gott – lebendig begraben. Ich hätte die Rollen umkehren, ich hätte denken mögen, daß Gott sterblich und der Mensch unsterblich ist, daß, wenn ein Mensch zu sterben vorgibt, es Gott ist, auf den man Erde schüttet.«[36]

»Nie werde ich die Flammen vergessen, die meinen Glauben für immer verzehrten.«[37] Nie.

»Engel: Gott weiß, das ist genug.

Abraham: Nein, es ist nicht genug!«[38]

Das Schweigen Gottes

»In der Theologie treten wir in eine Periode des Schweigens ein – ein Schweigen über Gott, das dem Schweigen Gottes entspricht.«[39] Opfer, Henker, Wahnsinn, Gottesmord? Wiesel ringt mit Gott, wieder und wieder, und er kämpft darum, Gottes Herzen irgendein Bekenntnis, eine Botschaft zu entwinden. Wie hat Gott sich entschieden? Was will er mit, für oder gegen die Juden tun? Es gibt keine Antwort, kein Wort. Gott schweigt: »Amen, Tod. Amen, Nacht. Die Mörder morden, die Mörder lachen. Und Gott schweigt – Gott schweigt noch immer. Amen. Männer wanken, Mütter taumeln. Amen. Amen, göttliches Schweigen ... Und das Schweigen Gottes ist Gott.«[40]

Wiesel ist zu der Überzeugung gelangt, daß sogar das Fragen und Zweifeln eine Bestätigung der Existenz, wenn nicht sogar der Gerechtigkeit Gottes bedeutet. Danach ist das Schweigen Gottes für ihn ein Schlag ins Gesicht. Wie ist es möglich, nicht zu denken, daß Gott die Rolle des Zuschauers gewählt hat? Nichts konnte dem jüdischen Glauben diametraler zuwiderlaufen als Deismus. Freundschaft und Gleichgültigkeit stehen im Widerspruch. Deshalb ist Gottes Schweigen für Wiesel die größtmögliche Herausforderung gegenüber dem Verlangen der Menschheit nach Freundschaft mit Gott.

Der Chassidismus selbst ist im Grunde ein Protest gegen die Gleichgültigkeit, die die menschliche Einsamkeit verschlimmert.

»Der Zuschauer steht völlig jenseits von uns. Er sieht, ohne gesehen zu werden. Er ist da, jedoch unbemerkt ... Niemals applaudiert er noch pfeift er. Seine Gegenwart ist schwer erfaßbar und verpflichtet ihn weniger, als seine Abwesenheit es täte. Er sagt weder ja noch nein, nicht einmal vielleicht. Er sagt nichts. Er ist da, aber er handelt, als ob er nicht da wäre. Schlimmer: Er handelt, als ob wir anderen nicht da wären.«[41]

In »The Town Beyond the Wall« kommt Michael nach vielen Jahren in seine Heimatstadt zurück, aus der er und seine Familie mit dem Zug in die Nacht abtransportiert wurden. Er ist sich nicht klar darüber, warum er den Zwang fühlt zurückzugehen. Als er durch die Straßen der Stadt geht und versucht, sich zu erinnern, fällt ihm plötzlich ein Gesicht in einem Fenster ein, ein Gesicht, das beobachtete, wie die Juden zusammengetrieben, in Güterwagen gepfercht und deportiert wurden. »Endlich! Alles war klar . . . Das war es, was ich hatte verstehen wollen . . . Nichts anderes.«[42] Michael wird von dem Haus mit dem Fenster und dem Gesicht angezogen. Er öffnet die Tür und tritt ein . . . »Da war er.«[43]

»›Laß uns reden‹, sagte ich.

›Worüber?‹

›Einen Samstag im Frühjahr 1944. Auf der einen Seite die Juden, auf der anderen Seite du. Nur das Fenster – dieses Fenster – dazwischen.‹

›Ich erinnere mich.‹

›Mit Scham?‹

›Nein.‹

›Mit Gewissensbissen?‹

›Nein.‹

›Was hast du damals gefühlt?‹

›Nichts . . . Ich war schockiert und hatte das Gefühl, daß ich Zuschauer in einer Art Spiel war – ein Spiel, das ich nicht verstand: ein Spiel, das ihr alle spieltet, ihr auf der einen Seite, die Deutschen und die Polizei auf der anderen. Ich hatte nichts damit zu tun.‹«[44]

Ist es möglich, kann es sein, daß das Gesicht im Fenster nicht nur das eines gleichgültigen Ungarn ist, sondern auch das Gesicht Gottes? Für Wiesel ist dies die verheerendste Frage, vielleicht weil er dieser Frage am wenigsten entrinnen kann. Wenn Gott die Macht hat, die gerechte Beziehung herzustellen, und sich dazu entscheiden kann, weder zu sterben noch zu töten, sondern in der Geschichte überhaupt nichts zu tun, dann ist dies perverser göttlicher Wahnsinn, grausamste Bosheit. Das Gesicht spricht:

»›Du haßt mich, nicht wahr? . . .‹

›Nein‹, sagte ich, ›ich hasse dich nicht. Ich fühle Verachtung für dich . . . Für den Henker empfindest du keine Verachtung; du haßt ihn und du wünschst ihm den Tod. Verachtung empfindest du nur für Feiglinge . . . Haß hat etwas Menschliches . . . aber Verachtung hat nur eine eigentliche Bedeutung: Dekadenz.‹«[45]

Michael fährt fort:

»Deine Aufgabe war klar: du hattest zu wählen. Uns zu bekämpfen oder uns zu helfen. Hättest du uns bekämpft, so hätte ich dich gehaßt; hättest du uns geholfen, so hätte ich dich geliebt. Du hast niemals dein Fenster verlassen: Ich empfinde nur Verachtung für dich.«[46]

Wiesels Befragung Gottes findet ihren Höhepunkt in seinem Bemühen, angesichts der offensichtlichen Dekadenz der Menschheit und auch Gottes einen dialektischen Glauben zu bewahren. Erscheint Gott nur als teilnahmsloses Gesicht in einem kosmischen Fenster, dann kann die Menschheit nur mit tödlicher Verachtung auf diesen Gott antworten. Diese Verachtung treibt die Menschheit weiter in eine wahnsinnige Klarheit der Vision und erlaubt weder absoluten Theismus noch Atheismus, sondern fordert leidenschaftliches Engagement für die Menschheit, und zwar um ihrer selbst willen und ohne Rücksicht auf Gott. Wenn Gott und der Mensch in der Tat nichts anderes sind als »zwei Fremde, die versuchen, Freundschaft zu schließen«[47], ist es die Pflicht der Menschheit, Gottes Schweigen zu verfluchen. Wir dürfen es nicht zulassen, daß entweder Liebe oder Haß gegenüber Gott uns von unseren Anstrengungen ablenkt, die göttliche Gleichgültigkeit zu durchbrechen. In der Beziehung können wir das Schweigen der Gleichgültigkeit nicht hinnehmen. Wir fordern Gottes Freundschaft zu *unseren* Bedingungen.

Wiesels Verachtung gilt einem Gottesbild purer und interesseloser Aseität. Sich Gott in Gottes Selbst-Genügsamkeit vorzustellen heißt in der Tat, sich einen bösen Gott vorzustellen, einen Gott, der ohne Beziehung und in und aus sich selbst Gott ist. Wiesel wird diese Möglichkeit nicht zulassen. Was macht es *in der Welt* für einen Unterschied, wer Gott »in Gott selbst« oder »an und für sich« ist? Philosophische Spekulationen? Niemals! Theologische Argumente? Unmöglich! Die einzige Aussage, die theologisch und auch auf anderen Ebenen zählt, ist die, »die in der Gegenwart der verbrennenden Kinder glaubhaft wäre«[48]. Die einzige Aussage, die zählt, ist die gerechte Beziehung im menschlichen Leben. So betont Greenberg: »In der Gegenwart verbrennender Kinder von Liebe und von einem Gott zu sprechen, der sich sorgt, ist obszön und unglaubhaft. In einen Graben zu springen und ein Kind herauszuziehen, sein Gesicht zu waschen und seinen Körper zu heilen, ist das Wirksamste, was wir machen können – das einzige, was zählt.«[49]

Wiesel erzählt von dem dreijährigen Jaakow-Jizchak, der in den Wald lief: Aber sein Vater wollte wissen: »Warum verschwendest du deine Zeit im Wald? Warum gehst du dorthin?« »Ich suche Gott«, sagte der dreijährige Knirps. »Ist Gott denn nicht überall?« fragte der Vater. »Und ist er nicht überall derselbe?« »Er schon, aber ich nicht«, antwortete das Kind[50].

Wiesels Aufruf an gläubige Menschen und Theologen ist scharf und dringend. Theologische Spekulation – wie etwa die Theodizee, der philosophische Versuch, Gott zu rechtfertigen – lenkt uns auf gefährliche Weise von der unmittelbaren moralischen Aufgabe ab, die Menschheit zu ihren eigenen Bedingungen ernst zu nehmen, damit in der Welt Gerechtigkeit hergestellt wird. *Gott* mag überall derselbe sein oder nicht. Die zwingendste Frage für uns ist, was *wir, die Menschen,* tun und sein wollen, wo wir auch sind.

Sind wir die Retter Gottes?

Eberhard Bethges Hinweis, der Begriff »Holocaust« trage »zutiefst verändernde Eigenschaften in sich«, veranlaßt uns zu der Frage, in welchem Sinne dies zutrifft[51]. Was lernen wir aus dem Holocaust, das uns verändern könnte? Wir kehren noch einmal zu meiner Analyse der Erfahrung Elie Wiesels zurück.

Wiesel fordert uns auf, uns auf den Holocaust als ein Ereignis zu besinnen, bei dem Menschen das Böse so gründlich in die Tat umgesetzt haben, daß die Macht der Beziehung in der Erfahrung der Juden zerstört wurde. Wiesels Bücher spiegeln seinen Versuch wider, seine eigene Erfahrung des radikal Bösen zu verstehen, ja sie zu glauben. Sie zeigen auch seinen Versuch, uns davon zu überzeugen, daß ein solches Geschehen sich wiederholen könnte – wenn wir das menschliche Leben nicht als das Höchste einschätzen.

Wir müssen als erstes Wiesels Ethik der Beziehung betrachten, die seiner Erfahrung von Gut und Böse zugrunde liegt. Es ist eine Ethik, die meiner eigenen entspricht. Als zweites müssen wir Wiesels Fragen über Gott betrachten. Sie entstehen aus der theologischen Grundannahme, daß Gott allmächtig und allgütig ist.

Wiesels Erfahrung von Freundschaft entspricht meiner Erfahrung von Beziehung. Je größer Wiesels zeitlicher Abstand zum Holocaust wird und je länger er mit seiner Erfahrung und seinen Fragen kämpft, desto unerbittlicher steht er für den absoluten Wert der Freundschaft ein, dafür, die »wahren Höhen« in den »wahren Tiefen« der Beziehung zu entdecken, in der »Blicke, die schwer sind vom Leben« getauscht werden[52].

Wiesels frühe Werke bieten in ihren erschütternden Beschreibungen des Nicht-Vorhandenseins von Beziehung einen Schlüssel, um die Bedeutung von Freundschaft oder Beziehung zu erfassen[53]. Indem er zeigt, was geschieht, wenn es keine leidenschaftliche Anteilnahme und keine Beziehung gibt, macht uns Wiesel Mut, uns vorzustellen, wie die Alternative zu diesem Bösen aussehen könnte. Wiesel entschleiert den Holocaust als eine Situation, in der zwischen Nazis und Juden, Alliierten und Juden, Kirchen und Juden und schließlich sogar zwischen Jude und Jude keine Beziehung existierte. Dadurch legt er den Charakter des Bösen als eine psychosoziale Struktur des Nicht-Vorhandenseins von Beziehung offen. In dieser Situation vollbringen die Menschen nichts Gutes.

Nach Wiesels Darstellung haben die Nazis aufgrund der Annahme gehandelt, daß Juden keine Menschen seien. Diese Annahme setzte voraus, daß zwischen den Menschen keine Beziehung existierte: keine Bindung, keine Freundschaft, keine Beziehung zwischen Ariern und Juden. Demgemäß versuchten die Nazis, eine Welt zu konstruieren, in der es keine Juden geben sollte. Kein Jude sollte den anmaßenden Anspruch, Mensch zu sein, erheben. Es gab keine Notwendigkeit oder Möglichkeit, daß auch nur ein Arier irgendeinen Juden als Schwester oder Bruder erfahren oder seiner in diesem Sinne gedenken konnte.

Von dieser negativen Perspektive aus gesehen, war das Handeln der Nazis auf einer Definition des Menschseins gegründet, die ihre Grundlage in der Beziehung hatte: Der Kern des Menschseins ist Beziehung. Freundin oder Freund zu sein heißt unsere fundamentale Verbindung zu anderen zu erkennen. Um die »Judenfrage« so wirkungsvoll wie möglich zu lösen, mußten die Nazis glauben, die Juden seien »Ungeziefer«. Davon versuchten sie auch die Juden zu überzeugen. Für die Endlösung war es notwendig, die Erfahrung der Juden, sich selbst als Menschen zu fühlen, systematisch zu zerstören. Bei den Juden mußte das Bewußtsein ihrer Beziehung zu anderen und schließlich auch ihrer Beziehung zueinander zerbrochen werden[54]. Indem Wiesel davon wieder und wieder erzählt, bestimmt er, was in menschlicher Beziehung moralischen Wert hat. Der höchste Wert in der Beziehung ist vielleicht die Macht, Entscheidungen treffen zu können – vor allem die Entscheidung, niemanden zum Opfer zu machen und auch nicht selbst Opfer zu sein, nicht zu beherrschen und sich nicht zu unterwerfen. Diese Wahl kann nur in freiwilliger Beziehung getroffen werden. Wo Beziehung wirkungsvoll zerstört werden soll, müssen diejenigen, die für die Zerstörung verantwortlich sind, bei den anderen das Gefühl der Macht eliminieren. Die Opfer dürfen nicht mehr ihre Macht zu entscheiden, zu wirken und zu schaffen spüren. Ideale Opfer sind Frauen und Männer, die sich ohnmächtig fühlen, in Beziehung zu irgend jemandem auch nur irgend etwas bewirken zu können. Die Nazis mußten versuchen, dem Selbstgefühl der Juden Apathie einzuimpfen, die nicht weniger eisig war als ihre eigene Gefühlskälte in Beziehung zu dem jüdischen »Ungeziefer«.

Der Holocaust war Schauplatz des radikal *Bösen:* die Abwesenheit von Beziehung. Das radikal *Gute* ist für Wiesel beziehungshafte enge Verbundenheit zwischen Mensch und Mensch, die keine Gleichgültigkeit gegenüber dem menschlichen Leben kennt und der Möglichkeit eines neuen Holocausts keine Chance bietet.

Wenn wir unsere Aufmerksamkeit vom menschlichen Leben abwenden und auf etwas »Höheres« richten, tragen wir dazu bei, den Boden für einen neuen Holocaust, für die Zerstörung der Menschheit durch die Menschheit, zu bereiten. Es kann keine Religion oder Lehre geben, keine ethische oder moralische Überzeugung, keinen Stolz, der sich aus Rasse, Geschlecht, Gesellschaftsklasse oder ethnischer Zugehörigkeit ableitet, es kann keine technologische Leistung, keinen Zweck und kein Mittel, nichts im Himmel oder auf der Erde – nicht einmal eine Gottheit – geben, die einen höheren Wert hat oder wichtiger oder besser ist als die Liebe der Menschen zur Menschheit.

Nachdem wir Wiesels im wesentlichen sozial-anthropologische Ethik betrachtet haben, erhebt sich nun die Frage, in welchem Sinne er sich die Möglichkeit einer personalen transzendenten Gottheit vorstellt. In welchem Sinne glaubt Wiesel, daß diese Gottheit noch immer die Welt erlösen könnte, indem sie die Qualität menschlicher Beziehung verwandelt? Für Wiesel ist »alles eine Frage« – vor allem alles, was Gott betrifft.

Ich glaube, es ist unentschuldbar, jüdischen Fragen christliche Antworten aufzuzwingen. Überdies ist es unangemessen, zu versuchen, die theologischen Fragen von Elie Wiesel zu »beantworten«. Er bittet uns nicht um Antworten. Er fordert uns auf, seine Fragen anzuhören und zu wiederholen. Alles *ist* eine Frage. Ich will den Fragen Wiesels nicht ausweichen oder ihnen ihre dialektische Qualität nehmen. Ich will die komplizierte Spannung zwischen seinem Glauben an die Güte und Allmacht des Gottes Israels *und* seinem Zweifel daran nicht auflösen.

Ich will für mich den Punkt benennen, an dem mich Wiesels theologische Fragen beeindruckt haben, und ich möchte diesen Punkt unter *meinen* theologischen Voraussetzungen erforschen. Nachdem er den Holocaust erlebt hat, kennt Wiesel die Schwierigkeit, *sowohl* die Allmacht *als auch* die Güte eines personalen Gottes zu bezeugen. Allein schon die Logik fordert, daß ein Gott, der *sowohl* allmächtig *als auch* allgütig ist, ein Gott ist, dessen Macht »Ihn« dazu befähigt, das Böse in der Welt zu überwinden, und dessen Güte in »Seinem« Willen besteht, dies zu tun. Die Glaubenssätze des Judentums erhärten dies. Hätte ein solcher Gott nicht etwas *getan,* um den

Juden zu helfen? Hätte er nicht etwas getan, um den Holocaust zu verhindern? Das Ausmaß jüdischen Leidens zeigt, daß Jahwe entweder nicht fähig oder nicht dazu bereit war, das Gute zu vollbringen, das gläubige Juden von ihm erwartet hatten.

Mit Wiesel bestätigen wir: *Die Liebe der Menschen zu den Menschen ist das Gute.* Überdies können wir mit Wiesel erkennen, daß dieser Wert, den wir als Höchstes schätzen und dem wir die Eigenschaft der Absolutheit zusprechen, in der Tat unsere Gotteserfahrung im menschlichen Leben ist. Deshalb stellt Wiesels theologisches Dilemma für mich *nicht* die Frage, ob das, was den höchsten Wert hat, *gut* ist, sondern eher die Frage nach der *Allmacht* der Liebe oder des Guten. Wiesel stellt nicht in Frage, daß menschliche Beziehung gut ist. Er stellt vielmehr die Macht der Beziehung in Frage, mit der wir das Nicht-Vorhandensein von Beziehung überwinden. Wiesel befragt die personale Quelle (Jahwe) dessen, was ich »die Macht in Beziehung« nenne. Er befragt denselben Gott, der im Bund mit Israel verheißen hat, daß das Gute als mächtig erfahren werden wird, und in dessen Natur, nach dem Glauben von Juden und Christen, Güte und Macht zusammenfallen.

Theodizee ist ein philosophischer Versuch, die Macht und die Güte Gottes zusammenzudenken. Wiesel macht keinen Versuch, dies zu tun. Nach dem Holocaust muß Wiesel die Klage erheben, daß das Gute in der Welt *nicht* allmächtig ist. Was Wiesel wie Hiob begegnet, ist die Spannung zwischen dem *Glauben* der Menschen an eine allmächtige und personale Gottheit, die die Menschheit vom Bösen erretten kann, und der *Erfahrung* der Menschen von der offenkundigen Machtlosigkeit dieses Gottes in der Geschichte. Anders als Hiob kann Wiesel nicht einfach das Wunder und das Geheimnis eines Gottes akzeptieren, dessen Wege für die Menschen unerfaßbar sind (Hiob 42,1–3). In seiner Befragung Gottes treibt uns Wiesel über die Glaubenssätze Israels (und des Christentums) hinaus auf die Möglichkeit eines völlig anderen Gottesverständnisses zu.

Der Schlüssel zu Wiesels theologischem Gedankenreichtum liegt für mich in seinem Beharren auf dem absoluten Wert menschlicher Beziehung. Was immer und wo sonst auch immer Gott sein oder nicht sein mag, *Gott wird in menschlicher Liebe erfahren.* Aber können wir annehmen, daß die Liebe in der Welt über das Böse (die Lieblosigkeit) siegt? Das heißt, können wir annehmen, daß Gott allmächtig ist? Der Holocaust läßt darauf schließen, daß wir es nicht annehmen können – es sei denn, wir erkennen in der unheiligen Allianz zwischen Nazis, Kirchen und Alliierten, daß es in der Welt zwischen 1933 und 1945 sehr wenig Liebe für Juden gab. Ich denke, Wiesel fordert uns implizit dazu auf, die Möglichkeit in Betracht zu ziehen, daß unsere Liebe zur Menschheit immer noch offenbar werden könnte – nicht nur als *gut*, sondern auch als *mächtig* und als gänzlich abhängig von unserer Bereitschaft, einander in der Welt zu lieben.

Wiesels Botschaft für mich ist: Wenn es eine Erlösung der Menschheit vom Bösen in der Welt gibt, so hängt sie von *uns* ab. Nie wieder können wir unsere Verantwortung an eine allmächtige Gottheit abgeben. Wenn Gott allmächtig *ist*, ist er es in und durch die Macht *menschlicher* Liebe. Nur wenn wir die Menschheit zu ihren eigenen Bedingungen ernst nehmen, kann Gott mit uns vom Bösen befreit werden.

12 Über Transzendenz

Und unsere Seele verherrlichte unseren Gott, der uns gesegnet hatte, uns alltägliche Frauen.

Heute sind wir christlichen Feministinnen[1] klüger geworden, wir sind zuversichtlich, denn wir sind wach für diesen Gott geworden, der sich unter allen Menschen und allen anderen Geschöpfen bewegt, die um die Macht zu leben, zu atmen und zu wählen kämpfen. Wir haben gelernt, diese Bewegung Gottes in der Welt zu erkennen. Hier liegt das im Sinne traditioneller christlicher Theologie und Ethik »natürliche« und »moralische« Bindeglied zwischen der Bewegung für die Frauenbefreiung und den vielen verschiedenen Befreiungsbewegungen auf der Welt. Schwarze, Arme und Ureinwohner in vielen Ländern kämpfen um Befreiung, ebenso rassische oder ethnische Minderheiten in allen Regionen, schwule Männer und lesbische Frauen und religiöse Minderheiten in jeder gegebenen sozialen Situation. Aber es geht nicht nur um die Befreiung bestimmter Gruppen, sondern um die Befreiung der ganzen Menschheit und der gesamten Schöpfung. Eine »natürliche« und »moralische« Verbindung besteht auch zwischen feministischem Bewußtsein und dem Engagement für nukleare Abrüstung. Feministisches Bewußtsein ist mit ökologischer Vernunft verknüpft, mit Fürsorge für unseren kleinen Planeten und mit dem Engagement für eine Neustrukturierung der Weltwirtschaft, die vielen und nicht nur wenigen nutzen soll. Die Beziehung ist »natürlich«, denn die Macht in gegenseitiger Beziehung ist das, was uns in der Tat alle eint. Sie macht uns zu Verwandten, die wechselseitig voneinander abhängig sind und in der Kette des Lebens zwangsläufig Gebende und Empfangende sind, ob wir diese Tatsache nun erkennen und akzeptieren oder nicht. Das Erkennen und Akzeptieren dieser grundlegenden Gegenseitigkeit stellt unsere Verantwortung in einen Bereich hinein, den Ethiker die »moralische« Dimension genannt haben. Hier wird das, was wir wählen oder nicht wählen, zu einer entscheidenden Frage beim Aufbau oder bei der Zerstörung unseres gemeinsamen Lebens.

Wenn feministische Theologie zu dieser Perspektive in Beziehung gesetzt wird, wird häufig der Vorwurf geäußert, wir hätten in unserer Theologie keinen Platz für »das Transzendente«. Es ist Zeit, daß wir auf diese Herausforderung antworten, und wir können damit anfangen, indem wir feststellen, daß diese Kritiker mit dem Transzendenten »Gott« meinen. Sie meinen ganz sicher nicht die Macht gegenseitiger Beziehung, sondern vielmehr eine Macht hierarchischer Beziehung. Sie meinen einen Gott, der oben steht, einen Gott, der in der christlichen Tradition als »Vater, Sohn und Heiliger Geist« gedacht wurde. Noch bevor die Welt begann, bevor sich der Vorhang für das Drama der Heilsgeschichte (Schöpfung – Fall – Erlösung) hob, kannte dieser Gott die Handlung; er wußte, wie es anfangen und enden würde. Er ist ein »allmächtiger Gott«, und die Essenz seiner Macht ist Kontrolle. Dies ist der »transzendente Gott«, den viele von uns ablehnen, nicht in erster Linie weil er als männlich dargestellt wird, sondern weil er das widerspiegelt, was Generationen von religiösen Männern verehrt haben. Er vertritt einen Umgang mit der Macht, von dem wir in unserem heutigen Leben nicht sagen können, daß er erlösend oder schöpferisch wäre. Auch die Geschichte der westlichen Welt kann dies aus unserer Perspektive nicht bezeugen. Macht wird als Kontrolle gebraucht. Dieser Gott maßt sich an zu wissen, was das Beste für die Untertanen ist; er ist der anmaßende Herr über Kinder und Sklaven. Bestenfalls ist diese Gottheit ein gnädiger Herrscher, der uns, seinen Untertanen, gibt, was gut für uns ist, und dem wir in unserer ewigen Dummheit nur zu vertrauen und zu gehorchen haben. Diese Vorstellung von Transzendenz ist zumindest in drei Punkten problematisch:

1. Historisch hat die dominante (weiße, europäische) christliche Tradition gegenüber dem Rest der Menschheit erstaunlich wenig vorzuzeigen, was schöpferisch oder erlösend wäre und so ihre Bindung an eine Gottheit gütiger, gerechter und barmherziger Herrschaft begründen könnte. Das Christentum hat in seiner Verkündigung und in seiner Praxis ein Unmaß an Zwang widergespiegelt. Es zeigte jedoch einen Mangel an

Wohltätigkeit, Gerechtigkeit und Barmherzigkeit, sei es nun in Missionsgebieten oder im Schlafzimmer. Zwang und Herrschaft im Namen »Gottes« ... Von den ersten ökumenischen Konzilen der Kirche an sollte der Glaube an einen göttlichen Herrscher sicherstellen, daß unsere eigenen Ansprüche auch die eines allmächtigen »Gottes« sind, und unsere Werte sollten all das widerspiegeln, was dieser Gott auf der Welt schätzt. Der Glaube an diesen Herrschergott war der vorherrschende konservative »Impuls« in der euroamerikanischen christlichen Theologie.

2. Das zweite Problem bei dieser Auffassung von Transzendenz hängt mit dem ersten zusammen. Es besteht darin, daß diese Auffassung eine sehr beschränkte Sicht vom Akt des Transzendierens hat. Transzendieren bedeutet wörtlich überschreiten, hinübergehen, Brücken bauen oder Verbindungen schaffen. Transzendieren heißt aus begrenzten Räumen auszubrechen. Ein wahrhaft transzendenter Gott kennt keine Grenzen menschlichen Lebens oder der Religion. Ein solcher Gott ist nicht in Heiligen Schriften oder religiösen Glaubenssätzen eingeschlossen. Kein einzelner Mensch, keine Gruppe von Menschen hat einen heißen Draht zu einem Gott, der wirklich transzendent ist. Denn Gott ist viel zu beweglich und aktiv, als daß er für uns zum unveränderlichen Garanten eines besonderen Privilegs werden könnte. Gott geht von meinem Leben zu deinem über, von unserem Leben zum Leben anderer Menschen. Nein, der »Gott« unserer Väter, der Gott, von dem uns gesagt wird, er sei transzendent, ist in der Tat kein transzendenter Gott. Er ist vielmehr eine Projektion von Männern, die festgefahren, ja einbetoniert sind in ihrer Erfahrung davon, was herrschen und beherrscht zu werden bedeutet. Und so ist auch ihr Gott festgefahren, er ist in die Grenzen bestimmter kultureller Bewegungen und Theorien eingeschlossen, die im Laufe der Geschichte durch männliche Herrschaft, Vorherrschaft der Weißen und durch ökonomische Ausbeutung gestaltet wurden.

3. Deshalb besteht das Problem dieser patriarchalischen Vorstellung von Transzendenz und dem »Gott«, der für ihre Essenz gehalten wird, letztlich darin, daß sie wirklich sehr wenig mit Transzendenz zu tun hat. Sie ist weit entfernt von jener fundamentalen beziehungshaften Macht, die sich be-

wegt, um von Menschen zu Menschen überzugehen, von Rasse zu Rasse, von Geschlecht zu Geschlecht und von Klasse zu Klasse. Diese Macht verbindet uns zu einem Leib aus Menschen und anderen Geschöpfen, sie heilt unsere Wunden und zerbricht die Theorien und Strukturen, die uns getrennt halten. Durch all dies gibt sie uns und allen die Macht, uns selbst und einander als Teilhabende an dieser Transzendenz zu erkennen und zu lieben. Wir haben zu viele Generationen damit verbracht, Gottes Immanenz als den »Teil« des Wesens Gottes zu denken, den wir erfahren können. Gottes Transzendenz haben wir als jenen anderen »Teil« betrachtet, als das Unbekannte, das Geheimnis, als den »Gott jenseits von Gott«. Viele von uns sind bereit, froh und dankbar zu erklären, daß wir in unserem täglichen Leben eine wunderbar geheimnisvolle Macht erfahren, die in der Tat in unser Leben und durch und von unserem Leben in das Leben aller Geschöpfe übergeht. Diese Macht ist wirklich Gott, gerade in der Fülle und Radikalität ihrer Immanenz unter uns.

Ich möchte bemerken, daß dieses traditionelle historische Versagen, die Transzendenz Gottes zu erfahren oder zu verstehen, direkt mit den Lehren der Kirche gegen die Sexualität zusammenhängt, nicht nur mit den Lehren gegen die Homosexualität, sondern gegen die Sexualität überhaupt. Es war uns theologisch nicht erlaubt, an einen radikal transzendenten Gott zu glauben, dessen Wesen gerade darin besteht, uns über die Grenzen unserer eigenen Haut in gegenseitige Beziehung zu Schwestern und Brüdern zu tragen. Deshalb waren wir nicht dazu fähig, diese so natürliche und moralische Regung in uns und zwischen uns als gut zu erfahren. Wir waren nicht fähig zu erleben, daß diese Regung mit Gott verknüpft ist, daß sie von Gott ist und durch Gott Macht empfängt. Im Gegenteil, wir Christen sind Jahrhunderte lang zu der Überzeugung erzogen worden, dieses menschliche Verlangen, zu berühren und tief in unserem innersten Kern berührt zu werden, sei falsch. Kirche und Staat haben diese Auffassung legitimiert; sie sagten den Menschen, ihr Verlangen nach Berührung laufe dem »Willen« unseres »Vaters« zuwider. Kirche und Staat haben seit dem 4. Jahrhundert, als die beiden sich zum ersten Mal offiziell die Hand reichten, konspiriert, um sexuelle Freiheit zu verbieten, da sie einerseits »Gottes Heilsplan« zuwiderlaufe und andererseits die wirtschaftlichen Absichten des Staates gefährde. Was gut für »Gott« war, war auch gut für die nationale Geldpolitik, und sexuelle Verbote waren gut für beide. Es ist kaum verwunderlich, daß die »Familie« als zentrales christliches Bild davon aufrechterhalten wurde, wie das Leben in »Gottes« Welt gelebt werden sollte. Es ist ebensowenig verwunderlich, daß die vorherrschende Vorstellung von Familie (die sich in der Geschichte gewandelt hat und erst in neuester Zeit, in der nachindustriellen, kapitalistischen Gesellschaft die »Kernfamilie« impliziert) dazu neigt, theologisch das widerzuspiegeln, was im Interesse des wirtschaftlichen Status quo das Beste ist.

Wenn wir uns als sexuelle Wesen annehmen wollen, wenn wir uns wirklich würdigen und mehr und mehr lernen wollen, uns selbst und unseren Körper und den anderer Menschen auf eine Weise zu lieben, die uns gegenseitige Macht schenkt und schöpferisch wirkt, werden wir Christen einige ganz radikale theologische Alternativen zu dem, was uns von unseren Vätern gegeben wurde, formulieren müssen. Ihr »allmächtiger Gott« ist das Abbild von Herrschaft und Unterwerfung, das A und O von Selbstkontrolle und Kontrolle über andere, wenn sein Handeln auch noch so wohltätig empfunden wird. Viele von uns haben die Macht gegenseitiger Beziehung erfahren und glauben an sie, denn sie ist für uns die Quelle all dessen, was schöpferisch und erlösend ist. Deshalb können wir die traditionellen Bilder von einem »allmächtigen Gott« nicht mehr tolerieren, es sei denn als äußerst gespaltene Persönlichkeiten. Die Macht gegenseitiger Beziehung ist schöpferische sexuelle Macht, die uns aus unserer Isolation und Gebrochenheit erlöst, indem sie uns in Beziehung zu anderen trägt. Sexuelle Macht führt uns nicht nur dazu, mit unseren Partnern oder Partnerinnen die Liebe zu leben. Sie ist überdies in allen schöpferischen, gegenseitig Macht schenkenden Beziehungen, die wir erfahren, gegenwärtig und aktiv, ob in unseren Zweierbeziehungen oder in unseren Versuchen, die vielen Grenzen zu überschreiten, die wir zwischen uns als Menschen unterschiedlicher Rassen, Geschlechter, Nationen, Klassen und Religionen aufgerichtet haben. Es ist kein Zufall, daß Kirchenmänner christliche Feministinnen oft als einen Haufen von Lesben abtun oder daß viele von uns Lesben sind. Denn diese Kirchenmänner spüren intuitiv, oft ohne es bewußt zu erkennen, daß Frauen die Macht gegenseitiger Beziehung und die Sexualität in Verbindung bringen. Wir schaffen diese Verbindung in unserem täglichen Leben, in unseren Beziehungen und in unserer Arbeit. Durch unser »coming out« legen wir Zeugnis für diese Macht ab, die unter uns und allem, was lebt, Brücken baut. Durch unser »coming out« fordern wir öffentliche Aufmerksamkeit für das, was nach unserem festen Glauben wahr ist. Sobald wir einmal damit begonnen haben, mündig zu werden, kann es keine Rückkehr mehr in das Reich unseres »Vaters« geben – es sei denn als Zeuginnen für ein leeres Grab. Wir sind nicht länger tot, wir stehen zusammen auf.

13 Passion der Menschheit: Erlösung Gottes

»Wir wissen, daß wir immer in Gefahr waren,
unten, in unserer Getrenntheit,
und nun gemeinsam hier oben.
Aber bis jetzt hatten wir unsere Stärke
noch nicht berührt.«[1]

Mein Zorn brennt nach Gerechtigkeit. Und es ist Zeit. Wir sind dazu bereit, durch Handeln das zu lernen, woran zu denken wir Angst haben. Denn wir wissen schon jetzt: Berühren heißt die Gebrochenheit zu heilen, und unser zärtlicher Zorn kann die Toten aufwecken.

Lebt, bei Gott!
Lebt durch Schwestern
und Brüder
nehmt eure Betten
und wandelt

ja, lauft, ja, fliegt
ja, schaut hinunter
und zurück

ihr werdet euch nicht
in Salzsäulen verwandeln

das war eine Lüge

ihr werdet die Welt sehen
ihr werdet die Menschheit erkennen
ihr werdet euch an euch selbst
als Prophetinnen und Propheten erinnern

und ihr werdet zornig sein
und ihr werdet zärtlich sein
und ihr werdet berühren
und es wird euch wohl ergehen

Gott und Menschen schaffen die Welt gemeinsam

Schaut zurück: Auschwitz, 1944–1945. Elie Wiesel hätte leben und entkräftet sterben können. Er hätte ohne seine Mutter, seine kleine Schwester und ohne seinen Vater leben und sterben können. Er hätte leben und sterben können durch Prügel, Hunger und Verbrennung. Er hätte diese Dinge erdulden können, er hätte weinen und kämpfen und leben und wahnsinnig sterben können, wäre er zur Passion – dem Gefühl der Macht in Beziehung – fähig gewesen. Aber am Ende konnte A-7713 weder leben noch sterben. Denn A-7713 hatte keinen Namen[2]. Und keinen Namen zu haben heißt keine Identität zu haben, und keine Identität zu haben heißt ohne Beziehung zu sein, und ohne Beziehung zu sein heißt ohne Menschlichkeit zu sein. Und wenn wir nicht mehr Menschen, sondern nur gespenstische Schatten von uns selbst sind – was sonst können wir dann tun oder sein außer *nichts?*

Wenn wir nichts sind; wenn wir durch systematische Metamorphose in Nummern verwandelt werden; wenn wir unserer Namen beraubt und in Stücke eines illusorischen Ganzen zerbrochen werden; wenn uns der Wille, die Hand auszustrekken und zu berühren, genommen wird; wenn wir an Maßstäben der Wirtschaftlichkeit gemessen werden; wenn wir nach Geschlecht, Hautfarbe, Religion und Nützlichkeit veranschlagt werden; wenn es tatsächlich immer weniger etwas gibt, das den Namen Menschlichkeit verdient, werden wir weder mit Passion leben noch sterben. Denn es wird nichts zu sagen, nichts zu fühlen und nichts zu tun geben, weil wir wie von einem heimtückischen, unsichtbaren Uhrwerk angetrieben, mechanisch und präzise einem festgelegten Plan von Station zu Station folgen müssen. Auschwitz zeigt uns die radikale Alternative zur menschlichen Passion in der Welt.

Deshalb schaut hinunter
und erkennt die Menschheit.

Vor langer Zeit hatte das Erdgeschöpf Alternativen[3]. »Du sollst nicht essen!« Und es aß. Es entschied sich zu essen. Es entschied sich, das Gebot seines rätselhaften Gottes zu übertreten (1. Mose 2,15 – 3,7).

Und warum nicht? Warum sollten wir *nicht* essen – vor allem von der Frucht des Baumes der Erkenntnis von Gut und Böse? Warum sollten wir uns nicht dazu entscheiden, von der Fähigkeit Gebrauch zu machen, mit der wir uns selbst und die Welt einschätzen können?

Wurde in dieser Geschichte etwas ausgelassen? Gibt es etwas, das uns nicht gesagt wurde? Ist es möglich, daß menschliche Autoren sich selbst und uns vor einem Geheimnis schützten, das zu schrecklich war, um es ertragen zu können? Das Geheimnis des Menschseins selbst? Nämlich, daß Menschsein bedeutet, Gut und Böse und die eigene Macht zu erkennen, entweder das eine oder das andere zu vollbringen?

Der Schrecken des Geheimnisses liegt im Schrecken der Beziehung: in der Bereitschaft von Frauen und Männern, Passion zu ertragen; in ihrer Fähigkeit, das Gefühl ihrer Macht auszuhalten, durch die sie in der Welt wirken können; in ihrer Bereitschaft, den Preis zu bezahlen, den das Beharren auf Freundschaft kostet.

Hätten uns weniger ängstliche Autoren vielleicht darauf hingewiesen, daß der Trotz des Erdgeschöpfs gegenüber dem Gebot in Wirklichkeit sein erster Akt der Befreiung war? Hätten sie uns gesagt, daß die Menschen sich durch diesen Akt aus der Knechtschaft einer Passivität befreiten, die als Unschuld mißverstanden wurde und die sie zu Untertanen statt zu Freunden Gottes machte?

Hätten solche Autoren gut daran getan, uns zu erzählen, daß Menschen sich das Recht nahmen, »wie Gott« zu werden (1. Mose 3,22), was bedeutet, Anspruch auf die Macht zu erheben, das Gute zu vollbringen und das Böse zu bekämpfen?

»Wie Gott« werden heißt Mensch werden. Dies ist kein »Sündenfall«, sondern eine kreative Entscheidung! Wir fragen, was für ein Gott dieser Gott der Genesis, der Gott der Anfänge ist, der nicht nach Freunden verlangt und keine Hilfe braucht. Was ist das für ein Gott, für den menschliche Unschuld und menschliche Verantwortungslosigkeit in der Welt nicht zu unterscheiden sind? Was ist das für ein Gott, dessen Wille es ist, daß das Erdgeschöpf weder mit Passion leben noch sterben soll, daß es nie ein Gefühl seiner Macht, in der Welt zu wirken, spüren soll?

Menschliche Autoren erzählen uns hier eine alte Geschichte von einem verwirrten Erdgeschöpf, das einer sonderbaren

Gottheit trotzt. Wenn die Menschheit auf die Macht zu wirken verzichtet, so weist sie die Verantwortung zurück, in der Welt das Gute zu tun und das Böse zu vernichten. Aus dieser Haltung entstand die Vorstellung von einem Gott, der alle Macht hat und der keine Hilfe braucht. Die Moral der Geschichte ist, daß es einfacher ist, unwissend zu sein, schwerer, zu wissen; daß es leichter ist, passiv zu sein, schwerer, aggressiv zu sein. Es ist einfacher, sich einer äußeren Autorität zu fügen, schwerer, die eigene Macht einzufordern. Es ist einfacher, geschaffen zu werden, schwerer, zu schaffen. Es ist viel leichter, sich in den Garten setzen zu lassen, den wir Paradies zu nennen gelernt haben, als unser Bett zu nehmen und in die Welt zu gehen.

Aber geht
ja, lauft
in die Welt
sucht die Menschheit
findet Gott

Wir fangen dort an, wo wir sind. In der Zeit, in der Welt, wie sie im Anfang ist, jetzt und für immer. Zeit ist die Ausdehnung des Jetzt. Unsere Zeit, die einzige Zeit, die wir hatten, die einzige Zeit, die wir haben werden, ist *jetzt,* immer jetzt. Die Gegenwart. Und dies ist deshalb wichtig, weil wir jetzt in der Welt sind. Wo auch immer das Paradies oder der Himmel sein mag, wir sind jetzt in der Welt. Vergangene Zeit und zukünftige Zeit haben keine Macht. Aber die Macht unseres gegenwärtigen Lebensimpulses, uns zu erinnern, zu lernen, zu hoffen und voranzuschreiten, breitet sich hinter uns und vor uns aus.

Und wir schreiten voran. Wir gehen weiter. Geschichte ist unsere Bewegung in der Welt, unser Fortschritt, unser kollektiver Antrieb. Wir sind die Geschichte: wir, wenn wir Erfahrungen machen, wir, wenn wir leben und sterben, Tag für Tag, Nation für Nation, Religion für Religion, Revolution für Revolution, Jahrhundert für Jahrhundert. In der Geschichte beginnen wir. Sie kann *kairos* sein[4]. Es gibt keine Zeit, die nicht *unsere* Zeit ist, die Zeit, die *einzige* Zeit, die für die Menschheit eine Rolle spielt: *jetzt.*

Wenn wir jetzt anfangen, sind wir schöpferisch: Wir bringen etwas ins Sein, wir machen, wir erzeugen, wir setzen in Gang. Wir handeln in einer Weise, daß durch unsere Macht in Beziehung etwas Neues vollbracht wird. Ein Schöpfer ist jemand, der die Macht hat zu wirken.

Wenn wir in das »Sein wie Gott« fallen; wenn wir die Möglichkeit zu fortwährender, frei gewollter Freundschaft und unsere Fähigkeit mit-zuschaffen wahrnehmen; wenn Schöpfer Männer und Frauen sind, die ihre Kreativität in Beziehung kennen; wenn diese Macht nur in Beziehung erkannt wird – in der intimen und unmittelbaren Macht zwischen dem Selbst und dem Anderen –, dann sind wir Mit-Schöpferinnen und Mit-Schöpfer, die ihre Hände ausstrecken und zu denen sich Hände ausstrecken, die berühren und die berührt werden in dieser Welt. Berühren heißt Beziehung deutlich zu machen. Es ist das äußere und sichtbare Zeichen der Mit-Schöpfung. Es ist unser erster mit-schöpferischer Akt.

Wenn wir jetzt anfangen, kommen wir in Berührung. Und es ist ein Kampf. Wir, du und ich, ihr und wir, werden jetzt geboren, und wir kämpfen immer um die Macht zu wirken – in Beziehung zu Mutter und Vater, zu Freunden und Fremden, zur Welt selbst. In diese Welt sind wir durch Beziehung gekommen, und wir können nur in Beziehung, in intimer und unmittelbarer Beziehung, in ihr überleben. Unsere Fähigkeit, in der Welt zu überleben, hängt davon ab, ob wir wirkungsvoll handeln können, wenn wir das sicherstellen wollen, was wir brauchen: Nahrung, Obdach, Wärme, Liebe – unsere aktive Erkenntnis, daß wir nicht allein sind und daß dies für andere wie für uns gut ist. Wenn wir erkennen, daß wir in der Beziehung wirkungsvoll sein können, sind wir Mit-Subjekte, die berühren und berührt werden. Berühren ist der Anfang der Schöpfung. Auf der Grundlage gemeinsamer Macht wird etwas Neues eingeleitet. Berühren heißt uns selbst in Beziehung zu erkennen. Es macht unser Verlangen deutlich, etwas zusammen zu tun, was wir nicht allein tun können, einfach weil wir nicht allein sind. Berühren heißt die Grundbedingung des menschlichen Lebens anzuerkennen. Und unsere gemeinsame Grundbefindlichkeit ist das Gute, das uns erschreckt[5].

Angst und Zaudern, Resignation und Apathie

Wir haben Angst davor
die Welt
zu sehen
Wir haben Angst davor
die Menschheit zu erkennen

Die Welt wird von uns geschaffen, von uns, die wir Freundinnen und Freunde Gottes sind, von uns, die wir Gott leibhaftig machen. Wir haben Angst davor, Gott zum Leben zu erwecken.

Mit-Schöpfung ist unser Versuch, zusammen zu leben und zu sterben. Es ist ein gegenseitiger Versuch, der durch gemeinsame Entscheidung möglich wird und der uns allen nützt. Wir haben Angst vor Gemeinsamkeit. Wir haben Angst davor, zu leben und zu sterben ...

Als Mit-Schöpfer handeln wir göttlich in der Liebe. Liebe ist das gemeinsame Bewußtsein, daß niemand von uns allein ist und daß in der Beziehung zwischen Subjekt und Subjekt Macht liegt. Wir haben Angst, allein zu sein. Wir haben Angst, zusammen zu sein. Wir haben Angst vor der Macht.

Unsere Macht ist wirkungsvoll. Wir haben Angst davor, wirkungsvoll zu sein.

Unsere Macht ist gut. Wir haben Angst davor, gut zu sein.

Von Gott bewegt und Gott bewegend, handeln wir göttlich auf die Gerechtigkeit zu. Es ist derselbe Gott, dem von den Propheten Stimme verliehen wurde, der Gott, der sich durch uns in der Geschichte transpersonal bewegt. Wir haben Angst vor der Gerechtigkeit, wir haben Angst vor den Propheten, wir haben Angst vor der Geschichte.

So ist es im Anfang. Wir haben Angst, uns an uns selbst zu erinnern.

Aber schaut hinunter
erkennt die Menschheit
ihr werdet euch erinnern

Gott zum Trotz, unserer Sehnsucht nach Beziehung zum Trotz, wurden 6 Millionen Juden den Krematorien ausgeliefert. Schwarze wurden an Bäumen aufgehängt, und weise

Frauen wurden an Pfähle gefesselt und mit Reisig verbrannt. Jeden Tag werden Kinder zu Tode geprügelt, wird die Erde vergewaltigt und sind die Meere mit den Leichen von Flüchtlingen übersät. Die Wüsten werden zu Brutstätten atomarer Energie, die ausreicht, die ganze Menschheit zu verbrennen. In den Kellern von Palästen stapeln sich die Gliedmaßen verstümmelter Männer und Frauen. Ihre Namen werden von Leuten getilgt, denen die Beseitigung von Menschen weniger ausmacht als New Yorker Spaziergängern die Beseitigung von Hundescheiße.

Das Böse ist die Verletzung der Beziehung im menschlichen Leben. Das radikal Böse, wie der Holocaust, besteht im Verletzen oder Zerbrechen der Beziehung, und zwar in einem solchen Ausmaß, daß die Macht in Beziehung im menschlichen Leben nicht mehr wirken kann und stirbt. Das Böse ist das Resultat unserer Weigerung, Passion zu ertragen, das heißt, ein aktives Gefühl der Macht in Beziehung auszuhalten. Das Böse ist in erster Linie weder das Problem Gottes noch das Problem anderer Menschen neben uns. Das Böse ist *unser* Problem. Immer wieder stehen wir vor der Entscheidung, die Macht, das Gute zu vollbringen, in Anspruch zu nehmen oder sie abzulehnen und damit das Böse in der Welt zu verursachen.

Das Böse ist in unserer Angst festgemacht. Wir haben Angst vor der Macht – und vor der Machtlosigkeit. Wir ziehen die Angst der Passion vor, und diese Präferenz schafft gesellschaftliche Normen und wird von der Religion sanktioniert. Die Zerstörung der Menschheit macht uns weniger Angst als die Mit-Schöpfung der Welt. Wir erinnern uns an unsere Angst vor der Beziehung, vor der Macht und vor dem Berühren. Wir erinnern uns an unsere Angst, Gerechtigkeit herzustellen, Liebe zu verwirklichen, und an unsere Angst vor der Sexualität.

Auf der einen Seite fürchten wir unsere Machtlosigkeit. Wir haben Angst davor, keine Macht, kein Mitsprache- oder Stimmrecht zu haben – Tod. Auf der anderen Seite fürchten wir unsere Macht. Wir haben Angst davor, Gottes Macht als unsere Macht in der Welt zu erkennen und uns dafür zu entscheiden. Wir fürchten die Entscheidungen, die Wahlmöglichkeiten und die Vieldeutigkeit in der Beziehung – Leben.

In der Beziehung setzen wir uns der Angst aus. Wir sträuben

uns gegen unsere eigenen Möglichkeiten, gegeneinander und gegen Gott. Da wir unsere Macht in Beziehung fürchten, leugnen wir Gott. Wir flüchten vor Gott und brechen gleichzeitig den menschlichen Bund und sabotieren Gottes Macht in der Welt. Das Böse gründet sich auf unsere Angst vor der Macht und der Machtlosigkeit. Es beruht auf unserer Angst, keine Wahl zu haben (unser Schicksal), und auf unserer Angst davor, Wahlmöglichkeiten zu haben (unsere Freiheit). Das Böse steckt in unserem ängstlichen Widerstand gegenüber der Vieldeutigkeit[6]. Da wir danach streben, unsere Realitätserfahrungen zu polarisieren; da wir versuchen, unsere Wahrnehmungen von der Wirklichkeit zu kategorisieren; da wir ein Leben ohne Tod suchen, Freiheit ohne Wahlmöglichkeiten, Wahrheit ohne Veränderung, Reife ohne Wachsen, einen Gott ohne die Menschen, ein Dasein ohne Vieldeutigkeit, denken wir uns »Endlösungen« für Situationen aus, die möglicherweise gar kein Problem sind, sondern vielleicht Geheimnisse bergen, die uns mit neuen Empfindungen in Erstaunen versetzen, wenn wir uns auf sie einlassen.

Aber in unserer Angst tun wir das Böse. Wenn wir nach Lösungen für das Geheimnis suchen; wenn wir versuchen, Wachstum und Veränderung zu kontrollieren; wenn wir der Spontaneität, dem Pluralismus, den Wahlmöglichkeiten und den Differenzen Ordnung aufzwingen wollen, dann sind wir dazu bereit, das rätselhafte Wunder der Beziehungshaftigkeit zu zerstören. Wir sind dazu bereit, die schöpferische Grundlage der menschlichen Erfahrung zu negieren. Wir sind dazu bereit, die Menschheit zu töten, statt die Menschheit zu sich selbst zu befreien. Wir sind dazu bereit, Gott dem Tod auszuliefern, damit wir an einem Gottesbild festhalten können, das nur eine Projektion unserer eigenen aggressionsgeladenen Machtgier ist.

Es liegt in der Natur unseres Götzen, daß er Vieldeutigkeit nicht toleriert. Seine erste und einzige Liebe ist er selbst. Er ist ein leidenschaftsloses und unbeeinflußbares Wesen, das Oberhaupt eines universellen Clans, in dem die Männer die besten und die Frauen die letzten sind. Er hat eine Liste ethischer Werte, auf der »Vernunft« gute Noten bekommt und »Beziehung« schlechte. Er ist ein meisterlicher Pläneschmied, der unsere Wege festlegt und unsere Schritte durch Fernsteuerung lenkt, bevor wir überhaupt gehen gelernt haben. Sein Narzißmus ist unstillbar. Er fordert, daß wir ihn lieben. Diese kalte Gottheit ist eine Projektion des patriarchalischen Verlangens, die Welt zu beherrschen und zu kontrollieren. Er ist der ewige König, der Vorsitzende des Aufsichtsrats, der Präsident der Institution, der Guru der Jugend, der Ehemann der Frau, der General der Armee, der oberste Richter, der Herr des Universums, der Vater der Kirche. Er residiert über uns allen. Er ist unsere höhere Instanz, nie unser Freund. Er ist ein Vergewaltiger, und niemals wird er Frauen oder andere lieben, die unter ihm stehen. Er ist das erste und endgültige Abbild des Bösen in der Geschichte.

Diese Gottheit verheißt uns, daß im Anfang nicht die Beziehung, sondern »Gott« ist; kein Berühren, sondern nichts als »Gott«; keine menschliche, sondern nur göttliche »Kreativität«. Das bedeutet keine echte Kreativität, sondern die Negation-durch-Unterwerfung von allem, was atmet, wächst und sich verändert: die Negation der Menschheit an sich und aller Schöpfung.

Beziehungslos und uns selbst entfremdet schaffen wir diesen Gott nach dem Bilde unserer eigenen furchtsamen Apathie und preisen ihn, weil er uns nach seinem Bilde geschaffen hat. Wir erniedrigen uns selbst und erheben ihn als den Anfang all dessen, was wir an der Menschheit schätzen: *nichts*. Er ist die ewige Quelle all dessen, was über uns und anders als wir ist. Wir haben Angst vor dem Tod und dem Leben. Wir haben Angst vor der Passion, die uns fähig macht, Leben oder Tod zu erfahren. Aus dieser Angst heraus weben wir einen Mythos von der Entfremdung zwischen Gott und Mensch. Unserer eigenen *possibilitas* entfremdet, einander und Gott, unserem Freund und Geliebten, entfremdet, ohne Berührung und im Namen der Gottheit, die wir selbst geschaffen haben, glauben wir, daß wir als einzelne getrennt voneinander »unter Gott« leben und sterben. Ich bin allein, und auch du bist allein. Ich suche Trost bei meinem Herrn, der Gottheit, die mir versichert, daß Einsamkeit die Grundbedingung meines Lebens ist und daß der Glaube an meinen Herrn meine einzige Erlösung aus diesem Zustand, aus dieser Zeit, aus diesem Ort und auch meine einzige Erlösung von dir ist.

Aber mein Zorn bricht hervor, brennende
lodernde, brüllende
zersplitternde Einsamkeit –
Nein!

Es gibt wohl nichts Schwierigeres für uns, als unsere Macht, das Gute zu vollbringen, zu erkennen und zu beanspruchen. Nichts ist schwerer für uns, als zu erkennen, daß wir fähig sind, in der Welt positiv zu wirken, und daß wir die mit-schöpferische Fähigkeit haben, die Passion der Beziehung auszuhalten. Es ist schwer, denn in der Beziehung sind wir verstrickt in Vieldeutigkeit, geraten wir in Spannungen und Brennpunkte, die sich verlagern. Sie wechseln zwischen eigenem und fremdem Ich, zwischen Gegenwart, Vergangenheit und Zukunft, zwischen Erinnnerung und Hoffnung, Gewinn und Verlust, Freiheit und Schicksal, zwischen dem, was wir wissen, und dem, was wir träumen, zwischen dem, was wir freudig annehmen, und dem, was wir fürchten.

Meines Wissens hat noch kein christlicher Theologe eindeutig klargestellt: *Ebenso wie das Böse das Resultat der falschen Entscheidungen der Menschen ist, ist das Gute das Resultat der richtigen Entscheidungen der Menschen.* Christliche Theologen neigten dazu, die Menschen für das Böse zu tadeln und Gott für das Gute zu preisen. Ich glaube, dies ist ein schwerer Irrtum, denn Menschen können das Böse nicht vernichten, ohne das Gute zu tun. Das Gute ist ein einzigartiger menschlicher Akt und unsere gemeinsame Berufung.

Weder für das Gute noch für das Böse können wir eine anthropomorphe Gottheit verantwortlich machen. Denn Gott ist keine Person, »kein jemand«, sondern transpersonaler Geist, die Macht in Beziehung, die von der Menschheit abhängig ist, wenn sie das Gute tun, Gerechtigkeit herstellen, Liebe verwirklichen, Gott in der Welt leibhaftig machen will. Dies zu tun heißt das Böse zu zerstören. Es ist ein menschlicher Akt, das Gute zu tun und das Böse zu zerstören. Die Menschen sind dafür verantwortlich. Gott ist unsere Macht, dies zu tun. Wir können uns für diese Macht entscheiden. Sie steht immer für uns bereit und sie ist gut. Gott ist eine Macht, die wir lieben können – lieben, das heißt, wir erkennen *aktiv,* daß sie in unserem Leben gegenwärtig und kreativ ist. Gott zu lieben heißt das Böse zu zerstören. Es ist ein moralischer Imperativ, kein süßes Gefühl, keine private persönliche Beziehung oder mildtätige Geste.

Weil unsere Macht uns so ängstigt, balancieren wir von Anfang an auf der Grenze zwischen Gut und Böse. Das Böse tritt nicht als »der Sündenfall« in die Geschichte ein. Es gibt kein Wesen, das ein anderes Wesen dazu verführt, vom Baum der Erkenntnis zu essen, mit der Folge, daß dann ein Reich des Schreckens auf der Erde entsteht. Im Gegenteil, wir fallen nicht in Sünde, sondern kommen zur Erkenntnis unserer Macht, das Gute zu tun. Wir erkennen aber ebenso unser Zaudern, das Gute zu tun, das Zaudern, mit dem das Erdgeschöpf sich dem Baum der Erkenntnis von Gut und Böse näherte. Die Alternative zur Entscheidung des Erdgeschöpfs, vom Baum der Erkenntnis zu essen, war sein Verharren in passiver Bindung an den fremden Willen eines ganz anderen Wesens, also eine Verleugnung der eigenen Macht, aus freiem Entschluß zu erkennen und zu tun, was in der Welt gut ist.

Trotz der schöpferischen Erkenntnis von Gut und Böse zögern wir aber, für uns selbst die Macht in Anspruch zu nehmen, die uns zu schöpferischem Handeln befähigt. Wir neigen dazu, uns einen »Gott« vorzustellen, der uns versichert, daß die Macht, in der Geschichte zu wirken, ganz sicher nicht unsere Macht ist. Was immer und wo immer diese Macht ist, sie ist weder hier noch jetzt unsere Macht. Wir sind immer versucht auszuruhen. Es wird uns versichert, daß irgendein anderer oder andere die Welt bewegen und die Bedingungen für unseren winzigen Anteil an diesem andauernden schöpferischen Prozeß festsetzen werden. Wenn wir das zulassen, leugnen wir unsere Macht, das Gute zu vollbringen. Mit eben dieser Macht können wir auch das Böse zerstören, das dann Wurzeln schlägt, wenn wir zögern, an uns selbst als Mit-Schöpfer zu glauben.

Das Böse wirkt transpersonal von Person zu Person, von Nation zu Nation, von Generation zu Generation. Wir entscheiden, inwieweit das, was gut ist, maximiert und das, was böse ist, minimiert werden soll. Aufgrund dieser Entscheidungen werden in der Gesellschaft Gut und Böse verursacht. Das moralische Fundament religiöser, ökonomischer und sozialer Institutionen ist das *Wissen* der Menschheit von Gut und Böse.

Diese Institutionen ruhen auf unserer *Entscheidung,* das Gute und nicht das Böse zu tun. Das moralische Gefüge gesellschaftlicher Institutionen, wie Ehe und Familie, Regierung oder medizinische und religiöse Einrichtungen, manifestiert in der Geschichte ein komplexes und höchst doppeldeutiges Geflecht von guter und böser Absicht und Wirkung.

Es mag sein, daß ich die Absicht habe, in der Beziehung zu dir das Gute zu tun, daß wir die Absicht haben, in der Beziehung zu anderen das Gute zu tun. Aber wir leben nicht in einem moralischen Vakuum. Wir leben in Strukturen, die den Handlungsrahmen abstecken, innerhalb dessen wir lernen – vielleicht sorgfältig, aber unvollkommen – zu erkennen und zu entscheiden, was lieben bedeutet. Aber unter uns Menschen gibt es keine durchweg guten Absichten oder Wirkungen. Niemand von uns und auch nicht wir alle zusammen können uns entscheiden, das Gute zu tun, ohne auch das Böse zu erfahren. Vielleicht entscheiden wir uns auch dafür, am Bösen teilzunehmen – an der Zerstörung des Guten, am Zerbrechen der Beziehung, am Zerbrechen der Mit-Schöpfung und der Macht, zu berühren und berührt zu werden, die hier und jetzt so wichtig für uns ist. Wir, die wir mit-schaffen, müssen die bösen Wirkungen unseres eigenen Handelns erkennen.

Wenn wir schöpferisch leben und ein aktives Gefühl unserer Macht zum Guten erfahren wollen, müssen wir einander helfen, die Grenzlinien von Gut und Böse vertrauensvoller entlanggehen zu lernen. Es geht darum, die Ambivalenz unseres Tuns tolerieren zu lernen und dabei weder in die Passivität von Apathie und Gleichgültigkeit noch in die Panik, die nach Endlösungen sucht, zu verfallen.

Da uns Ambivalenz verwirrt und beängstigt, finden wir es furchtbar schwer, *sowohl* unsere Sünde, das heißt die Verleugnung unserer Macht in Beziehung, zu bekennen *als auch* zu erkennen, daß wir die tiefe Sehnsucht haben, zu berühren und berührt zu werden. Es fällt uns sehr schwer, anzuerkennen, daß wir ständig an der systematischen Zerstörung der Menschlichkeit teilhaben, *und* uns dennoch der Wiederherstellung von Menschlichkeit zu widmen. Die Gestalt-Psychologie erinnert uns daran, daß wir selten Hintergrund und Gestalt gleichzeitig sehen. Es fällt uns schwer, in einem einzigen Akt hier und jetzt das Gute und das Böse zu erkennen. Um das eine oder das andere zu sehen, um eines von beiden anzuerkennen, wechseln wir Brennpunkt und Intention und sehen dann nur, was wir gerade sehen wollen. Unsere mit-schöpferische Aufgabe ist es, Hintergrund und Gestalt gleichzeitig wahrzunehmen. Wir müssen das, was wir in der Welt tun, ganzheitlich sehen[7]. Wir dürfen nicht nur das sehen, was wir sehen wollen, sondern auch das, was tatsächlich geschieht. Und was geschieht, ist *dynamisch.* Es gibt keine Stagnation. Es gibt nichts einfach Gutes und nichts einfach Böses in der menschlichen Erfahrung, alles ist in unmittelbarer und wechselseitiger Bewegung. Diese Bewegung treibt uns zur Erkenntnis unserer Sünde, sie führt uns zu dem Bekenntnis, daß wir am Bösen teilhaben. Sie treibt uns jäh in die Erfahrung der Schuld, die *unmittelbar* zur Erfahrung der Reue werden kann, zu einem Akt der Liebe, zu einem Akt der Gerechtigkeit und zu einem Akt, das Gute in der Welt zu vollbringen. Unsere Passion treibt uns in unser Bekenntnis, und dies ist immer unser erster Akt der Gerechtigkeit.

Obwohl wir wissen, daß wir am Bösen teilhaben, finden wir uns nicht mit dem Bösen ab; wir anerkennen es und bekennen, daß wir Angst haben, die Macht in Beziehung ernst zu nehmen. Aber wir tolerieren dieses Unrecht weder in unserem eigenen Leben noch anderswo in der Welt; wir sind nicht bereit, es zu akzeptieren. In unserem Leben und in unseren Entscheidungen erkennen wir Hintergrund und Gestalt an, Gut und Böse. Wir werden wieder und wieder durch unsere Macht in Beziehung dazu angetrieben, uns mit zärtlicher Beharrlichkeit durch unsere Sünde hindurchzukämpfen zur Bejahung unser selbst in der Beziehung.

Das Böse ist das, was Menschen von Menschen angetan wird. Dies gilt für jede Ebene des menschlichen Lebens (für die individuelle oder für die gemeinschaftliche Ebene, für die Ebene von Rasse, Geschlecht, Klasse oder Nation). Es gilt für jede Institution (Freundschaft, Familie, Regierung, Kirche oder Wirtschaft), und es ist unerheblich, aus welchem Grund es getan wird (aus Neid, Selbstsucht, Konkurrenzdenken, Ehrgeiz, Kriegslust).

Das Böse zerbricht die Macht der Beziehung, die uns aneinander bindet. Damit zerstört es bei seinen Opfern die Erkenntnis ihrer selbst als Wesen der Beziehung. Das Böse vernichtet bei den Menschen das Gefühl, daß sie in der Beziehung zu anderen schöpferische Macht erlangen. Die Opfer des Bösen (der Ungerechtigkeit) werden unterwürfig und ergeben gemacht. Sie sind von Wille und Urteil der Herren abhängig, die die Gegenseitigkeit und die Möglichkeit der Freundschaft zerbrochen haben. Opfer des Bösen sind wirkungslos, sie sind nicht fähig, Gutes zu vollbringen, bis sie wieder dazu fähig werden, ihre Macht in Anspruch zu nehmen, und dies können sie nur in Beziehung tun. Wenn dies geschieht; wenn sie als Freunde gegen ihre eigene Unterdrückung revoltieren; wenn sie gegen das Böse, das ihnen angetan wird, aufstehen, dann wird Revolution zum Akt des Volkes, der die Menschen in gegenseitige Beziehung führt. Revolution ist das Streben nach einer Gesellschaftsordnung, die den gemeinsamen Interessen von Menschen dient, die alle gleichermaßen fähig sind, in Beziehung zu geben und zu empfangen.

Mit dir fange ich an zu erkennen, daß die Sonne wieder aufgehen kann, daß die Flüsse wieder fließen können, daß die Feuer wieder brennen können.

Mit dir fange ich an zu sehen, daß die Hungernden wieder essen, die Kinder wieder spielen, die Frauen wieder zornig sein und aufrecht stehen können.

Es geht nicht darum, was sein »sollte«. Es ist eine Macht, die uns auf die Gerechtigkeit zutreibt und sie herstellt. Diese Macht läßt die Sonne glühen, die Flüsse tosen und die Feuer wüten. Und die Revolution wird von neuem gewonnen. Und du und ich werden von einer Macht getrieben, die uns gleichzeitig erschreckt und tröstet. Und »ich liebe dich« bedeutet: Laß die Revolution beginnen!

Unsere Alternative ist Resignation vor der Apathie, in der wir Gott zum Tode verdammen. Menschen, die keine Passion haben und ihre Macht, in der Beziehung Gutes zu vollbringen, nicht spüren, sind nicht fähig, Gott hier und jetzt zu inkarnieren, leibhaftig zu machen. Und wo es keine Inkarnation gibt, gibt es keinen Gott.

und ihr werdet zärtlich sein
und ihr werdet eure Hände ausstrecken
und berühren
und es wird euch wohl ergehen

Wer wird uns helfen, in der Welt göttlich zu handeln (to god)? Wer wird uns helfen, Gut und Böse zu erkennen? Wer wird zärtlich, aber beharrlich unser Zaudern überwinden, endlich die Macht in Beziehung zu befreien und in Anspruch zu nehmen?

Ein Messias begegnet uns dort, wo wir sind, zwischen dem »schon« und dem »noch nicht«. Er begegnet uns, *nicht* um uns einzuprägen, wer der *Messias* ist, sondern wer *wir* sind. Messianismus ist unser unaufhörliches Verlangen, unsere Macht in der Welt aktiv zu erkennen. Messianismus ist eine ebenso konstante Dimension menschlicher Erfahrung wie das Zaudern, mit dem wir uns dem »noch nicht« oft nähern[8]. Unsere messianische Erwartung ist *funktional.* Wir suchen jemanden, der etwas *tut* und *uns hilft.* Wir suchen jemanden, der uns ermutigt – der uns Mut gibt – und uns damit hilft, unsere Macht in Beziehung einzufordern. Wir suchen jemanden, der uns hilft, aktiv zu erkennen, was es bedeutet, Gott leibhaftig zu machen.

Aber wen suchen wir? Und sind wir überhaupt fähig zu suchen? Oder müssen wir in unserem passiven Zaudern von jemandem aufgesucht werden, der nicht zögert, hier und jetzt die Hand nach uns auszustrecken? Unser Zaudern zeigt, daß wir einen Anwalt und Ermutiger brauchen. Wir brauchen jemanden, der unsere Fähigkeit zur Beziehung ernster nimmt, als wir es selbst zu dieser Zeit und an diesem Ort tun können.

Und so stehen wir verwirrt und widerstrebend in der Kluft zwischen dem, was wir als Wirklichkeit erfahren haben, und dem, was uns als Möglichkeit und Vision vor Augen steht. Wir können nicht länger in jämmerlicher Passivität verharren und die Bindung an Götzen aufrechterhalten, an die wir nicht mehr glauben. Aber wir sind auch nicht fähig, uns durch unsere Furcht hindurch in die Passion zu stürzen, die uns zu verändern droht. Wir warten. Wir hoffen. Wir suchen Veränderung. Und weil wir zaudern, müssen wir zwangsläufig annehmen, daß die Veränderung *zu* uns gebracht und nicht *durch* uns vollbracht wird. Durch unser Zaudern übernehmen wir die Position der reaktiven statt der aktiven Kraft bei der Verwirklichung dessen, was lieben bedeutet. So hängt es von unserem Messias oder von mehreren messianischen Gestalten ab, ob wir dazu fähig sind, Mit-Schöpfer zu sein. Es hängt von seiner oder ihrer Bereitschaft und Fähigkeit ab, uns zu ermutigen, statt zu kontrollieren, uns zu lieben, statt uns zu besitzen. Es hängt davon ab, ob er oder sie uns dabei helfen, unsere ursprünglich reaktiven Instinkte *selbst* in die aktive Macht in Beziehung umzuwandeln. Messiasse müssen Freunde, nicht Gottheiten der Menschheit sein.

Zum Glück gibt es immer solche Freundinnen und Freunde der Menschheit, Menschen, die in ihrer Person die transpersonale *dynamis* in der Welt repräsentieren, Menschen, die uns nicht manipulieren, sondern uns trösten, wenn sie sehen, daß wir noch immer die Beziehung verletzen. Durch und mit solchen Menschen erkennen wir, daß Gott hier und jetzt *für uns* und *durch uns* und *mit uns* Schwester ist, daß Gott schwarz ist, daß Gott um das Überleben in der Welt kämpft.

Es gibt so viele und so unterschiedliche Inkarnationen Gottes, wie es Menschen gibt, die durch die Macht in Beziehung angetrieben werden, zu berühren und von Schwestern und Brüdern berührt zu werden. Wenn wir uns in unserer messianischen Erwartung auf *eine* Person konzentrieren; wenn wir Gott in einer einzelnen Gestalt lokalisieren und festmachen wollen; wenn wir zulassen, daß die Spannung und Ambivalenz der Beziehung gebrochen wird; wenn wir bei einer Definition »Gottes« bleiben, die uns wie ein Paket in der Person eines einzelnen Messias erreicht, dann leugnen wir, daß sich die Macht in Beziehung in der Geschichte durch viele Inkarnationen bewegt. *Eine* messianische Gestalt zu *verehren* heißt den Kontakt zu unserer Macht in Beziehung zu verlieren. Es bedeutet, daß wir uns von Gott distanzieren.

Wenn wir zaudern, in der Welt das Gute zu erkennen und zu tun, dann liegt das nicht einfach an unserer eigenen »inneren« Furcht. Es ist kein Problem »innerhalb« der individuellen Psyche. Vielmehr werden wir, buchstäblich im passiven Sinne, durch ein Wechselspiel von Kräften in der Schwebe gehalten, die sowohl innerhalb als auch außerhalb unserer Wahrnehmung wirken.

Wenn im Anfang die Beziehung ist, dann leben wir zu keiner Zeit ohne die Einwirkungen und Einflüsse anderer Menschen. Es mag sein, daß wir uns allein *fühlen,* aber wir sind es nicht. Gewiß bildet diese grundlegende Beziehungshaftigkeit die Basis unserer Kreativität in der Welt. Sie nährt aber ebenso unser ängstliches Zaudern, unserer schöpferischen Macht zu vertrauen. Denn wir brauchen uns nur umzuschauen und – zum Beispiel in der Geschichte von Jesus – den Preis schöpferischer Beziehung zu erkennen, um eingeschüchtert zu werden. Die Vorstellung, was uns geschehen könnte, wenn wir uns entscheiden, unsere Macht in Beziehung ernst zu nehmen, macht uns Angst.

Wir brauchen Ermutigung, die uns gleichzeitig aus dieser beängstigenden Sackgasse *hinausführt* und uns tröstet, indem sie uns fähig macht, geduldig mit uns selbst zu sein. Wir sind gezwungen, am verwirrenden Chaos beziehungshafter Bewegung teilzunehmen. Damit wir von diesem Chaos nicht verschlungen werden, müssen wir unser Tempo mit Vernunft und Vorsicht selbst bestimmen. Messiasse müssen in Beziehung zu zaudernden Menschen behutsam sein.

Wenn wir im Zaudern leben, geschieht es selten, daß wir von Freunden gefunden werden, die uns auf diese Weise drängen und trösten. Es begegnen uns nicht viele Menschen, deren Passion *für* uns auch Passion *mit* uns – *Mitleid* – ist. In diesem Bewußtsein von Beziehung, das durch Einfühlungsvermögen gekennzeichnet ist, können messianische Freundinnen und Freunde ebensoviel von uns empfangen, wie sie uns geben. Solche Freundinnen und Freunde können uns vorwärtsdrängen. Sie können uns aber auch die Zuversicht geben, daß wir selbst die *einzigen* sind, die bestimmen, wann und wie wir unsere Macht einfordern.

Solche Freundinnen und Freunde, die uns wahrhaft Rat geben, lehren, lieben und uns Schwestern und Brüder sind, erkennen ihr eigenes Bedürfnis, gedrängt und getröstet zu werden. Dadurch erkennen sie auch, daß jede schöpferische Beziehung *gegenseitig messianisch* ist. Sie, die uns ermutigen, werden *von* uns ermutigt. Sie zögern, sich selbst so ernst wie uns zu nehmen. Aber wenn sie uns drängen, werden auch sie gedrängt, denn der messianische Impuls ist auf andere gerichtet. Sie, die uns trösten, wenn wir nur langsam und mühselig Mut fassen, werden von uns getröstet, wenn die Furcht sie dazu verleitet, den schmerzlichen Wert dessen zu verleugnen, was sie in der Beziehung tun.

Unsere gesellschaftliche Ordnung fördert die Gegenseitigkeit nicht. In der Geschichte unterliegt die Chance zu Freundschaft, gegenseitiger Beziehung und zur Inkarnation Gottes unter uns immer wieder den Verteidigern eines Systems, in dem Beziehungen auf der Basis von Konkurrenz statt Gleichheit strukturiert sind. In diesem System werden Beziehungen von der Angst bestimmt, die Habsucht und Konkurrenz Nahrung gibt. Institutionelle Strukturen – von multinationalen Gesellschaften bis zu den psychosozialen Strukturen des Individuums – sind fest durch eine tiefe und allgemeine Furcht vor Freundschaft und Liebe verkrustet, durch die Angst vor Chaos, Anarchie, Leid und Verlust. Sie sind von der Angst vor der Macht in Beziehung geprägt und von der Angst vor dem, was mit unserem »Gewinn« geschehen könnte, wenn wir einander als künftige Freunde und nicht als potentielle Konkurrenten betrachten.

Unsere gesellschaftliche Ordnung quillt über von menschlichem Leid und Angst, von verzweifelter Hoffnung und von Sehnsucht nach etwas anderem als Nervenzusammenbrüchen. Diese Ordnung produziert Beziehungen, die durch Verachtung gekennzeichnet sind; sie produziert Verbrechen und Strafe, die moralische Leere von Erziehung und Religion, die Verleugnungen der Freundschaft durch Sexismus, Rassismus und das Klassensystem, die Verleugnungen der Freundschaft, die uns in den Krieg treiben. Sie produziert auch die »Lügen, Geheimnisse und das Schweigen«, mit dem wir unsere fadenscheinigen Konstruktionen der Welt zusammenkleistern[9].

In dieser Situation finden wir wenig Ermutigung, an Gegenseitigkeit und Gemeinschaft auch nur zu denken. Zwischen Erwachsenen, Klassen, Geschlechtern, Rassen oder Nationen wird Gegenseitigkeit nicht gefördert. Deshalb bildet schon die Idee des gegenseitigen Messianismus einen Widerspruch zu dem, was wir *real erfahren:* einen Mangel an Glauben an die Gegenseitigkeit. Wir haben nur wenige Chancen, die Gegenseitigkeit, die zwischen uns besteht, zu pflegen. Durch den mangelnden Glauben an die Gegenseitigkeit werden außerdem die meisten dieser Möglichkeiten vereitelt. Wir empfangen und geben also wenig Ermutigung zur Gegenseitigkeit. Deshalb lassen wir uns nur schwer dazu bewegen, uns auch nur vorzustellen, wie es wäre, wenn wir dazu ermutigt würden, unsere Macht in gegenseitiger Beziehung ernst zu nehmen. Wir wissen nicht, wie wir einen Messias »erwarten« sollen, an den wir nicht glauben. Wir haben gelernt zu erwarten, daß uns unsere Erlösung vom Himmel herabgereicht wird. Wir warten auf einen Messias, den wir uns nur als göttlich, das heißt als besser als die Menschen, vorstellen können. Wir erwarten, daß der Messias unser Gott und nicht unser Freund ist, denn wir sind noch immer nicht dazu fähig, bis ins letzte zu erfassen, welchen Wert die Gegenseitigkeit der Freundschaft hat. Wir erwarten einen göttlichen Retter, weil wir nicht fähig sind zu erkennen, daß wir selbst die Retter Gottes sind. In einer solchen Welt beseelt und belebt uns die Aussicht auf gegenseitigen Messianismus, den wir wie in einem dunklen Spiegel als unsere Möglichkeit erblicken. Gleichzeitig aber sind wir niedergeschlagen und traurig, weil diese Erfahrung in unserem Leben so selten und unwahrscheinlich ist.

Wir sind gesegnet, wenn wir Freundinnen und Freunde haben, die die Menschheit lieben. Aber dennoch leben wir mit diesen liebenden Freundinnen und Freunden immer in dem ambivalenten und provisorischen Zustand zwischen dem Warten auf die Gerechtigkeit und ihrer Erfüllung. Gegenseitig können wir einander über das gegenwärtige Zaudern hinausdrängen, gegenseitig können wir einander trösten, gegenseitig können wir voneinander gesegnet werden. Wenn dies geschieht, ist es sehr gut. Aber wir müssen mit Angst und Ungerechtigkeit rechnen, und unsere gemeinsame Passion erlaubt nicht, daß wir das Böse in der Welt vergessen, das in unserem eigenen Leben beginnt.

Die gütigsten messianischen Freundinnen und Freunde werden Menschen sein, die uns daran erinnern, daß wir jetzt und immer im Provisorium zwischen Erwartung und Erfüllung leben. Ja, das Reich Gottes ist im Kommen – und noch immer haben wir Angst, auch wenn wir fähig sind, zu ermutigen und voneinander ermutigt zu werden. Wir leiden noch immer, denn wir haben eine gemeinsame Vision, von der wir angetrieben werden, eine Vision von einer besseren Welt, die sich uns aber weiter entzieht.

Zögernd und verwirrt, sehnsüchtig und furchtsam beginnen wir, einander zu ermutigen, und wir erkennen, daß es kein kleiner Schritt ist, gemeinsam unser Zaudern zu überwinden. Es ist ein revolutionärer Sprung auf zukünftige Möglichkeiten zu, den wir allein auf der Grundlage einer gegenwärtigen Vision wagen, der wir vielleicht nicht ganz trauen. Es ist genug, um uns an den Rand des Wahnsinns zu bringen, denn alles, was jemals sein soll, wird von uns geschaffen werden; und im Hier und Jetzt können wir uns unsere mit-schöpferische Macht nicht vorstellen. Wir zittern vor dem erschreckenden Abgrund dessen, was möglich ist.

Wir müssen unsere Erfahrung in Beziehung zu anderen betrachten, die Passion und Angst erfahren haben. Möglicherweise hat der Lauf der Zeit dazu beigetragen, den Wert und Preis ihrer Erfahrungen zu erhellen. Auf dieser Grundlage können wir den Wert und Preis dessen einschätzen, was wir tun oder tun wollen.

Die Geschichte erzählt uns die Geschichten von Menschen. Jesus ist einer von ihnen. Seine Geschichte kann nur dann hilfreich für uns sein, wenn sie uns beim Erkennen unserer Macht in Beziehung ermutigt, antreibt und tröstet.

Christen haben die Gestalt Jesu manipuliert, indem sie behaupteten, er, der Messias, sitze hoch über der Menschheit zur Rechten des Vaters. Nach ihrem Verständnis ist er eine göttliche »Person«, die keine gegenseitige Beziehung braucht. Diese Idolatrie Christi zerstört die Macht in menschlicher Beziehung, denn sie symbolisiert etwas, das für wichtiger als der *leibhaftige* Gott und die Macht in *menschlicher* Beziehung gehalten wird. Jesus als ewiger Christus ist eine Karikatur, entworfen von christlichen Männern. Sie haben das Entscheidende an Jesus verfehlt, der keinen höheren Wert als Gottes Inkarnation kannte – Gottes aktive Gegenwart in der Welt. Die Bibel oder die darauf folgende Tradition ermutigen uns nicht, Jesu eigene gegenseitig-messianische Gegenwart ernst zu nehmen. Sie fördern auch nicht unsere Verantwortung, »ihm zu folgen«, indem wir uns dem gegenseitigen Messianismus anschließen, denn dieser gegenseitige Messianismus hat nicht erst im Leben Jesu begonnen, noch wurde er von ihm vollendet. Vielmehr wurde er in Jesu Beziehung zu anderen als der *einzige* Weg offenbart, Gott leibhaftig zu machen.

Wenn Jesus Gott war (Gott, der Sohn), oder wenn er der Christus war, unser Herr und einziger Retter (ein Halbgott, anders als du und ich), dann ermutigt mich seine Geschichte in keiner Weise. Ich kann sie nur als Versuch verstehen, die mangelnde Liebesbereitschaft der Menschen und unser Bedürfnis nach einem über-menschlichen Mittler zwischen dem Menschlichen und dem Göttlichen zu betonen. Eine solche Geschichte ist pervers, insofern sie unser Zaudern, beziehungshafte Macht freizusetzen und wirksam werden zu lassen, verstärkt. Sie legitimiert eine Theologie, die auf Voraussetzungen aufgebaut ist, die »vollständig verkehrt« worden sind: Unmittelbarkeit wurde in das Bedürfnis nach Vermittlung verkehrt, Intimität in Distanz, konkrete Akte der Gerechtigkeit in einen nicht greifbaren Frieden, der unser Verständnis übersteigt, die Macht in menschlicher Beziehung in die Allmacht einer Gottheit jenseits menschlicher Beziehung. Menschliche Passion wurde in die Verehrung »Gottes« und das herablassende Mitleid einer Menschheit verkehrt, die nach »Gottes« einsamem Bilde geschaffen wurde.

Wenn Jesus aber Mensch war, eine Person wie du und ich, ist es eine völlig andere Geschichte. Denn dann haben wir die Vorstellung von einem Jesus, der Freunde brauchte. Wir sehen einen Jesus, der in die unmittelbaren und intimen Dimensionen der Beziehung hineinlebte. Dieses Bild kann etwas widerspiegeln, das auch uns möglich ist. Jesus »fühlte, daß eine Kraft von ihm ausging«, als er berührt wurde; er tadelte seine Freunde für ihr Versagen, ihn oder sich selbst ernst zu nehmen. Das Bild dieses Jesus kann uns dazu motivieren, wieder anschaulich zu machen, wie ernsthaft uns in der Beziehung die Macht verliehen wird, die Welt zu schaffen. Jesus versuchte immer wieder mit geduldiger, oft auch zorniger Nachsicht, anderen zu zeigen, was in der Welt geschah. Das Bild dieses Jesus kann uns daran erinnern, daß wir weder die Ersten noch die Letzen in der Geschichte sind, die Angst haben, Gott zu erkennen und zu lieben. Das Bild eines Jesus, der sich ungerechter Beziehung widersetzte, der Leid erduldete, statt ethische Kompromisse zu schließen; das Bild eines Jesus, der ungerechten Tod – auch seinen eigenen – haßte, statt ihn zu begrüßen, kann uns über die Versuchung hinweghelfen, mit der Ungerechtigkeit in der Welt einen faulen Frieden zu schließen. Dazu gehört auch die Ungerechtigkeit, die aus unserem eigenen Zaudern erwächst.

Jesus verachtete, in der prophetischen Tradition Israels, die blasphemische Vorstellung einer Gottheit, die Opfer, vor allem *Menschen*opfer, liebt. Das Bild dieses Jesus kann uns versichern, daß wir nicht hier sind, um uns bereitwillig aufzugeben und uns um irgend jemandes willen kreuzigen zu lassen. Statt dessen zeigt es uns, daß wir hier sind, um gemeinsam gegen die Ungerechtigkeit zu kämpfen, die Menschen – auch uns selbst – zu Opfern macht. Ich glaube, es gibt einen Unterschied zwischen Opfertod und leidenschaftlichem Tod. Der *Opfertod* wird von einem Gefühl der Ohnmacht begleitet und ist durch die Inbrunst gekennzeichnet, mit der Märtyrer ihn suchen. Der *leidenschaftliche* Tod wird nicht mit Freude ertragen. Aber Menschen, die die Menschheit lieben, sind eher dazu bereit zu sterben, als die großen Möglichkeiten der Beziehung in der Welt aufs Spiel zu setzen.

Dieses Bild Jesu ist das Bild eines Freundes, eines Gefährten, der ebenso empfing, wie er gab; das Bild eines Liebenden, der von denen ermutigt wurde, die ihn liebten. Es ist das Bild eines Lehrers, der den Preis seiner Macht kannte – und sie dennoch als das Höchste bewertete; das Bild eines Bruders, der aus diesem Grunde getötet wurde. Es ist das Bild eines Menschen, dessen Freundinnen und Freunde begannen, ihre eigene Macht in Anspruch zu nehmen; das Bild eines Menschen, den sie nicht vergaßen.

Dieses Bild kann unsere eigene Macht *nur* dann spiegeln, wenn wir *schon* offen für sie sind, wenn wir auf Jesus schauen, damit uns klar wird, was göttlich handeln bedeutet und kostet. Sonst ist das Bild, das unseren Blicken begegnet, ein Bild der Magie, des Leides und des Todes. Wenn wir nicht bereits ein – wenn auch unschlüssiges – Gefühl von der Macht in Beziehung haben; wenn wir nicht bereits etwas von dem wissen, was Jesus wußte, wird das Bild Jesu unsere Vision vom leibhaftigen Gott ablenken. Wenn wir aber bereits erkennen, daß die Passion Jesu ungewöhnlich, aber nicht einzigartig war, und wenn wir bereits im Leben anderer Männer und Frauen den absoluten Wert der Passion erkennen, dann kann das Bild Jesu für uns den hohen

Wert und den hohen Preis unseres eigenen beziehungshaften Lebens in der Welt erhellen.

Das Bild Jesu kann nur dann Licht auf uns ausgießen, wenn wir Jesus von dem befreien, was die Kirche aus ihm gemacht hat, und ihn in die Liturgie unseres eigenen gemeinsamen Lebens aufnehmen. Denn wir wollen gegenseitige Passion und mitschöpferische Macht unter uns selbst *feiern,* statt diese Werte im Namen eines erhabenen, leidenschaftslosen und allmächtigen Christus der Kirche weiter zu verunglimpfen.

Wenn wir durch das Bild Jesu nicht ermutigt werden, besteht keine Notwendigkeit, uns damit zu beschäftigen[10]. Das Bild Jesu zeigt uns, daß wir unseren Mut in der Beziehung zu solchen Menschen und Geschichten finden und bewahren werden, die uns ganz unmittelbar berühren. Ermutigt durch sein Bild, haben wir überhaupt keinen Grund, uns nicht auf das Wagnis einzulassen, zu lernen, was es bedeutet, Gott zu inkarnieren, leibhaftig zu machen. Es gibt keinen Grund, nicht darüber nachzudenken, ob sich in seiner Gestalt und Geschichte nicht die Erlösung Jesu Christi von »Gott« und die Erlösung Gottes von der Apathie der Menschen zeigt.

Nein
und wieder nein
ich weigere mich
wieder
in »Gott«
verlorenzugehen

Ich werde leben
ohne »Gott«

Ich werde leiden
ohne »Gott«

Ich werde frohlocken
ohne »Gott«

Ich weigere mich
durch Seine besitzgierige
Leidenschaftslosigkeit
erstickt zu werden.

Und meine Weigerung wird mir durch deine Freundschaft möglich, durch dich, denn du liebst mich. Du akzeptierst meine Isolation oder meinen »Gott« nicht, und damit segnest du mich; du – du erinnerst dich an die Intimität unserer Beziehung; du – du bist erfüllt von der Unmittelbarkeit dessen, was wir sind; du – du hast nicht vergessen, daß wir nicht allein sind.

Aber du fürchtest den Tod – oder fürchtest du ihn nicht? Stehst du mit etwas in Berührung, zu dem ich keine Berührung habe? Bist du mit mir und der Beständigkeit dessen, was wir zusammen sind, verbunden? Ist das der Grund, weshalb du zornig bist – für mich? Ihr zärtlichen Schwestern, ihr erinnert euch an unsere Macht zu wirken, einfach indem wir berühren, an unsere Macht zu schaffen, einfach indem wir in Beziehung leben. Ihr seid aufgerufen, den Mythos der Einsamkeit und das Pathos des »Gottes« zunichte zu machen, der keine Freunde braucht. Es treibt euch, an unserer Beziehung weiterzuarbeiten. Ihr werdet mich nicht allein lassen. Ihr seid in eurem Streben beharrlich. Und ihr werdet mich eher zum Wahnsinn treiben, als daß ihr mich dazu verdammt, einem »Gott« dienstbar zu bleiben, der meine einsame Verehrung genießt. Ihr fühlt euch getrieben, die Depression, die mein Herz fesselt, zu durchbrechen.

Aber was treibt euch? Ihr erbebt, wenn wieder die Geschichte furchtsamer Menschen erzählt wird, die einen »Gott« entwerfen, der uns von der Menschheit weglockt und über die Welt hinaushebt. Was zwingt euch zum Weinen und treibt euch zum Wahnsinn, wenn wir unsere Herzen zu »Gott« erheben? Was veranlaßt euch, zu stehen statt zu knien, hinunter- statt hinaufzuschauen, zu uns statt zu »Gott« zu schreien und nicht zu flüstern?

Kommt herunter, Schwestern!
Kommt herunter, Brüder!
Seht die Welt!
Erkennt die Menschheit!

Ich frage mich, was euch zwingt, ihr zornigen Propheten, ihr tröstenden Psalmisten, ihr Freundinnen und Freunde, die ihr mich erschreckt, weil ihr gesehen habt, was uns aufzehrt, wenn wir zu nahe kommen. So wird uns die Geschichte vom brennenden Dornbusch erzählt[11]. Dietrich, Dorothee und Elie, ihr anderen mit Namen, Gesichtern und Händen, was zwingt euch, mich zu zwingen; was öffnet euch so das Herz, daß ihr auch meines öffnet? Was treibt euch, mich dazu zu treiben, zu fragen, was euch treibt?

Tötet meinen »Gott«! Das wäre ohnehin besser, denn ich weigere mich, einen »Gott« zu lieben, der mich nicht ernst nimmt, einen »Gott«, der mich nicht liebt, einen »Gott«, dessen Herablassung seine Anerkennung hervorrufen soll. Es ist besser, wenn dieser »Gott« tot ist. Aber ich erschrecke davor, ihn zu verlieren. Ich erschrecke davor, herunterzukommen, zu sehen und zu wissen, was ich ohne ihn bin. Ich erschrecke davor und bin dennoch gezwungen, mit euch herunterzukommen, denn ich bin es müde, mich in der Kluft zwischen Einsamkeit und Gerechtigkeit hin und her zu winden. Ich bin einsam. Ich leide Not. Ich bin erschrocken und getrieben, mit euch zu zittern. Ich bin getrieben, mit euch hinunterzuschauen, mit euch genau hinzuschauen, sehr genau. Ich bin getrieben, mit euch meinen Blick auf die Welt zu heften. Ich bin getrieben, mit euch daran zu denken, daß ich eine Prophetin bin, mit euch und nur mit euch.

Erschrocken gehen uns die Augen auf. Was wir sehen, ist schrecklich. Und es ist gut, daß wir gemeinsam sehen, daß wir nicht allein sind. Wir sehen gebrochene Menschen, die danach schreien, geheilt zu werden, isolierte Menschen, die sich nach Beziehung sehnen. Wir sehen die leidende Menschheit, die zornig nach Gerechtigkeit verlangt. Wir sehen Nationen, Fremde, Freunde, Ehegatten, Liebende, Kinder, Schwestern und Brüder. Wir fangen an, uns auf uns selbst zu besinnen, gezwungen von der Macht in Beziehung. Diese Macht ist schonungslos in ihrem Entschluß, die Grenzen und Trennwände zwischen uns zu durchbrechen. Wir werden dazu getrieben, das Wort auszusprechen, das sich über uns ergießt:

»Ohne unser Berühren gibt es keinen Gott.
Ohne unsere Beziehung gibt es keinen Gott.«

Ohne unser Schreien, ohne unser Sehnen, ohne unser Zürnen gibt es keinen Gott. Denn im Anfang ist die Beziehung, und in der Beziehung liegt die Macht, die die Welt durch uns und mit uns schafft, du und ich, ihr und wir und niemand von uns allein.

Durch diese Macht werden wir weiter getrieben, als wir uns vorzustellen wagen. Durch diese Macht werden wir dazu ermutigt, zusammen zu leben. Durch diese Macht wird es uns möglich, zu erfahren und zu erkennen, daß wir ermutigt und befähigt werden, unaufhörlich göttlich zu handeln. Von uns, mit uns und durch uns wird diese Macht befreit. Und schließlich werden wir Hand in Hand gesegnet.

14 Liebe und Sexualität: Die gerechte Beziehung

James Baldwin sagte einmal, der Künstler spiele die gleiche Rolle wie jemand, der liebt. Wer liebe, müsse dem geliebten Menschen die Dinge bewußt machen, die dieser nicht sieht. Die Rolle der Künstlerin und des Künstlers: lieben, lehren, Rat geben, Priester sein, ob wir nun Laien oder im Amt sind. Wenn ich dich liebe, muß ich dir die Dinge bewußt machen, die du nicht siehst. Nach meinem Verständnis ist dies unser gemeinsames Lebensziel.

Ich spreche hier[1] als Frau, deren Selbstverständnis sich ständig fortentwickelt. Dies ist oftmals unbequem, und manchmal hinterläßt es Narben in mir. Dabei erlebe ich immer wieder Überraschungen mit mir selbst und mit anderen und eine Wandlung meines Selbstgefühls, die niemals abgeschlossen ist. Ich verstehe mich kaum in Kategorien, die statisch sind. Sogar die Kategorien, die die meisten von uns für grundlegend halten – wie weibliches oder männliches Geschlecht oder die menschliche Identität an sich –, erscheinen mir unbestimmter und weniger festgelegt, als wir oft annehmen. Ich neige zu der Ansicht, daß nichts festgelegt ist, und will dies für den Augenblick auch vertreten.

Und doch gibt es etwas Grundlegendes unter uns, etwas Evolutionäres und Revolutionäres; etwas Grundlegenderes als Weiblichkeit oder Männlichkeit, weiße oder schwarze Hautfarbe, Homosexualität oder Heterosexualität; etwas Grundlegenderes als Christentum oder jede andere Religion. Es gibt etwas, das sich nicht verändert, etwas, das gerade in seiner dynamischen, revolutionären Bewegung in der Welt stabil und konstant ist. Ich spreche von der Erfahrung der Liebe unter den Menschen und vielleicht auch unter anderen Geschöpfen – oder von unserer Gotteserfahrung in der Welt. Wenn es also eine fundamentale Kategorie gibt, die angemessen beschreiben, ja definieren kann, wer wir sind und wozu wir hier auf der Welt sind, so ist es die Kategorie der Liebe. Wir sollen lieben.

Das Wort »Liebe« ist zu einer Floskel für süßliche Glücksgefühle geworden. Es wurde uns eingeredet, zu einer Liebesgeschichte gehörten verschwommene Empfindungen, feuchte Augen und prickelnde Umarmungen. Da die Liebe so armselig romantisiert und so gründlich trivialisiert wurde und da die Bedeutung, die dieses Wort im Evangelium hat, pervertiert – vollkommen verkehrt – wurde, befinden wir uns nun in einer Situation, in der wir wieder anfangen müssen, neu zu erfahren, neu zu betrachten und uns neu vorzustellen, was es bedeutet, »ich liebe dich« zu sagen. Wir müssen wieder neu erfahren, was es bedeutet, zu glauben, daß Gott unter uns in der Welt ist, daß Gott sich mit uns, ja durch uns hier und jetzt bewegt. Was bedeutet es, zu lieben? Es bedeutet in der Tat, wie Baldwin schreibt, daß wir denen, die wir lieben, die Dinge bewußt machen, die sie nicht sehen. Aber es bedeutet zuerst, daß wir uns selbst der Dinge bewußt werden, die wir nicht sehen.

Vielleicht ist es das besondere Privileg von homosexuellen Frauen und Männern, sehr ernsthaft darüber nachzudenken, was lieben bedeutet. Da wir keine anderen Kategorien hatten, mußten wir auf die Begriffe »Liebende« oder »Liebender«, Geliebte oder Geliebter zurückgreifen, wenn wir etwas von unseren wichtigsten Beziehungen mitteilen wollten. Wir mußten auf Begriffe verzichten, die in der Tradition romantischer Liebe verankert sind, Begriffe wie Ehemann und Ehefrau, Männlichkeit und Weiblichkeit, Braut und Bräutigam. Äußere Zeichen der romantischen Liebe, wie Ringe, Hochzeiten und öffentliche Darstellung von Zuneigung, wurden uns vorenthalten. Auch auf die religiöse Legitimation der romantischen Liebe, auf den Segen, mußten wir verzichten. Unsere Beziehungen wurden weder gefeiert noch akzeptiert oder anerkannt, und so hatten wir kein anderes gemeinsames Wort für uns selbst und für die, die wir lieben, als das Wort »Liebende« oder »Liebender«, Geliebte oder Geliebter. Da wir auf die bürgerlichen und religiösen Verzierungen der »Liebe« verzichten müssen, sind wir aus gutem Grund gezwungen, die Tiefen dessen auszuloten, was lieben wirklich bedeutet. Unser Mangel wird zu einer Chance: Wir können uns der Dinge bewußt werden, die wir nicht sehen, und wir können andere dieser Dinge bewußt machen.

Was kann lieben bedeuten? Ich möchte beschreiben, was ich entdeckt habe und noch immer entdecke, und ich habe die Hoffnung, daß andere dadurch motiviert werden, ihre eigenen Erfahrungen sorgfältig zu betrachten. Was wir heute am wenigsten brauchen können, ist eine neue Reihe von Geboten, die mit großen Buchstaben in Stein gemeißelt sind. Ich glaube, es ist, in den Worten von Nelle Morton, Zeit, »einander anzuhören, bis wir eine Sprache finden«. Es ist Zeit, einander unsere Geschichte zu erzählen und aufmerksam zuzuhören. Wir müssen anfangen, unsere Erfahrungen bewußt zu erleben. Wir müssen riskieren, unsere Gefühle von Verwirrung, Angst, Frustration und Zorn zu erkennen und zu teilen. Ja wir müssen auch unsere Wut erkennen und teilen, die Wut über das, was uns angetan wird, und über das, was wir uns und anderen antun, und dies alles im Namen einer Liebe, die allzuoft gar keine Liebe, sondern leerer Schein ist.

Und deshalb spreche ich ganz persönlich. Ich spreche als lesbische, feministische, christliche Pfarrerin und Lehrerin. Ich beschreibe mich mit diesen Worten, denn jedes von ihnen hat sich aus meinem wachsenden Bewußtsein davon entwickelt, wie ich heute in der Welt meine Brüder und Schwestern am besten lieben kann. Lesbe. Feministin. Christin. Pfarrerin. Lehrerin. Jeder dieser Bereiche meiner Identität macht mich fähig zu lieben. Wenn nicht, sind es destruktive Dimensionen meiner Persönlichkeit und würden am besten abgelegt. In meinem Selbstgefühl überschneiden sich all diese Bereiche. Sie erfüllen mich zur Zeit mit einem Bewußtsein davon, was lieben bedeutet, und ich erkenne auch, daß es eine Rolle spielt, was ich bin und was du bist und was wir zusammen sind. Menschen, die lieben, prägen die Welt. Sie machen den ganzen Unterschied aus.

Ich entdecke, daß Liebe Gerechtigkeit ist. Liebe kommt nicht zuerst, Gerechtigkeit später. Liebe ist kein »Gefühl«, das der gerechten Beziehung unter den Menschen in einer Familie oder in der ganzen Welt vorangeht. Unser Weg in die gerechte Beziehung zu anderen Rassen, anderen Menschen führt nicht über das Gefühl. Unser Weg in das Gefühl der Liebe führt über das Handeln. Wir müssen handeln, wir müssen unseren Weg in neue Gefühle, neue Emotionen und neue Ideen *machen,* und dieses Handeln ist Liebe, ist Gerechtigkeit. »Gute Gefühle« kommen vielleicht später. Ich erfahre, daß dies für die Freundschaft überhaupt gilt. Mehr und mehr sehe ich, je gerechter eine persönliche Beziehung ist, je liebevoller, gegenseitiger und ehrlicher, je wohltuender und kreativer die Beziehung für meine Freundin und mich ist, desto intensiver erfahre ich Gefühle der Liebe zwischen uns. Auf sexueller Ebene heißt das, je besser die Freundschaft ist, desto anhaltender und kostbarer ist für mich der erotische Strom von Energie, der uns miteinander verbindet.

Durch die Geschichte hindurch gibt es in unserer Gesellschaftsordnung eine scharfe Trennung zwischen »Freundschaft« und »erotischer Liebe«, zwischen *philia* und *eros*. Vor diesem Hintergrund finde ich dieses neue Verständnis von Liebe sehr verwirrend. Die meisten von uns haben niemals die wirkliche Erotik erlebt, die uns, wie ich glaube, zur Freundschaft mit Menschen beider Geschlechter treibt. Sexualität ist unsere Erfahrung, uns auf andere zuzubewegen. Sie ist die Erfahrung, in der Welt die Liebe zu leben und Gerechtigkeit herzustellen. Sexualität ist der Drang zu verbinden; sie ist Bewegung in der Liebe; sie ist Ausdruck unseres Verlangens, in Leben und Tod verbunden zu sein. Sexualität drückt sich nicht nur in der persönlichen Beziehung zwischen Liebenden aus. Sie kommt auch in der Arbeit einer Künstlerin, die ihre Bilder liebt, zum Ausdruck, bei einem Vater, der seine Kinder liebt, bei einem revolutionären Menschen, der sein Volk liebt. Ich sehe Liebe und Gerechtigkeit sowie die Sexualität, die beide hervorbringt, in enger Freundschaft. Ich sehe sie im Siegesgruß eines Sandinisten in Nicaragua, in der Dichtung von E. E. Cummings, Emily Dickinson oder Adrienne Rich, in der Feier eines Gründonnerstags-Gottesdienstes für Maria Cueto und Raisa Nemikin. Ich sehe sie in der geschlechtlichen Lust zweier Frauen oder zweier Männer oder in der Freude zwischen einer Frau und einem Mann, die ihr Bestes tun, um in ihrer Beziehung Gerechtigkeit herzustellen. Wo es keine Gerechtigkeit gibt, ob nun zwischen zwei Menschen oder unter tausend, dort gibt es keine Liebe. Und wo es keine Gerechtigkeit, keine Liebe gibt, dort wird Sexualität zu Gewalt und Schändung pervertiert. Hieraus entstehen Vergewaltigung, emotionale und physische Schläge und Beziehungen, die durch Gewalt, Konkurrenz und

Verachtung entstellt sind. Daraus entsteht sogar der Krieg. Liebe ist Gerechtigkeit. Sexualität ist unser Mittel, in der Welt Liebe und Gerechtigkeit herzustellen.

Ich entdecke, daß Liebe leidenschaftlich ist. Passion oder Leidenschaft ist die Bereitschaft zu leiden, nicht masochistisch, sondern im weitesten Sinne des Wortes »leiden«. Passion bedeutet zu ertragen, was wir sind. Es bedeutet, den Schmerz und auch die Freude dessen, was lieben heißt, auszuhalten. Passion heißt das zu tun, was gerecht ist, oder unsere Beziehungen gerecht zu machen. Menschen mit Passion, Menschen, die andere lieben, sind Frauen und Männer, die sich ernsthaft und bewußt auf die Tiefen menschlicher Erfahrung einlassen, auf ihrem Wert beharren und Gott finden im »Austausch von Blicken, die schwer sind vom Leben«, wie Elie Wiesel es ausdrückte. Passion ist in den Zeugnissen von Sarah Grimké erkennbar, die für die Befreiung der Sklaven und die Gleichberechtigung der Frauen eintrat und sich weigerte, noch länger »die Füße irgendeines anderen auf unserem Nacken zu ertragen«. Wir finden sie auch in der Vision von Martin Luther King, der ein gelobtes Land sieht, in dem wir »endlich frei« sind. Dies ist ein Land, in dem Liebe als Gerechtigkeit unsere gemeinsame Erfahrung ist.

Unsere Passion als liebende Menschen ist das, was unseren Zorn über die Ungerechtigkeit schürt, sie schürt auch den Zorn über die Ungerechtigkeit, die uns selbst angetan wird. Passion verstärkt aber auch unser Mitleid und unser Verständnis für jene, die uns schänden und verletzen und die uns sogar zerstören würden. Zorn und Mitleid schließen einander nicht aus, im Gegenteil, sie gehören zusammen. Jedes ist ein Aspekt unserer Integrität. Unser Zorn ist unserer Erfahrung von Lieblosigkeit in der Welt angemessen, und durch unser Mitleid anerkennen und bekennen wir fortwährend unsere eigene Weigerung, in der Welt die Liebe zu leben, angefangen in unserem eigenen Zuhause, in unserem eigenen Bett und an unseren Altären. Wie, im Namen Gottes und der Menschheit, können wir die Stimmen von Frauen hören, die zum Objekt gemacht werden? Wie können wir die geheimen Stimmen von Männern hören, die der Macht verhaftet sind und Frauen als Objekte benutzen? Wie können wir die frustrierten und von Angst besetzten Proteste hören, die Bischöfe, Priester und Laien unserer eigenen Kirche gegen uns erheben, ohne daß wir Zorn und Mitleid gleichzeitig erfahren? Wir empfinden Zorn über das, was uns im Namen der »Liebe« angetan wird, und wir empfinden Mitleid mit denen, die, wie wir, aus Angst handeln. Ihr Verhalten wird, wie unseres, von Projektionen und Verdrängung, von Sündenbock-Denken und Verachtung für die, die sie als Bedrohung empfinden, bestimmt.

Ich meine nicht, daß wir weich sein sollten. Im Gegenteil, ich möchte noch härter oder zäher werden. Ich glaube, ich kann dies nur erreichen, wenn ich meine eigene Teilhabe an Angst und Verdrängung, an Ungerechtigkeit und Lieblosigkeit erkenne und akzeptiere. Jeden Tag muß ich, so gut ich kann, versuchen, »hinzugehen und nicht mehr zu sündigen«. Ich weiß, daß meine eigenen Füße trotz meiner guten Absicht immer mitten auf dem Nacken eines anderen stehen werden. Diejenigen, die ich niederdrücke, haben aus ihrer Liebe heraus die Aufgabe, mich zu bitten, meine Füße von ihrem Nacken zu nehmen. Sie müssen mich dazu auffordern, wenn es nötig ist, und wenn ich mich weigere, müssen sie mich schließlich herunterstoßen.

Wir Lesben und schwule Männer in der Kirche fordern die kirchlichen Autoritäten auf, die herrschende theologische Tradition, die uns durch ihren Sexismus und Heterosexismus niederdrückt, aufzuheben. Einige von uns rufen die Autoritäten der Kirche immer wieder dazu auf, und wenn es nicht geschieht, dann ist es unsere Aufgabe, diese Tradition abzuschütteln.

Sowohl die Unterdrücker (Weiße, Männer, Angehörige der oberen Mittelschicht, Kapitalisten in einer Welt, die sich nach gerechter Verteilung des Reichtums sehnt, Partner, die in ihren Zweierbeziehungen ungerecht sind) als auch die Unterdrückten (Frauen, Homosexuelle, Arme, Schwarze, Minderheiten anderer Hautfarben, Opfer von Herrschaft in persönlichen Beziehungen) müssen daran denken, daß es die Unterdrückten sind – Frauen, Lesben, Schwule, Schwarze, Arme, Opfer von Herrschaft und Kontrolle –, die den Zeitplan und das Konzept für die Befreiung festlegen. Und wenn wir sagen, jetzt ist die Zeit, dann ist es die Zeit!

Unsere Gesellschaft, unsere heutige Weltordnung ist auf Geschlechterrollen aufgebaut. Unser kapitalistisches Wirtschaftssystem wird durch die Geschlechterrollen aufrechterhalten, und auch der Marxismus hat, was die Rollen von Frauen und Männern angeht, ähnliche Probleme. Unsere Religion, das Christentum, ist durchgehend patriarchalisch und in Geschlechterrollen verwurzelt. In dieser Situation verschmelzen die tiefsten Strömungen der Frauenbefreiung und der Homosexuellenbefreiung im radikalen Feminismus und drohen, die gesamten gesellschaftlichen, ökonomischen und religiösen Strukturen der Realität umzustürzen.

Viele fürchten, der lesbische Feminismus bilde eine Bedrohung für die Kernfamilie, für unsere Wirtschaftsordnung und für die religiöse Grundvorstellung, daß das Eheleben der allein gesegnete Stand sei. Sie fürchten, der lesbische Feminismus bedrohe die Vaterschaft Gottes und die Mutterschaft der Frauen. Sie haben Angst, daß der lesbische Feminismus die Norm bedroht, nach der zur Sexualität unbedingt auch Fortpflanzung gehört, und sie sehen den hohen Wert von Beziehungen gefährdet, die nach dem Prinzip von Herrschaft und Unterwerfung gestaltet sind. Dieses Prinzip beginnt bei männlichen Besitzrechten und erstreckt sich bis zu der Vorstellung von Gott als Vater. Diejenigen, die fürchten, daß es dies ist, was wir umstürzen wollen, fürchten zu Recht. Als Lesbe, als Feministin, als Christin glaube ich, daß es unser Lebensziel ist, den geheiligten Baldachin umzustürzen, der uns bis heute davon abgehalten hat, aktiv zu erkennen, daß Liebe und Gerechtigkeit die einzigen geheiligten – göttlichen, gerechten und maßgebenden – Dimensionen unseres gemeinsamen Lebens sind.

Aus dem Sexismus entspringt der Heterosexismus als ideologische Untermauerung der Homosexuellenunterdrückung. Heterosexismus wurzelt in Männerphantasien darüber, was Mannsein und Frausein bedeutet und was es heißt, sexuelle Beziehungen zu haben. Es sind Phantasien, die starr abgrenzen: männlich von weiblich, maskulin von feminin, animus von anima, oben von unten, Initiator von Empfangender und die Macht des Phallus von der Dankbarkeit des Schoßes. Strukturell ist Heterosexismus überall in unserer Kultur vorhanden; sein einziger Sinn besteht darin, daß er abgeschafft wird.

Aber wenn wir darangehen, den Heterosexismus abzuschaffen, so heißt das, daß wir uns ein wenig verrückt fühlen. Wir sind in heterosexistischen Werten aufgewachsen und erzogen worden. Seit meinen »coming out«-Artikeln habe ich angefangen zu erkennen, wie sehr heterosexistische Vorstellungen unser Bewußtsein davon, was wir in der Welt sind, einschränken. Es ist schwer und ermüdend, diese Vorstellungen nur privat abzulehnen, und es führt uns zu sonderbaren Gefühlen von Gespaltenheit. Sie öffentlich abzulehnen heißt einen Schritt zu tun, auf den niemand von uns vorbereitet ist. Es bedeutet, daß wir anfangen, durch Handeln unseren Weg in neue Arten des Fühlens und Denkens über uns selbst und andere zu finden. Wir vertrauen darauf, daß unser Weg uns dahin führt. Öffentlich zu sagen, daß wir Lesben oder Schwule sind, heißt, daß wir uns zumindest für bestimmte Zeit darauf einlassen, uns verrückt zu fühlen. So habe ich es erfahren. Mit »Verrücktheit« meine ich, daß ich oft selbst genausosehr wie andere mein eigenes Gefühl in Frage stelle: mein Gefühl davon, was wichtig ist, was ich in Beziehung zu anderen bin und was meine Aufgabe als Pfarrerin und Lehrerin ist, sogar mein Gefühl davon, was in meinen engsten Beziehungen geschieht. Mich verrückt zu fühlen heißt, daß ich mich frage, ob ich mir eine Realität ausdenke, die nur für mich und für ein paar Menschen Bedeutung hat, die verrückt genug sind, mir zuzustimmen. Es bedeutet, daß ich mich fühle, als hätte ich einen Schritt aus der Arena des Akzeptablen und Verstehbaren heraus gemacht, als hätte ich selbst das verlassen, was auch für mich erfaßbar ist. Meine Entscheidung, öffentlich zu sagen, daß ich Lesbe bin (für die ich Jahre gebraucht habe), war eine Entscheidung, die für mein Selbstverständnis als Lehrerin von Schülern, für die Sexualität gewöhnlich von besonderem Interesse ist, zentrale Bedeutung hatte. Sie war ebenso zentral für meine Aufgabe als Pfarrerin einer Kirche, in der Sexualität ein Grundpfeiler des gesamten Gebäudes der theologischen Tradition und Praxis ist. Diese Entscheidung war zentral für mein Selbstverständnis als Feministin in einer Gesellschaft, die auf ungerechten Vorstellungen über weibliche und männliche Rollen gegründet ist, und für meine Aufgabe als Christin, die glaubt, daß das Gebot, den Nächsten wie sich selbst zu lieben, ebensoviel mit *eros* und *philia* zu tun hat wie mit *agape,* und daß eine solche Liebe keine Grenzen von Sexus oder Geschlecht kennt. Meine Entscheidung, mein Lesbischsein öffentlich zu machen, war in der Tat zentral für mein Selbstverständnis als Liebende – als Frau, die nach Freundschaft,

Gerechtigkeit und gemeinsamer Kreativität in der Welt sucht. Ich suche dies auch in meinen unmittelbarsten und intimsten Beziehungen.

Wenn ich sage, daß ich Lesbe bin, dann gebe ich eine Erklärung ab, die zugleich persönlich und politisch ist. Damit erkenne ich die Tatsache an, daß in unserer gegenwärtigen Gesellschaftsordnung gleichberechtigte sexuelle Beziehungen, das heißt Beziehungen, die wahrhaft gegenseitig sind, vor allem zwischen Menschen gleichen Geschlechts zu erreichen sind. Ich bin zu der Haltung gekommen, daß es töricht ist, in einer sexistischen Gesellschaft echte Gegenseitigkeit zwischen Frauen und Männern zu erwarten. Ich kann zwar die Bemühungen von Frauen und Männern, die auf dieses Ziel hinarbeiten, würdigen und bejahen. Aber ich habe mich dazu entschieden, meine Passion nicht hier zu investieren.

Die lesbische Beziehung, wie ich sie erfahre, erlaubt echte Gegenseitigkeit und bietet so vielleicht einen flüchtigen Blick auf eine Seinsweise in der Welt, die für heterosexuelle Beziehungen ebenso aufschlußreich ist wie für homosexuelle. Lesbe zu sein ist für mich der beste Weg zu lieben. Es bedeutet, daß ich anfange, mich selbst aus den »Lügen, Geheimnissen und aus dem Schweigen« zu befreien, das wie ein Leichentuch unser gemeinsames Leben auf der Erde bedeckt. Es bedeutet, daß ich Projektionen auf mich selbst hervorrufe; es bedeutet, Angst auszulösen. Lesbe zu sein bedeutet für mich, daß ich lerne, mit anderen gemeinsamen Schmerz und gemeinsame Sehnsucht auszuhalten. Ich lerne, mit anderen die gemeinsame Verantwortung zu tragen, einander die Dinge bewußt zu machen, die wir nicht sehen.

Lesbische Sexualität kann auf intime Weise zwischen Gleichen zum Ausdruck kommen, die in der Welt eine gemeinsame Arbeit zu tun haben, und diese gemeinsame Arbeit besteht vor allem in der Befreiung der Frauen. Dies bedeutet, »bei dem Detail zu verharren«, eine Frau in einer patriarchalischen Gesellschaft zu sein. Adrienne Rich spricht von weiblicher Homosexualität als einer »ursprünglichen primären Intensität« zwischen Frauen. Diese Intensität scheint mir lebenswichtig (zumindest für einige von uns) zu sein, wenn wir uns selbst und unsere Schwestern jemals so ernst nehmen wollen, wie wir die Männer ernst nehmen sollen. Seit unserer Geburt wurde uns eingeredet, wir sollten Kirchenväter, biologische Väter, Arbeitgeber, Ehemänner, Söhne, die Sohnschaft eines Erlösers und die Vaterschaft unseres Schöpfers würdigen. Lesbischer Feminismus ist ein Protest gegen die Strukturen männlicher Herrschaft.

Die, die uns Widerstand leisten, haben guten Grund. Es steht viel auf dem Spiel. Wahre sexuelle Befreiung für Homosexuelle und Frauen wird nur verwirklicht werden, wenn unsere ökonomischen, religiösen, pädagogischen und unsere übrigen gesellschaftlichen Strukturen nicht mehr unter der Voraussetzung arbeiten, daß Männer führen und Frauen gehorchen, daß Männer außerhalb des Hauses arbeiten und Frauen zu Hause, daß nur Mann und Frau ein schöpferisches Paar bilden können und daß nur Fortpflanzung wahrhaft schöpferisch ist. Es darf nicht mehr vorausgesetzt werden, daß jemand oben und jemand unten sein muß – auf religiöser, sexueller und auf anderer Ebene –, um soziale Ordnung aufrechtzuerhalten. Diese Vorstellungen in Frage zu stellen heißt in einem sehr realen Sinne ver-rückt zu werden. Die »Väter« sind nicht mit uns. Unsere Familien wissen nicht, wie sie mit uns sein können. Unsere Kirche glaubt, sie müsse gegen uns sein. Die Bibel ermahnt uns. Jesus schwieg über uns. Die bestehenden Autoritäten mißbilligen die Bedrohung, die wir für sie bilden, und zwar um so mehr, sofern wir ihnen als weise und glückliche Menschen erscheinen. Es ist viel einfacher, traurige und bemitleidenswerte Homosexuelle zu tolerieren als eine stolze und schöpferische Lesbe oder einen stolzen und schöpferischen Schwulen. Wenn wir uns bejahen, werden wir als krank angesehen. Wenn wir uns verleugnen, werden wir als gesund bezeichnet; und wir glauben, *wir* seien verrückt!

Dies alles heißt für mich, daß lesbische Liebe ein wunderbarer, langwieriger und wertvoller Weg ist, um mich selbst, meine Freundinnen und Freunde und meinen Gott lieben zu lernen. Weibliche Homosexualität bedeutet Gerechtigkeit für Frauen. Lesbische Liebe bedeutet Passion von Frauen für Frauen. In einer Gesellschaft, in der statt Zusammenarbeit Konkurrenzkampf herrscht und statt Liebe Ablehnung, Manipulation und Verachtung, bedeutet weibliche Homosexualität schöpferische Zusammenarbeit unter Frauen, gerade um dieser einen Menschheit von Frauen und Männern willen.

Wenn ich sage, ich liebe dich, so sage ich, daß du nicht mir gehörst sondern dir selbst.

Dich zu lieben heißt für deine Rechte, für deinen Platz auf der Welt, für dein Selbst einzutreten und mit dir, statt gegen dich, zu kämpfen, wenn du lernst, deine Macht in der Welt in Anspruch zu nehmen.

Dich zu lieben heißt mit dir die Liebe zu leben, ob wir Blicke tauschen, »die schwer sind vom Leben«, oder ob wir einen Frieden weitergeben, mit dem es uns ernst ist. Es heißt die Liebe in gemeinsamer Arbeit oder gemeinsamem Spiel zu leben, in unserem Kampf für soziale Gerechtigkeit oder in der Ekstase und Zärtlichkeit der Umarmung, die wir für gerecht und richtig für uns und andere in der Welt halten.

Dich zu lieben heißt von einer Macht – von Gott – angetrieben zu werden, die uns erschreckt und tröstet. Ich werde angetrieben, dich zu berühren und von dir berührt zu werden. Dich zu lieben heißt mit dir zu singen, zu weinen, zu beten und zu handeln, um die Welt mit-zuschaffen.

»Ich liebe dich« heißt: Laß die Revolution beginnen! Gott segne die Revolution! Amen.

Anmerkungen

Einleitung

1 Carter Heyward, Our Passion for Justice. Images of Power, Sexuality, and Liberation. The Pilgrim Press, New York 1984. Aus diesem Band wurden im Einverständnis mit der Autorin in die vorliegende deutsche Ausgabe die Kapitel Feminismus in der Krise, Der Bund: Meditation über jüdische und christliche Wurzeln, Über Transzendenz übernommen.
2 Vgl. die Stellungnahme zum Thema »Feministische Theologie« der nordelbischen Bischöfe (Krusche, Stoll und Wilckens) vom 1. 7. 1985, wo die patriarchale religiöse Symbolik gerechtfertigt wird als »unveränderbares Zeugnis von Gott, dem es gefallen hat, sich so und nicht anders zu offenbaren« (These 7), nämlich in der exklusiven Männer-Trinität!
3 »Der Herr mit Brüsten« – Ariane Barth über feministische Theologie. Der Spiegel Nr. 26 vom 24. Juni 1985, S. 158–162
4 Aus: Christian Feminism. Visions of a New Humanity. Harper & Row, New York 1984. Darin: Rosemary Radford Ruether, Feminist Theology and Spirituality
5 Übersetzung in: FAMA, Feministisch-theologische Zeitschrift, August 1985, Basel (Hebelstraße 97)
6 Das grundlegende Buch der Neutestamentlerin Elisabeth Schüssler Fiorenza, In Memory of Her, das 1983 in den USA erschienen ist, halte ich für den bisher wichtigsten Beitrag der feministischen Theologie, vor allem zum Problem der Hermeneutik. Eine Übersetzung ins Deutsche ist im Chr. Kaiser Verlag, München, in Vorbereitung.

Kapitel 1 Feminismus in der Krise

1 Dieser Essay ist die überarbeitete Fassung zweier Vorträge, die an der Vanderbilt Divinity School in Nashville, Tenn., und auf einem Symposium zum Thema »Religion, Politik und die neue amerikanische Ethik« am Hobart-William Smith College in Geneva, N.Y., gehalten wurden. Beide Veranstaltungen fanden im Frühjahr 1981 statt. Zu den Teilnehmerinnen des Symposiums gehörte auch Phyllis Schlafly, die Sprecherin der Bewegung gegen das Equal Rights Amendment (Gleichberechtigungsartikel der amerikanischen Verfassung). Phyllis Schlafly sprach zuerst, die Autorin ging in ihrem Beitrag auf Schlaflys Rede ein. Die hier vorliegende Fassung stellt eine leicht gekürzte Übersetzung von Kapitel 19 »Limits of Liberalism: Feminism in Moral Crisis« aus dem 1984 unter dem Titel »Our Passion für Justice: Images of Power, Sexuality, and Liberation« im Verlag The Pilgrim Press, New York, erschienenen Buch von Carter Heyward dar.

2 Siehe Peggy Ann Way, »An Authority of Possibility for Women in the Church« in: Women's Liberation and the Church. Hrsg. Sarah Bentley Doely, New York 1970, S. 77–94

3 Boston Globe, 20. März 1981, S. 3

4 Dorothee Sölle gebrauchte diesen Begriff zum ersten Mal im Frühjahr 1979, als sie auf eine vermutlich gut gemeinte – und unbewußt antisemitische – Predigt eines christlichen Priesters antwortete.

5 Siehe Zillah Eisenstein, The Radical Future of Liberal Feminism, New York 1981

6 ebenda, S. 6

7 Siehe Mary Daly, Jenseits von Gottvater Sohn & Co. Aufbruch zu einer Philosophie der Frauenbefreiung, München 1980, und Gyn/Ökologie. Die Metaethik des radikalen Feminismus, München 1981

8 Beverly Wildung Harrison, »The Power of Anger in the Work of Love« in: Union Seminary Quarterly Review 36 (Suppl. 1981), 48

Kapitel 2 Im Anfang ist die Beziehung

1 Martin Buber, Ich und Du, Heidelberg 1979, S. 23–25

2 Gerhard von Rad, Theologie des Alten Testaments, Bd. I: Die Theologie der geschichtlichen Überlieferungen Israels, München 1982[8], S. 382 ff.

3 ebenda

4 Elie Wiesel, Ani Maamin: A Song Lost and Found Again, New York 1973, S. 71

5 Buber, a.a.O., S. 99

6 Dietrich Bonhoeffer, Widerstand und Ergebung. Briefe und Aufzeichnungen aus der Haft, München 1962[11], S. 241

7 Chris Williamson gab ihrem Schallplatten-Album den Titel »The Changer and the Changed« (Olivia Records, Inc., 1975). Sie nimmt dieses Thema vor allem in ihrem Lied »Waterfall« auf.

8 In Kapitel 6 versuche ich, Jesus zu »entwerfen«. Dabei werde ich die Bilder von Gott, die im Markusevangelium angedeutet sind, weiter entwickeln.

Kapitel 3 Methodische Überlegungen

1 Mary Daly, Jenseits von Gottvater Sohn & Co. Aufbruch zu einer Philosophie der Frauenbefreiung, München 1980, S. 21

2 Siehe Mary Daly, Gyn/Ökologie. Die Metaethik des radikalen Feminismus, München 1981. Daly präsentiert hier eine fast vollkommen neue Sprache für die Erfahrung und das hervorbrechende radikal feministische Bewußtsein von Frauen.

3 Daly, Jenseits von Gottvater, S. 22

4 Gustavo Gutiérrez, Theologie der Befreiung, München/Mainz 1984[7], S. 189

5 Paul Tillich, Love, Power and Justice, London 1954, S. 25

6 ebenda

7 von Rad, a.a.O., S. 382

8 Rudolf Bultmann, Theologie des Neuen Testaments, Tübingen 1968[6], S. 273 ff.

9 Des heiligen Kirchenvaters Aurelius Augustinus Bekenntnisse, XI, Bibliothek der Kirchenväter, Bd. VII, München o. J., S. 281 f.

Kapitel 4 Unsere Nächsten »par excellence«: die Armen

1 Gustavo Gutiérrez, »Liberation Theology and Progressivist Theology« in: The Emergent Gospel: Theology from the Underside of History. Hrsg. Sergio Torres und Virginia Fabella, Maryknoll, New York, 1978, S. 240
2 Gustavo Gutiérrez, »Liberation Praxis and Christian Faith« in: Frontiers of Theology in Latin America. Hrsg. Rosino Gibellini, Maryknoll, New York, 1979, S. 16
3 Gustavo Gutiérrez, Theologie der Befreiung, München/Mainz 1984[7], S. 171
4 ebenda. S. 166
5 Gustavo Gutiérrez, Praxis de liberacion y fe cristiana, San Antonio 1976, S. 15
6 Gutiérrez, Theologie der Befreiung, S. 169
7 ebenda, S. 186
8 ebenda, S. 192
9 ebenda, S. 189
10 Gutiérrez, »Liberation Praxis and Christian Faith«, S. 20
11 Gutiérrez, Theologie der Befreiung, S. 188
12 ebenda, S. 180
13 »Man benutzt ihn (den Begriff Utopie), um das historische Projekt einer qualitativ neuen Gesellschaft zu benennen und um das Verlangen nach neuen gesellschaftlichen Beziehungen unter den Menschen auszudrücken ... Die Utopie (ist) durch ihren Bezug zur jeweiligen geschichtlichen Gegenwart gekennzeichnet ... Utopie beinhaltet notwendigerweise eine Anklage der bestehenden Ordnung ... Utopie ist aber auch Ankündigung. Sie verheißt, was noch nicht ist, was aber sein wird« (Theologie der Befreiung, S. 224 – 226).
14 Gutiérrez, »Liberation Theology and Progressivist Theology«, S. 223
15 Das Problem der »Identifikation mit den Armen« besteht darin, daß wir uns frei entscheiden können, nicht arm zu sein. Dies schließt die völlige Identifikation der Nicht-Armen mit den Armen aus.

Kapitel 5 Ein neues Jesusbild: Macht in Beziehung

1 Nachwort von Dennis Nineham zu: Wurde Gott Mensch? Der Mythos vom fleischgewordenen Gott, Hrsg. John Hick, Gütersloh 1979, S. 212 f.
2 Richard Crashaw, »Epigrammata Sacra: Aquae in vinum versae«. Belegt durch Stanley Morrow, S. J., Weston Seminary, Cambridge, Massachusetts, Februar 1980.
3 Dorothee Sölle, Phantasie und Gehorsam. Überlegungen zu einer künftigen christlichen Ethik, Stuttgart 1968[3], S. 57
4 Siehe den Aufsatz von Richard Niebuhr in: How My Mind Has Changed, Hrsg. E. Fey, Cleveland 1961, S. 69 f.
5 Ich vertrete hier die gleiche Position wie Tom Driver. Er hält den Mythos von einem Gott, der rein ist, weil er gänzlich anders ist als die Menschheit, und der sich zur Menschheit herabläßt, ohne sein Wesen zu beschmutzen (unbefleckte Empfängnis), für erschreckend. Dieser Mythos erzeugt nach Driver entweder Selbstverachtung oder die Arroganz der Reinheit. Nach Driver

macht er die Kirche schizophren. Tom Driver, Patterns of Grace: Human Experience as Word of God, San Francisco 1977, S. 164 f.
6 Siehe Kapitel 7
7 Vgl. Jon Sobrino, Christology at the Crossroads: A Latin American Approach, Maryknoll, New York, 1978, S. XV–XVII
8 Howard C. Kee, Community of the New Age: Studies in Mark's Gospel, Philadelphia 1977, S. 46 f.
9 ebenda, S. 49

Kapitel 6 Der neue Entwurf

1 Alle Bibelzitate stammen aus der Zürcher Bibel, die Stellenangaben beziehen sich, wenn nicht anders vermerkt, auf Markus.
2 Siehe Jane Pearce und Saul Newton, The Conditions of Human Growth, New York 1969, S. 197–216
3 Siehe Kapitel 4 zu Gustavo Gutiérrez
4 Edward Schillebeeckx, Jesus. Die Geschichte von einem Lebenden, Freiburg 1975, S. 579
5 Siehe Dorothee Sölle, Stellvertretung. Ein Kapitel Theologie nach dem »Tode Gottes«, Stuttgart 1965. Sölle entwickelt ihre Position ausgehend von der Hegelschen Dialektik zwischen der »Unersetzbarkeit« der Person und der persönlichen Erfahrung der »Austauschbarkeit« (oder Ersetzbarkeit) der Menschen in der postmodernen Welt. Sölle kommt zu der Synthese, daß die Menschen »unersetzbar, aber vertretbar« sind (S. 29). Für Sölle ist Christus der, der »das Reich, da Identität und Freude lacht, nur ›vertritt‹, und nicht als ein höheres Wirkliches setzt« (S. 17). Nach Sölle vertritt Christus die Menschheit vorläufig gegenüber Gott (S. 142), und er vertritt Gott gegenüber der Menschheit. »Christus vertritt den abwesenden Gott, solange dieser sich nicht bei uns sehen läßt . . . Christus aber ist . . . Stellvertreter des Lebendigen, für den eben das gilt, was wir für den Menschen in Anspruch nehmen: daß er unersetzlich, aber vertretbar sei« (S. 178, 181).
6 Siehe besonders Jon Sobrino, Christology at the Crossroads. »Aus seinem Predigen über Gott können wir bestimmte wichtige Dinge über die Gestalt Jesu ableiten. Erstens predigte Jesus nicht über sich selbst. Sein ganzes Predigen hat einen beziehungshaften Charakter. Die Mitte der Person Jesu ist nicht in ihm selbst, sondern in etwas, das verschieden von ihm ist. Zweitens predigte Jesus auch nicht einfach von ›Gott‹. Er predigte vom ›Königreich Gottes‹« (S. 357). Siehe Kapitel 8 zu einer Bewertung der Christologie Sobrinos.
7 Siehe C. F. D. Moule, The Gospel According to Mark, Cambridge 1965. Moule schreibt in bezug auf das sogenannte »messianische Geheimnis«: »Wir haben gesehen, daß Jesus versuchte, seine große Autorität verborgen zu halten . . . Er mußte um jeden Preis gegen die Vorstellung ankämpfen, der Sieg werde durch ein Messiastum oder durch ein Königtum erlangt, nach dem das allgemeine Volk verlangt« (S. 67).
8 Auszug aus dem Lied »Fight Back« von Holly Near, Hereford Music 1978, im Schallplatten-Album Imagine My Surprise!, Redwood Records 1978
9 Siehe die folgenden Passagen bei Markus, wo Jesus der Gebrochenheit

von Beziehung »standhält«: 3,5; 6,4–6. 45–52; 7,9–13; 8,14–21. 31–33; 9,17 bis 19; 10,13–14. 17–31. 35–44; 11,27–33; 12,38–40; 14,32–45. 47. 50. 66–72; 15,2–20.

10 Luther stellt der »theologia gloriae« die »theologia crucis« gegenüber. Er schreibt, der »Theologe gloriae« nenne das Böse gut und das Gute böse, der »Theologe crucis« aber sage, was ein Ding ist (Heidelberger Disputation 1518, These 21; Luthers Werke in Auswahl, Bd. 5, Hrsg. Erich Vogelsang, Berlin 1955[2], S. 388). Hier griff Luther implizit die katholische »theologia gloriae« an, nach der das Unsichtbare durch den Glauben an Gottes natürliche Gegenwart in der Schöpfung sichtbar gemacht wird. In der Auseinandersetzung mit Glaube und Praxis des Katholizismus ermahnte Luther die Christen, »daß sie ihrem Haupte Christus durch Strafe, Tod und Hölle mit Freuden nachfolgen, und so ihr Vertrauen eher darauf setzen, durch viel Leiden als durch sicheren Frieden in den Himmel einzugehen« (Thesen 94 und 95 der 95 Thesen 1517; Luther, Die Hauptschriften, Hrsg. H. Frhr. v. Campenhausen, Berlin o. J., S. 35).

Die »theologia gloriae« findet im Denken von Teilhard de Chardin modernen Ausdruck: »Schließlich bedeutet das Christentum unserem Durst nach Glück gerade durch den Kreuzestod dieses anbetungswürdigen Wesens, daß das Ziel der Schöpfung nicht in den zeitlichen Bezirken der sichtbaren Welt zu suchen ist; die von unserer Treue erwartete Anstrengung wird sich erst vollenden, wenn wir selbst und alles, was uns umgibt, vollständig umgestaltet sind« (Pierre Teilhard de Chardin, Der göttliche Bereich. Ein Entwurf des innern Lebens, Olten/Freiburg 1963[3], S. 111).

Die »theologia gloriae« und die »theologia crucis« sind beide in einem Dualismus zwischen einer höheren und einer niederen Ordnung festgemacht. Beide haben das Ziel, menschliche Bindung an die materielle Welt von Körper, Empfindungsvermögen und Beziehung zu anderen greifbaren Wesen zunichte zu machen. In beiden Fällen wird weder der Tod Jesu noch unser eigener Tod als etwas ernst genommen, das immer endgültig, oftmals erschreckend und manchmal ungerecht ist.

Kapitel 7 Jesus: Herr oder Bruder? Eine feministische Kritik

1 Dies ist eine Predigt, die ich am 8. November 1978 in der James Chapel am Union Theological Seminary in New York hielt. Aus zwei zusammenhängenden Gründen habe ich sie mit einigen kleineren Veränderungen in mein Buch aufgenommen: 1. In dieser Predigt habe ich Themen (wie Beziehung) aufgegriffen, die ich ein halbes Jahr später in diesem Buch ausgiebiger untersuchen sollte. 2. Die Predigt ist eine feministische Betrachtung Jesu Christi und kann dazu beitragen, meine Arbeit in einen ausdrücklich feministischen Zusammenhang zu stellen. Beispielsweise zeigt die Predigt, in welchem Sinne die Frage von Jesu ganzem Menschsein eine Frauenfrage ist, was immer sie sonst auch sein mag.

2 Rosemary Ruether, Nächstenliebe und Brudermord. Die theologischen Wurzeln des Antisemitismus, München 1978, S. 229

3 Reginald Fuller, Foundations of New Testament Christology, New York 1965, S. 50

4 Die christologischen Positionen von Jon Sobrino und Dorothee Sölle stelle ich in Kapitel 8 näher dar.

Kapitel 8 Christologische Positionen im Vergleich

1 Dietrich Bonhoeffer, Wer war und wer ist Jesus Christus? Christologie-Vorlesung 1933. Aus Hörernachschriften zusammengestellt und herausgegeben von E. Bethge, Hamburg 1962
2 Dietrich Bonhoeffer, Widerstand und Ergebung. Briefe und Aufzeichnungen aus der Haft, München 1962[11]
3 ebenda, S. 217
4 ebenda, S. 242
5 ebenda. S. 241 f.
6 ebenda, S. 259
7 Jürgen Moltmann, Der gekreuzigte Gott, München 1972
8 Jon Sobrino, Christology at the Crossroads: A Latin American Approach, Maryknoll, New York, 1978
9 Dorothee Sölle, Stellvertretung. Ein Kapitel Theologie nach dem »Tode Gottes«, Stuttgart 1965
10 Dorothee Sölle, Die Hinreise. Zur religiösen Erfahrung, Stuttgart 1981[6]
11 Sölle, Stellvertretung, S. 138
12 ebenda
13 Dorothee Sölle, Leiden, Stuttgart 1973, S. 120
14 ebenda, S. 129
15 Dorothee Sölle, Phantasie und Gehorsam. Überlegungen zu einer künftigen christlichen Ethik, Stuttgart 1968[3], S. 71
16 ebenda, S. 70
17 Dorothee Sölle, Politische Theologie, Stuttgart 1971, S. 97
18 Sölle, Stellvertretung, S. 205

Kapitel 9 Der Bund: Meditation über jüdische und christliche Wurzeln

1 Aus der Predigt bei diesem Gottesdienst ging der folgende Essay hervor, der als Kapitel 20 Eingang gefunden hat in mein Buch »Our Passion for Justice: Images of Power, Sexuality, and Liberation«, The Pilgrim Press, New York 1984.

Kapitel 10 Eine Welt ohne Beziehung: Elie Wiesels Erfahrung

1 Elie Wiesel, A Jew Today, New York 1978, S. 44
2 Zitiert von Robert McAfee Brown in einem Kurs am Union Theological Seminary, New York, am 15. Februar 1978
3 Wiesel, A Jew Today, S. 11
4 Nora Levin, The Holocaust: The Destruction of European Jewry, 1933 bis 1945, New York 1973, S. 691
5 Wiesel, A Jew Today, S. 12
6 Eberhard Bethge, »The Holocaust and Christian Anti-Semitism: Perspectives of a Christian Survivor« in: Union Seminary Quarterly Review, XXXII: 3 und 4 (Frühjahr und Sommer 1977), S. 13

7 Elie Wiesel, »Why I Write« in: Confronting the Holocaust: The Impact of Elie Wiesel, Hrsg. Alvin H. Rosenfeld und Irving Greenberg, Bloomington 1978, S. 204
8 Hannah Arendt, »Radical Evil: Total Domination« in: Guilt: Man and Society, Hrsg. Roger W. Smith, New York 1971, S. 224 f.
9 Levin, a.a.O., S. 314
10 ebenda, S. 291 f.
11 Bethge, a.a.O., S. 153
12 ebenda
13 Irving Greenberg, »Cloud of Smoke, Pillar of Fire: Judaism, Christianity and Modernity After the Holocaust« in: Auschwitz: Beginning of a New Era? Reflections on the Holocaust, Hrsg. Eva Fleischner, New York 1977, S. 30
14 Wiesel, »Why I Write«, S. 200
15 ebenda, S. 202
16 Arendt, a.a.O., S. 227
17 Elie Wiesel, Die Nacht, Gütersloh 1980, S. 44
18 Wiesel, A Jew Today, S. 15
19 Elie Wiesel, Der Bettler von Jerusalem, München/Esslingen 1970, S. 205
20 Wiesel, »Why I Write«, S. 200
21 ebenda
22 ebenda, S. 204
23 Elie Wiesel, Was die Tore des Himmels öffnet. Geschichten chassidischer Meister, Freiburg 1981, S. 14
24 Elie Wiesel, Die Pforten des Waldes, München/Esslingen 1966, S. 277
25 Wiesel reflektiert das Thema Einsamkeit besonders in: Was die Tore des Himmels öffnet.
26 Elie Wiesel, The Town Beyond the Wall, New York 1964, S. 118
27 vgl. Wiesel, Was die Tore des Himmels öffnet, S. 36
28 Nach der Durchführungsbestimmung vom 14. November 1935 zum Reichsbürgergesetz wurde als Jude bestimmt, »wer von mindestens drei der Rasse nach volljüdischen Großeltern abstammt. Als Jude gilt auch der von zwei volljüdischen Großeltern abstammende staatsangehörige jüdische Mischling, a) der beim Erlaß des Gesetzes der jüdischen Religionsgemeinschaft angehört hat oder danach in sie aufgenommen wird, b) der beim Erlaß des Gesetzes mit einem Juden verheiratet war oder sich danach mit einem solchen verheiratet, c) der aus einer Ehe mit einem Juden im Sinne des Absatzes 1 stammt, die nach dem Inkrafttreten des Gesetzes zum Schutze des deutschen Blutes und der deutschen Ehre vom 15. September 1935 (Reichsgesetzblatt I S. 1146) geschlossen ist.« Die Nürnberger Gesetze mit den Durchführungsbestimmungen und den sonstigen einschlägigen Vorschriften. Herausgegeben und erläutert von Bernhard Lösener und Friedrich A. Knost, Berlin 1942[5], S. 33, zitiert bei Levin, a.a.O., S. 70
29 Levin, a.a.O., S. 72
30 Arendt, a.a.O., S. 251
31 ebenda, S. 229 f.
32 »Ich bekam die Nummer A-7713 und hatte damit keinen Namen mehr« (Wiesel, Die Nacht, S. 60).
33 Daten der Deportation der Familie Wiesel aus ihrer ungarischen Heimatstadt Sighet und der Befreiung Buchenwalds durch die Alliierten

34 Arendt, a.a.O., S. 233
35 Wiesel, Die Nacht, S. 35
36 ebenda, S. 39 f.
37 ebenda, S. 53
38 ebenda, S. 47 f.
39 Wiesel, Die Nacht, S. 48
40 ebenda, S. 142
41 ebenda, S. 130 f.
42 ebenda, S. 75
43 Wiesel, Die Nacht, S. 120
44 ebenda, S. 51
45 ebenda, S. 144
46 ebenda
47 Wiesel, Die Nacht, S. 56
48 ebenda, S. 113
49 ebenda, S. 112
50 ebenda, S. 72
51 ebenda, S. 52
52 ebenda, S. 147
53 Hermann Rauschning, Gespräche mit Hitler, Wien 1973, S. 129, zitiert bei Levin, a.a.O., S. 297
54 Levin, a.a.O., S. 502
55 Aussage aus den Nürnberger Prozessen, Der Prozeß gegen die Hauptkriegsverbrecher vor dem internationalen Militärgerichtshof, Bd. VIII, Verhandlungsniederschriften vom 20. Februar bis 7. März 1946, Nürnberg 1947, S. 352, zitiert bei Greenberg, »Cloud of Smoke«, S. 9 f.
56 Greenberg, Levin, Wiesel und Bethge unterstreichen dies.
57 siehe Levin, a.a.O., S. 673. Zitat aus dem Londoner Daily Telegraph vom 27. Juni 1942. Diesem Bericht folgte im Juli ein Bericht über ein neues Giftgas (Zyklon B), das von den Nazis nach Experimenten an Juden und politischen Gefangenen entwickelt wurde.
58 Levin, a.a.O., S. 669
59 ebenda, S. 687
60 ebenda, S. 693
61 im Kurs am Union Theological Seminary, New York, am 15. Februar 1978
62 Levin, a.a.O., S. 505
63 Wiesel, A Jew Today, S. 190
64 Siehe Leo Baeck, Judaism and Christianity, Philadelphia 1958, S. 275; zitiert bei Robert McAfee Brown, »The Holocaust: The Crisis of Indifference« in: Union Seminary Quarterly Review, XXXII: 3 und 4 (Frühjahr und Sommer 1977), S. 134
65 Night (1958); Dawn (1960); The Accident (1961); The Town Beyond the Wall (1964). Die ersten drei Romane sind ins Deutsche übersetzt: Elie Wiesel, Die Nacht zu begraben Elisha. Nacht – Morgengrauen – Tag, München/Esslingen o. J.

Kapitel 11 Elie Wiesels Fragen an Gott

1 Wiesel, Was die Tore des Himmels öffnet, S. 29
2 ebenda, S. 82
3 Wiesel, A Jew Today, S. 163
4 im Kurs am Union Theological Seminary, New York, am 15. März 1978
5 Greenberg, a.a.O., S. 22
6 Wiesel, Die Nacht, S. 120
7 Elie Wiesel, Ani Maamin: A Song Lost and Found Again, New York 1973, S. 105
8 Greenberg, a.a.O., S. 23
9 Wiesel, Die Nacht, S. 90
10 Wiesel, Was die Tore des Himmels öffnet, S. 35
11 Wiesel, The Town Beyond the Wall, S. 123
12 ebenda, S. 187
13 ebenda, S. 188
14 ebenda
15 Wiesel, Die Nacht, S. 86
16 ebenda, S. 87 f.
17 Wiesel, Was die Tore des Himmels öffnet, S. 56
18 Wiesel, Die Nacht, S. 50
19 ebenda
20 ebenda, S. 64
21 Wiesel, Die Nacht zu begraben Elisha, S. 367
22 ebenda, S. 366 f.
23 Wiesel, Die Nacht, S. 89
24 Thomas A. Idinopulos, »Christianity and the Holocaust« in: Cross Currents, XXVIII: 3 (Herbst 1978), S. 256
25 Standpunkt Emil Fackenheims, vgl. Brown, »The Holocaust: The Crisis of Indifference«, S. 113
26 Greenberg, a.a.O. ,S. 50
27 ebenda
28 ebenda, S. 40
29 Wiesel, Was die Tore des Himmels öffnet, S. 108
30 Wiesel, The Town Beyond the Wall (1964) und Zalmen, or The Madness of God, New York 1974
31 Wiesel, Die Nacht, S. 16
32 ebenda
33 Wiesel, Was die Tore des Himmels öffnet, S. 102
34 Wiesel, Die Nacht, S. 15
35 Wiesel, Was die Tore des Himmels öffnet, S. 125
36 Wiesel, Die Nacht zu begraben Elisha, S. 293
37 Wiesel, Die Nacht, S. 50
38 Wiesel, Ani Maamin, S. 71
39 Greenberg, a.a.O., S. 41
40 Wiesel, Ani Maamin, S. 85, 87
41 Wiesel, The Town Beyond the Wall, S. 161 f.
42 ebenda, S. 158 f.
43 ebenda, S. 164

44 ebenda, S. 167
45 ebenda, S. 170
46 ebenda, S. 171
47 Wiesel, Was die Tore des Himmels öffnet, S. 57
48 Greenberg, a. a. O., S. 23
49 ebenda, S. 41 f.
50 Wiesel, Was die Tore des Himmels öffnet, S. 82
51 Eberhard Bethge, »The Holocaust and Christian Anti-Semitism«, S. 153
52 Elie Wiesel, The Town Beyond the Wall, S. 188
53 Elie Wiesel, Die Nacht zu begraben Elisha, Nacht – Morgengrauen – Tag
54 Häufig wird die »Passivität« der Juden im Holocaust angeführt. Dies zeigt die Ignoranz und die Teilnahmslosigkeit gegenüber der Tiefe des antisemitischen Wahnsinns, für den die Nazis verantwortlich waren: Die Erfahrung der Juden, sich selbst als Menschen zu fühlen, wurde systematisch zerstört, und damit wurde auch die Möglichkeit zum Widerstand gegen den endgültigen Angriff auf ihr Menschsein bis auf ein Minimum reduziert. Es ist in der Tat bemerkenswert, daß Juden überhaupt *Widerstand leisteten.* Im gleichen Sinne ist es bemerkenswert, daß sich die Sklaven im amerikanischen Süden vor dem Bürgerkrieg gegen ihre Sklavenhalter auflehnten.

Kapitel 12 Über Transzendenz

1 Dieser Essay ist ein Auszug aus einer Ansprache, die ich im Jahr 1983 auf Tagungen in Philadelphia, Cambridge, Mass., und New York gehalten habe. Er bildet Kapitel 28 des Buches »Our Passion for Justice: Images of Power, Sexuality, and Liberation« von Carter Heyward, The Pilgrim Press, New York 1984.

Kapitel 13 Passion der Menschheit: Erlösung Gottes

1 Adrienne Rich, Auszug aus »Phantasia for Elvira Shatayev« in: The Dream of a Common Language, New York 1978, S. 4 – 6
2 Bei seiner Ankunft in Auschwitz erhielt Elie Wiesel die Nummer A-7713.
3 Siehe Phyllis Trible, God and the Rhetoric of Sexuality. Philadelphia 1978. In Kapitel 4, »A Love Story Gone Awry«, S. 72 – 143, analysiert Trible kritisch die Sprache der Genesisgeschichte von ›ādām‹, den sie als das »Erdgeschöpf« bezeichnet.
4 Siehe Paul Tillich, Systematische Theologie, Bd. III, Stuttgart 1978², S. 419 bis 422. Hier behandelt Tillich ausführlich die Begriffe kairos und kairoi (Augenblick[e], in denen [Gottes] Zeit erfüllt ist). Er schreibt: »Das Gewahrwerden eines kairos geschieht in einer Vision ... Er wird nicht durch objektive Beobachtung erfaßt, sondern in existentieller Beteiligung« (S. 421).
5 Charles Williams entwickelt in seinen Romanen das Thema des »Schreckens des Guten«. Siehe besonders: Descent Into Hell, Grand Rapids 1973, S. 93
6 Siehe Simone de Beauvoir, The Ethics of Ambiguity. Secaucus, New York 1972, S. 129. Beauvoir schreibt: »Vieldeutigkeit darf nicht mit ... Absurdität verwechselt werden. Wenn wir erklären, daß die Existenz absurd ist, dann

leugnen wir, daß ihr jemals ein Sinn gegeben werden kann. Wenn wir sagen, daß sie vieldeutig ist, dann erklären wir, daß ihr Sinn niemals festgelegt ist, daß er immer wieder neu gefunden werden muß.«

7 Siehe Frederick Perls, Ralph F. Hefferline und Paul Goodman, Gestalt-Therapie. Wiederbelebung des Selbst, Stuttgart 1981², S. 77. Perls, Hefferline und Goodman sprechen vom »einmaligen, unmittelbaren Erfassen der gegliederten Einheit«, durch das wir Einsichten in unsere Beziehungen zu Freunden, zur Malerei oder zu einem anderen Gegenüber gewinnen können. Dies steht im Gegensatz zu unserer Neigung, uns auf einen Teil des Beziehungsvorgangs zu konzentrieren, als hätte er einen statischen, nicht beziehungshaften Charakter. Dieses »Erfassen der gegliederten Einheit« kommt meinem Verständnis von unserer »mit-schöpferischen Aufgabe« nahe.

8 Siehe Rosemary Ruether, Nächstenliebe und Brudermord. Die theologischen Wurzeln des Antisemitismus, München 1978, zur Beziehung zwischen christlichem Messianismus und Antisemitismus.

9 Adrienne Rich, »Women and Honor: Notes on Lying« in: On Lies, Secrets, and Silence: Selected Prose, 1966–1978, New York 1979, S. 185–194

10 Siehe Kapitel 7 zu einer feministischen Kritik

11 Die Geschichte vom brennenden Dornbusch (2. Mose 3,1–6) erzählt uns, daß es gefährlich ist, sich dem Göttlichen zu nähern. Ich glaube, dies ist wahr. Die Macht in Beziehung ist eine verzehrende schöpferische Macht, die wir entweder in Anspruch nehmen oder verleugnen. Sie berührt, verändert und verzehrt uns, ob wir sie bejahen oder ob wir sie verleugnen.

Kapitel 14 Liebe und Sexualität: Die gerechte Beziehung

1 Dies ist eine Ansprache, die ich am 7. September 1979 bei einem Treffen von Integrity (Vereinigung lesbischer und schwuler Angehöriger der Episcopal Church und ihrer Freunde) in Denver, Colorado, hielt. Ich habe diese Ansprache hier aufgenommen, weil sie den Kern meines Buches freilegt. Mit dieser Ansprache habe ich versucht, meine Aussagen in der Kirche mitzuteilen. Das Treffen von Integrity gab mir die Gelegenheit dazu.